Mulheres na Atuária®

EDIÇÃO PODER DE UMA HISTÓRIA

VOLUME I

Mulheres na Atuária®

EDIÇÃO PODER DE UMA HISTÓRIA

VOLUME I

EDITORA LEADER

Copyright© 2024 by Editora Leader
Todos os direitos da primeira edição são reservados à Editora Leader.

CEO e Editora-chefe:	Andréia Roma
Revisão:	Editora Leader
Capa:	Editora Leader
Projeto gráfico e editoração:	Editora Leader
Suporte editorial:	Lais Assis
Livrarias e distribuidores:	Liliana Araújo
Artes e mídias:	Equipe Leader
Diretor financeiro:	Alessandro Roma

Dados Internacionais de Catalogação na Publicação (CIP)

M922   Mulheres na Atuária: edição poder de uma história, volume 1/coordenadoras
1. ed.   Andréia Roma, Raquel Marimon. – 1.ed. – Editora Leader, 2024.
         392 p.; 15,5 x 23 cm. – (Série mulheres/coordenadora Andréia Roma).

   Várias autoras
   ISBN: 978-85-5474-221-8

   1. Carreira profissional – Desenvolvimento. 2. Mulheres na atuária. 3. Mulheres – Biografia. 4. Mulheres – Histórias de vidas. 5. Superação. I. Roma, Andréia. II. Marimon, Raquel. III. Série.

07-2024/62   CDD 658

Índices para catálogo sistemático:
1. Mulheres na atuária: Histórias de vidas: Carreira profissional: Administração de empresa   658

Bibliotecária responsável: Aline Graziele Benitez CRB-1/3129

2024
Editora Leader Ltda.
Rua João Aires, 149
Jardim Bandeirantes – São Paulo – SP
Contatos:
Tel.: (11) 95967-9456
contato@editoraleader.com.br | www.editoraleader.com.br

A Editora Leader, pioneira na busca pela igualdade de gênero, vem traçando suas diretrizes em atendimento à Agenda 2030 – plano de Ação Global proposto pela ONU (Organização das Nações Unidas) –, que é composta por 17 Objetivos de Desenvolvimento Sustentável (ODS) e 169 metas que incentivam a adoção de ações para erradicação da pobreza, proteção ambiental e promoção da vida digna no planeta, garantindo que as pessoas, em todos os lugares, possam desfrutar de paz e prosperidade.

A Série Mulheres, dirigida pela CEO da Editora Leader, Andréia Roma, tem como objetivo transformar histórias reais – de mulheres reais – em autobiografias inspiracionais, cases e aulas práticas. Os relatos das autoras, além de inspiradores, demonstram a possibilidade da participação plena e efetiva das mulheres no mercado. A ação está alinhada com o ODS 5, que trata da igualdade de gênero e empoderamento de todas as mulheres e meninas e sua comunicação fortalece a abertura de oportunidades para a liderança em todos os níveis de tomada de decisão na vida política, econômica e pública.

CONHEÇA O SELO EDITORIAL SÉRIE MULHERES

Somos referência no Brasil em iniciativas Femininas no Mundo Editorial

A Série Mulheres é um projeto registrado em mais de 170 países! A Série Mulheres apresenta mulheres inspiradoras, que assumiram seu protagonismo para o mundo e reconheceram o poder das suas histórias, cases e metodologias criados ao longo de suas trajetórias. Toda mulher tem uma história!
Toda mulher um dia já foi uma menina. Toda menina já se inspirou em uma mulher. Mãe, professora, babá, dançarina, médica, jornalista, cantora, astronauta, aeromoça, atleta, engenheira. E de sonho em sonho sua trajetória foi sendo construída. Acertos e erros, desafios, dilemas, receios, estratégias, conquistas e celebrações.

O que é o Selo Editorial Série Mulheres?

A Série Mulheres é um Selo criado pela Editora Leader e está registrada em mais de 170 países, com a missão de destacar publicações de mulheres de várias áreas, tanto em livros autorais como coletivos. O projeto nasceu dez anos atrás, no coração da editora Andréia Roma, e já se destaca com vários lançamentos. Em 2015 lançamos o livro "Mulheres Inspiradoras", e a seguir vieram outros, por exemplo: "Mulheres do Marketing", "Mulheres Antes e Depois dos 50", seguidos por "Mulheres do RH", "Mulheres no Seguro", "Mulheres no Varejo", "Mulheres no Direito", "Mulheres nas Finanças", obras que têm como foco transformar histórias reais em autobiografias inspiracionais, cases e metodologias de mulheres que se diferenciam em sua área de atuação. Além de ter abrangência nacional e internacional, trata-se de um trabalho pioneiro e exclusivo no Brasil e no mundo. Todos os títulos lançados através desta Série são de propriedade intelectual da Editora Leader, ou seja, não há no Brasil nenhum livro com título igual aos que lançamos nesta coleção. Além dos títulos, registramos todo conceito do projeto, protegendo a ideia criada e apresentada no mercado.

A Série tem como idealizadora Andréia Roma, CEO da Editora Leader, que vem criando iniciativas importantes como esta ao longo dos anos, e como coordenadora Tania Moura. No ano de 2020 Tania aceitou o convite não só para coordenar o livro "Mulheres do RH", mas também a Série Mulheres, trazendo com ela sua expertise no mundo corporativo e seu olhar humano para as relações. Tania é especialista em Gente & Gestão, palestrante e conselheira em várias empresas. A Série Mulheres também conta com a especialista em Direito dra. Adriana Nascimento, coordenadora jurídica dos direitos autorais da Série Mulheres, além de apoiadores como Sandra Martinelli – presidente executiva da ABA e embaixadora da Série Mulheres, e também Renato Fiocchi – CEO do Grupo Gestão RH. Contamos ainda com o apoio de Claudia Cohn, Geovana Donella, Dani Verdugo, Cristina Reis, Isabel Azevedo, Elaine Póvoas, Jandaraci Araujo, Louise Freire, Vânia Íris, Milena Danielski, Susana Jabra.

Série Mulheres, um Selo que representará a marca mais importante, que é você, Mulher!

Você, mulher, agora tem um espaço só seu para registrar sua voz e levar isso ao mundo, inspirando e encorajando mais e mais mulheres.

Acesse o QRCode e preencha a Ficha da Editora Leader.
Este é o momento para você nos contar um pouco de sua história e área em que gostaria de publicar.

Qual o propósito do Selo Editorial Série Mulheres?
É apresentar autobiografias, metodologias, *cases* e outros temas, de mulheres do mundo corporativo e outros segmentos, com o objetivo de inspirar outras mulheres e homens a buscarem a buscarem o sucesso em suas carreiras ou em suas áreas de atuação, além de mostrar como é possível atingir o equilíbrio entre a vida pessoal e profissional, registrando e marcando sua geração através do seu conhecimento em forma de livro.

A ideia geral é convidar mulheres de diversas áreas a assumirem o protagonismo de suas próprias histórias e levar isso ao mundo, inspirando e encorajando cada vez mais e mais mulheres a irem em busca de seus sonhos, porque todas são capazes de alcançá-los.

Programa Série Mulheres na tv
Um programa de mulher para mulher idealizado pela CEO da Editora Leader, Andréia Roma, que aborda diversos temas com inovação e qualidade, sendo estas as palavras-chave que norteiam os projetos da Editora Leader. Seguindo esse conceito, Andréia, apresentadora do Programa Série Mulheres, entrevista mulheres de várias áreas com foco na transformação e empreendedorismo feminino em diversos segmentos.

A TV Corporativa Gestão RH abraçou a ideia de ter em seus diversos quadros o Programa Série Mulheres. O CEO da Gestão RH, Renato Fiochi, acolheu o projeto com muito carinho.

A TV, que conta atualmente com 153 mil assinantes, é um canal de *streaming* com conteúdos diversos voltados à Gestão de Pessoas, Diversidade, Inclusão, Transformação Digital, Soluções, Universo RH, entre outros temas relacionados às organizações e a todo o mercado.

Além do programa gravado Série Mulheres na TV Corporativa Gestão RH, você ainda pode contar com um programa de *lives* com transmissão ao vivo da Série Mulheres, um espaço reservado todas as quintas-feiras a partir das 17 horas no canal do YouTube da Editora Leader, no qual você pode ver entrevistas ao vivo, com executivas de diversas áreas que participam dos livros da Série Mulheres.

Somos o único Selo Editorial registrado no Brasil e em mais de 170 países que premia mulheres por suas histórias e metodologias com certificado internacional e o troféu Série Mulheres® – Por mais Mulheres na Literatura.

> Assista a Entrega do Troféu Série Mulheres do livro
> **Mulheres nas Finanças®** – volume I
> Edição poder de uma mentoria.
>
> Marque as pessoas ao seu redor com amor, seja exemplo de compaixão.
>
> Da vida nada se leva, mas deixamos uma marca.
>
> Que marca você quer deixar? Pense nisso!
>
> **Série Mulheres – Toda mulher tem uma história!**

> Assista a Entrega do Troféu Série Mulheres do livro **Mulheres no Conselho®** – volume I – Edição poder de uma história.

Próximos Títulos da Série Mulheres®

Conheça alguns dos livros que estamos preparando para lançar: • Mulheres no Previdenciário® • Mulheres no Direito de Família® • Mulheres no Transporte® • Mulheres na Indústria® • Mulheres na Aviação® • Mulheres na Política® • Mulheres na Comunicação® e muito mais.

Se você tem um projeto com mulheres, apresente para nós.

Qualquer obra com verossimilhança, reproduzida como no Selo Editorial Série Mulheres, pode ser considerada plágio e sua retirada do mercado. Escolha para sua ideia uma Editora séria. Evite manchar sua reputação com projetos não registrados semelhantes ao que fazemos. A seriedade e ética nos elevam ao sucesso.

Alguns dos Títulos do Selo Editorial Sérle Mulheres® já publicados pela Editora Leader:

Lembramos que todas as capas são criadas por artistas e designers.

Mulheres na Tecnologia
Volume 1

Prefácio:
Mara Maehara

Coordenação:
Andréia Roma e Tania Moura

Sou empreendedora e agora?
PLANNER DO EMPREENDEDORISMO

Andréia Roma

MULHERES NA PSICOLOGIA
Volume I

Coordenação:
Andréia Roma e Tania Moura

Mulheres na Energia
VOLUME I

COORDENAÇÃO
Gabrielle Botelho
Andréia Roma
Tania Moura

Mulheres que Transformam
A humanização como propósito na liderança transformacional

Coordenação:
Marisa Salgado
Andréia Roma
e Tania Moura

Prefaciadora:
Alexandra Loras

MULHERES no Imobiliário
volume 1 — Poder de uma História

Prefácio:
Eliza Tawil

Coordenação:
Stephany Mascarte
Andréia Roma
Tania Moura

MULHERES COMPLIANCE NA PRÁTICA
volume 1
Edição Poder de uma História

Prefaciadoras:
Juliana Nascimento
Sonia Conselho Jr.

Coordenadora convidada:
Adriana Nascimento

Coordenadoras da Série Mulheres:
Andréia Roma
Tania Moura

MULHERES NO CONSELHO
volume 1
EDIÇÃO PODER DE UMA HISTÓRIA

Coordenação do Livro:
Geovana Doniela
Henrique Luz

Coordenação da Série Mulheres:
Andréia Roma
Tania Moura

MULHERES NO DIREITO
COORDENAÇÃO: ANDRÉIA ROMA, ADRIANA NASCIMENTO E TANIA MOURA

Edição Poder de uma Mentoria — Volume I
Uma aula prática de renomadas profissionais do Direito

MULHERES DO MARKETING
Uma aula prática de renomadas líderes do marketing

EDIÇÃO PODER DE UMA MENTORIA

Coordenadora convidada:
Tatyane Luncah

Coordenadoras da Série Mulheres
Andréia Roma
Tania Moura

Editora Leader.

MULHERES ESG
MEDIR PARA MUDAR

BANI VERDUGO, ANDREIA ROMA E TANIA MOURA

VOLUME I EDIÇÃO PODER DE UMA HISTÓRIA

Editora Leader.

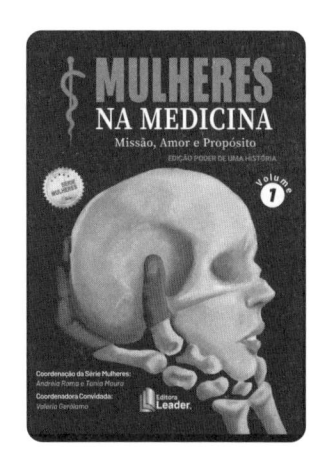

MULHERES NA MEDICINA
Missão, Amor e Propósito

EDIÇÃO PODER DE UMA HISTÓRIA

Coordenação da Série Mulheres:
Andréia Roma e Tania Moura

Coordenadora Convidada:
Valeria Gerolamo

Editora Leader.

FRASES CURTAS PARA DIAS LONGOS

AUTORA
VANESSA GOULARTT

Editora Leader.

Mulheres, um grito de socorro

Prefaciadoras
Leitora Carvalho
Rosemary Correa

Coordenadoras convidadas
Adriana Nascimento
Fabiana Alves

Coordenadoras da Série Mulheres
Andréia Roma
Tania Moura

Editora Leader.

MULHERES na PSICOLOGIA
Uma aula baseada na experiência de quem faz psicologia na prática.

Poder de uma Mentoria

Coordenadora
Andréia Roma

Editora Leader.

Mulheres NO AGRONEGÓCIO
O sucesso feminino no campo

EDIÇÃO PODER DE UMA HISTÓRIA

Prefaciadora
Teresa Vendramini

Coordenadoras convidadas
Bibiana Carneiro
Simone Cagnhero

Coordenadoras da Série Mulheres
Andréia Roma
Tania Moura

Editora Leader.

MULHERES NA SAÚDE
HISTÓRIAS INSPIRADORAS

Coordenadoras convidadas
Cláudia Cohn
Cristina Bess

Prefácio
Dulce Pugliese

Prólogo
Ana Maria Malik

Coordenadoras da Série Mulheres
Andréia Roma
Tania Moura

EDIÇÃO PODER DE UMA HISTÓRIA

Editora Leader.

MULHERES no RH
VOLUME III

Coordenação:
Lilian Vieira, Andréia Roma e Tania Moura

EDIÇÃO PODER DE UMA MENTORIA

UMA AULA PRÁTICA DA ALTA PERFORMANCE DO RH NA VISÃO DE RENOMADAS LÍDERES

Editora Leader.

Coordenadora convidada:
Ana Cristina Freire de Lima
Luciana Loureiro
Coordenadoras Série Mulheres:
Andréia Roma
Tania Moura
MULHERES NA
MEDIAÇÃO®
Editora Leader

MULHERES NA
CONSULTORIA®
Editora Leader

Mulheres que
Transformam
Edição Poder de uma História • Volume II
Coordenação
Andréia Roma
Maria Antonietta Russo
Vera Lorenzo
Editora Leader

Mulheres:
o que você deveria saber
aos 25 anos®
LEADER

MULHERES NA
TECNOLOGIA®
Volume II
Edição poder de uma história
Coordenadoras convidadas:
Elaine Póvoas
Mônica Mancini
Coordenadora da Série Mulheres:
Andréia Roma
EDITORA LEADER

MULHERES NO CONSELHO®
EDIÇÃO PODER DE UMA HISTÓRIA
EDITORA LEADER

Coordenadoras convidadas:
Catarina Bettes Lopes
Maira Ferraz Martella
Prefácio:
Luciana Asper y Valdés
Roberta Codignoto
Idealizadora e
coordenadora editorial:
Andréia Roma
MULHERES
COMPLIANCE
NA PRÁTICA®
Edição poder de uma história
Volume II
EDITORA LEADER

O
silêncio
das
mulheres
e outros mais...
Silvia Lobo
Editora Leader

Coordenadoras convidadas:
Annali Duarte Bittencourt
Stânia Moraes
Prefácio:
Ingrid Barth
Coordenadoras Série Mulheres
Andréia Roma
Wall St
mulheres
nas finanças
cases na prática
Edição Poder de uma Mentoria
EDITORA LEADER

MODA ALEGRE
HISTÓRIAS DE EMPREENDEDORISMO DE 20 MULHERES QUE COMEÇARAM DO ZERO

Coordenação:
Tainá Vidal, Sirley Carvalho e Andréia Roma

Editora Leader

Liderança Feminina EM AÇÃO
A sensibilidade e a intuição no comando

Coordenação:
Andréia Roma & Mônica Fernandes

Editora Leader.

A CHAVE MESTRA
Dos Relacionamentos Saudáveis

GREICE POTRICK

MULHERES NUCLEARES
Volume I
EDIÇÃO PODER DE UMA HISTÓRIA

Coordenadoras convidadas:
Alice Cunha da Silva
Daniele de Azevedo Baêta

Idealizadora e coordenadora editorial:
Andréia Roma

Editora LEADER

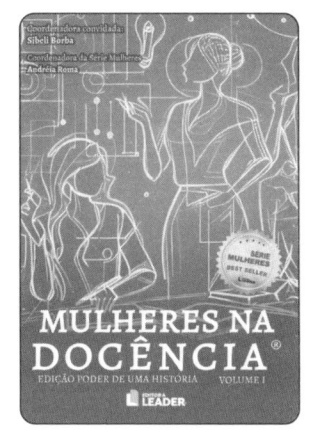

MULHERES NA DOCÊNCIA
EDIÇÃO PODER DE UMA HISTÓRIA — VOLUME I

Coordenadora convidada:
Sibeli Borba

Coordenadora da Série Mulheres:
Andréia Roma

Editora LEADER

MULHERES na Educação
EDIÇÃO PODER DE UMA HISTÓRIA — VOLUME I

Coordenadora convidada:
Andréa Aydar

Prefácio:
Margarida Prado Genofre

Coordenadora da Série Mulheres:
Andréia Roma

Editora LEADER

MULHERES NA DEFESA
EDIÇÃO PODER DE UMA HISTÓRIA — VOLUME I

Coordenadora convidada:
Jocirene Nascimento das Chagas

Coordenadora da Série Mulheres:
Andréia Roma

Editora LEADER

MULHERES NO TERCEIRO SETOR
EDIÇÃO PODER DE UMA HISTÓRIA — VOLUME I

Coordenadoras convidadas:
Helen Pedroso
Sandra Helera Pedroza

Prefácio:
Isabel Pellecrin

Idealizadora e Coordenadora da Série Editorial Série Mulheres:
Andréia Roma

Editora LEADER

Mulheres na Indústria
Edição Poder de uma História — Volume I

Coordenadoras convidadas:
Cristiane Gracelli
Érica Navarro Costa

Prefácio:
Fabio Oliveira

Idealizadora e Coordenadora da Série Editorial Série Mulheres:
Andréia Roma

Editora LEADER

ANDRÉIA ROMA
ANA PAULA FRANÇA PEREIRA VESPERMANN
MULHERES
VOLUME I
NO ESPÍRITO SANTO
ACELERANDO E INSPIRANDO CARREIRAS
LEADER

MULHERES NO DIREITO
PREVIDENCIÁRIO®
Cases na Prática
Volume 1
Edição Poder de uma Mentoria
LEADER

MULHERES NO DIREITO
EMPRESARIAL®
UMA AULA PRÁTICA DE RENOMADAS LÍDERES
Volume 1
Edição Poder de uma Mentoria
LEADER

MULHERES NO DIREITO
TRIBUTÁRIO®
CASES NA PRÁTICA
Volume 1
Edição Poder de uma Mentoria
LEADER

MULHERES NA
TECNOLOGIA
Volume III
Edição poder de uma história
LEADER

ANDRÉIA ROMA
3
MULHERES
COMPLIANCE
NA PRÁTICA
EDIÇÃO PODER DE UMA HISTÓRIA
LEADER

EDIÇÃO PODER DE UMA MENTORIA
MULHERES
ESG
Cases na Prática
LEADER

Mulheres na
LIDERANÇA
em Ação®
A sensibilidade e a intuição no comando
Coordenadoras convidadas:
Jandaraci Araujo
Isabel Alves Azevedo
Idealizadora e Coordenadora do Selo Editorial Série Mulheres:
Andréia Roma
LEADER

Mulheres
em compras
EDIÇÃO PODER DE UMA HISTÓRIA
1
LEADER

EMPRE
ENDE
DORAS
DE ALTA
PERFOR
MANCE
Mulheres como você
contando suas estratégias
Coordenação editorial
Tatyane Luncah
Andréia Roma
Vanessa Cotosck
Editora Leader

EMPREENDEDORAS
DE ALTA PERFORMANCE
DO PIAUÍ
Coordenação:
Andréia Roma
e Cacilda Silva
Prefácio: Margarete de Castro Coelho
(Vice-Governadora do Estado do Piauí)
Editora Leader

Coordenação
Andréia Roma
Selma Fernandes
Soraya Farias
EMPREENDEDORAS
DE ALTA PERFORMANCE
RIO DE JANEIRO
Editora Leader

Coordenação:
Andréia Roma e Mônica Fernandes
EMPREENDEDORAS
DE ALTA PERFORMANCE
MATO GROSSO DO SUL
Editora Leader

Empreendedoras de Alta Performance de
GOIÁS
Coordenação: Andréia Roma,
Gerdane Brito, Glaucia Yoshida
e Ludimila Estulano
Editora Leader

Prefácio:
EMPREENDEDORAS
DE ALTA PERFORMANCE
MINAS GERAIS
Editora Leader

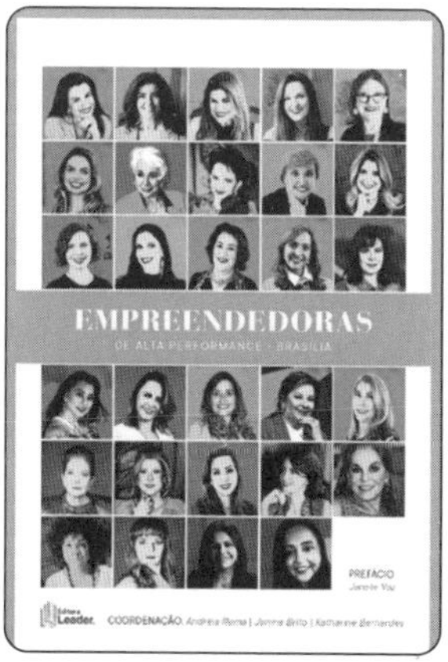
EMPREENDEDORAS
DE ALTA PERFORMANCE - BRASÍLIA
PREFÁCIO
Editora Leader
COORDENAÇÃO

SOBRE A METODOLOGIA DA SÉRIE MULHERES®

A Série Mulheres trabalha com duas metodologias

"A primeira é a Série Mulheres – Poder de uma História: nesta metodologia orientamos mulheres a escreverem uma autobiografia inspiracional, valorizando suas histórias.

A segunda é a Série Mulheres Poder de uma Mentoria: com esta metodologia orientamos mulheres a produzirem uma aula prática sobre sua área e setor, destacando seu nicho e aprendizado.

Imagine se aos 20 anos de idade tivéssemos a oportunidade de ler livros como estes!

Como editora, meu propósito com a Série é apresentar autobiografias, metodologias, cases e outros temas, de mulheres do mundo corporativo e outros segmentos, com o objetivo de inspirar outras mulheres a buscarem ser suas melhores versões e realizarem seus sonhos, em suas áreas de atuação, além de mostrar como é possível atingir o equilíbrio entre a vida pessoal e profissional, registrando e marcando sua geração através do seu conhecimento em forma de livro. Serão imperdíveis os títulos publicados pela Série Mulheres!

Um Selo que representará a marca mais importante que é você, Mulher!"

Andréia Roma – CEO da Editora Leader

CÓDIGO DE ÉTICA
DO SELO EDITORIAL
SÉRIE MULHERES®

Acesse o QRCode e confira

Nota da Editora

É com enorme orgulho que apresento "Mulheres na Atuária®", o primeiro livro dedicado às contribuições femininas no campo da Atuária. Esta obra, parte do Selo Editorial Série Mulheres®, contou com a coordenação da excepcional Raquel Marimon, cuja atenção aos detalhes e dedicação à curadoria foram fundamentais para o sucesso deste projeto.

Expresso minha sincera gratidão às coautoras que abriram seus corações e compartilharam suas trajetórias de resiliência, determinação e liderança. Estas mulheres não apenas encontraram na Atuária uma carreira, como também uma verdadeira paixão pela profissão.

Raquel Marimon tem sido uma pioneira neste campo, influenciando significativamente o futuro da Atuária. Seu trabalho prova que mudanças profundas são possíveis através da educação e da iniciativa.

Tenho certeza de que "Mulheres na Atuária" será uma fonte de inspiração e deixará um legado duradouro. Este livro ganha relevância ao iluminar o papel vital das mulheres na Atuária, assim como documenta pela primeira vez as dinâmicas deste mercado, destacando nosso pioneirismo e a importância de tais contribuições.

Agradeço a todos que se juntaram a nós nesta jornada revolucionária. Além de compartilhar histórias extraordinárias, estamos, acima de tudo, construindo um futuro promissor.

Para descobrir mais sobre os próximos volumes, visite nosso site e veja como fazer parte desta história inovadora.

Com carinho,

Andréia Roma
Idealizadora do livro e
Coordenadora do Selo Editorial Série Mulheres®

Introdução
por Raquel Marimon

Pessoas inspiram pessoas e mulheres inspiram todos a sua volta. Desde que somos crianças olhamos para a figura feminina como alguém que está lá para nos apoiar e orientar para a vida. Quando crescemos nos inspiramos em nossos colegas de escola, vizinhos e parentes para buscar entender quem somos. Nesta jornada copiamos modelos e levamos para nossas escolhas de vida tudo que consideramos positivo: as risadas de quando estamos com amigos, o carinho de nossos pais, a segurança financeira que sentimos em casa ou que sentimos falta de ter. Nesta busca nos deparamos com um momento crucial: escolher uma profissão. Foi neste momento da minha vida que entrei em contato com as Ciências Atuariais, uma profissão que não é muito conhecida no Brasil, mas é considerada uma das dez melhores profissões pela US News, na sua pesquisa anual. Embora eu não tivesse nenhum relacionamento na área, alcancei objetivos audaciosos com dedicação e engajamento. Então aqui fica um conselho: **Vá em frente!** Se você tem qualquer habilidade na área de exatas e também se importa com pessoas, sim, esta é uma profissão de ciências sociais aplicadas, com alto impacto na sociedade.

Os atuários podem trabalhar em infinitos campos de atuação, sua visão única, que é composta por amplos conhecimentos sobre estatística, dados e finanças, permite que atuem tanto na área de frente, apoiando as áreas de produto ou comerciais como em posições mais analíticas, com análise de dados e criação de soluções elegantes para problemas complexos.

Desde o início da minha graduação, me envolvi com o Instituto Brasileiro de Atuária, o IBA, onde encontrei o ambiente ideal para conhecer e fortalecer vínculos com pessoas que são como eu, riem das minhas piadas e acreditam que fazemos a diferença ao estimar a quantidade exata de recursos necessários para garantir a aposentadoria de alguém ou assegurar que a vida financeira das famílias será estável ao longo dos anos, transformando incertezas individuais em certezas coletivas.

Identificar histórias incríveis de outras atuárias para inspirar pessoas foi muito fácil, porque existem muitas! Pessoas que são primeira geração com graduação universitária e a atuária transformou sua história, outras que escolheram o curso por acaso e ou que nasceram em famílias muito envolvidas com seguros e tiveram forte incentivo na escolha profissional. Mulheres que são protagonistas em suas famílias, assumem responsabilidades infinitas e ainda atendem ao chamado para o voluntariado na profissão, buscando fortalecer laços e promover o crescimento da Atuária no país.

Deixo aqui um sincero agradecimento às coautoras pela sua generosidade em compartilhar um pouco de sua história e em especial à Andréia Roma, que aceitou empreender o projeto desta publicação.

Raquel Marimon
Coordenadora convidada

Sumário

Além dos Desafios: uma Jornada de Conquistas através dos Estudos 30
    Alane Siqueira Rocha

Um sonho não sonhado 42
    Andréa Cardoso

Desbravando fronteiras: a jornada rumo à independência e realização 54
    Celina da Costa Silva

Uma vida de decisões 66
    Cintia Rocha Nascimento

Entre fórmulas e emoções: a minha trajetória 78
    Claudia Novello Ribeiro

Atuária sem fronteiras! 88
    Cristina Mano

Diante da oportunidade, tome posse! 100
　Daniela Sedel

A mochila amarela 110
　Danielle Vicente

Uma caminhada de amor, educação e determinação 122
　Glace Carvas

**Transformando Desafios em Oportunidades:
uma Jornada de Resiliência e Sucesso nas
Ciências Atuariais** 132
　Gláucia Carvalho

Uma árvore com muitas raízes 146
　Italoema Sanglard

**Trilhando o caminho da excelência: uma jornada
de paixão, propósito e persistência** 156
　Jaqueline Finelli

A Árvore, o Pássaro e o Ikigai 168
　Karina Miyuki Honma Nita

A coragem para enfrentar desafios me define 180
　Karini Madeira

Do sonho de ser professora à Atuária... 192
　Lara Facchini

Transformando matemática em proteção 202
　Leticia Doherty

Use a sua calça jeans! 212
    Luciana Bastos

Uma carreira internacional 222
    Luisa Simão Nicolas

Analista de risco: profissional, mulher, mãe, filha. Atuária em qualquer papel 234
    Máris Caroline Gosmann

Trajetória de coragem e determinação: a jornada de Melissa 244
    Melissa Garrido Cabral

Além dos Números: o poder impulsionador da comunicação na carreira atuarial 256
    Natalia Moreira de Paula

O destino do rio é correr para o mar 268
    Natalie Haanwinckel Hurtado

As oportunidades são as alavancas de sua trajetória 280
    Noemia Vasquez

É só o início de uma história 292
    Priscila Portal

Acima das nuvens 302
    Renata Gasparello de Almeida

Desafios vêm para mostrar o quanto somos fortes 314
    Renata Lopes

Trajetória de determinação: superando desafios 326
Sandra Odeli

**Todos os caminhos aos quais a Atuária
pode levar você** 338
Tatiana Xavier Gouvêa

Apaixonada por ser mulher e atuária 348
Thereza Moreno

ATUÁRIA?!?! Prazer, eu sou ATUÁRIA 356
Wilma Torres

**História da CEO da Editora Leader e
idealizadora da Série Mulheres®** 368
Andréia Roma

Além dos Desafios: uma Jornada de Conquistas através dos Estudos

Raízes e Ambições

Minha história começa em Fortaleza, capital do estado do Ceará, lugar onde reside grande parte de minha família, lugar onde nasci e tive a oportunidade de construir grande parte da minha vida profissional.

Minha família teve um papel fundamental para me impulsionar. Minha mãe, sempre muito carinhosa e dedicada aos filhos, e meu pai, muito responsável, zelaram para que pudesse me dedicar aos estudos. Desde cedo, percebi a determinação deles para me proporcionar uma educação que eles mesmos não tiveram a oportunidade de completar totalmente. Essa experiência moldou minha visão sobre a vida e me inspirou a buscar algo mais.

Cresci em uma realidade de desafios, na busca de uma melhor condição de vida, confiante de que para isso eu precisava me dedicar aos estudos. Sempre tive aspirações acadêmicas, e sempre procurei os melhores resultados em sala de aula. Na vida escolar, encontrei vários professores que me incentivaram a estudar, e meu desempenho era reconhecido. Desde cedo, sonhava em alcançar uma posição profissional reconhecida, e realizar feitos que transcendessem as limitações sociais que eu via ao meu redor. Esses sonhos foram a força motriz que me impulsionou a trilhar minha jornada até aqui, na profissão que hoje exerço com orgulho e dedicação.

Trajetória acadêmica e profissional

Desde os meus primeiros dias de estudo até a graduação no ensino superior, mantenho vivas as memórias da minha dedicação, que renderam medalhas de honra ao mérito e bolsas de estudo por mérito acadêmico. Meu objetivo sempre foi buscar oportunidades de vida melhores por meio do estudo, uma motivação que me impulsionou constantemente.

Ao concluir o ensino médio, a busca pela formação superior era meu próximo desafio, e eu queria estudar na Universidade Federal do Ceará (UFC). Esse foi um momento crucial na minha vida, pois eu escolhi o curso que moldaria minha carreira profissional. É a partir desse ponto que começo a relatar a decisão marcante de cursar Atuária, tema central deste livro.

Essa minha escolha pela Atuária está relacionada com minha vida escolar. Durante o ensino médio, descobri um interesse particular pela área quantitativa, e naturalmente eu gostaria de seguir uma trajetória acadêmica que explorasse esse tipo de conhecimento.

No momento do vestibular, na escolha do curso superior no qual eu iria disputar uma vaga, o curso de Ciências Atuariais surgiu como uma opção muito atrativa para mim. Lembro-me que estava convencida de que essa era uma escolha certa. O que me levou, junto com dois colegas do ensino médio, a fazer pessoalmente a inscrição para o vestibular na Universidade Federal do Ceará (UFC). Naquele ano, estava sendo anunciada a abertura da primeira turma de Ciências Atuariais na instituição.

Mesmo com pouca informação disponível, eu sentia que estava fazendo a escolha certa. Naquela época, pouco se falava sobre a profissão de atuário e o curso de graduação oferecido era praticamente desconhecido. Lembro-me vividamente do dia da inscrição, quando encontramos um folder com detalhes sobre o curso de Ciências Atuariais, incluindo as disciplinas que deveriam ser cursadas pelos ingressantes do curso. A proposta apresentada ali nos cativou imediatamente, e decidimos nos inscrever sem hesitação.

Eu e meus dois colegas passamos no vestibular da UFC para cursar Ciências Atuariais. Essa escolha acadêmica se revelou a mais acertada da minha vida. Não apenas para mim, mas também para meus colegas, que hoje são profissionais de sucesso. Esse foi o ponto de partida de uma jornada que não apenas moldou minha vida profissional, mas também me proporcionou um profundo entendimento sobre a importância do profissional das Ciências Atuariais para o desenvolvimento de um país, e a reconhecer o potencial e papel das mulheres nesse processo de construção de um país socialmente mais justo e democrático.

Depois de comemorar minha aprovação no vestibular, iniciei o curso de Atuária. Era um momento especial para o curso também, visto que essa era a primeira turma de ingressantes. Era predominantemente masculina, com as mulheres representando cerca de 20% da turma. Desde o primeiro momento, fiquei encantada com as disciplinas do curso, especialmente as de natureza quantitativa.

Ao longo da minha trajetória na graduação, pude testemunhar o esforço e dedicação do professor Emílio Recamonde Capelo, fundador do curso de Ciências Atuariais na UFC. O projeto foi inovador não apenas para o Ceará, visto que nosso curso foi o primeiro ativo de Atuária para a região Norte e Nordeste do Brasil naquela época.

Conviver com o professor Emílio foi um privilégio para mim, e acredito que para todos os estudantes do curso que tiveram a oportunidade de assistir às suas aulas. Sua paixão pela profissão era evidente e contagiante, cativando a todos ao seu redor. Sua dedicação ao curso era clara, sempre com muito zelo e respeito pelos fundamentos dessa Ciência.

O professor Emílio Recamonde teve um papel fundamental

na minha formação acadêmica e profissional. Foi ele quem proporcionou minha primeira oportunidade de estágio. E trabalhar ao seu lado e com sua equipe moldou minha trajetória profissional, além de fortalecer meu amor pela Atuária. Conviver com o professor foi uma experiência singular que continua a me inspirar até hoje.

Minha jornada profissional começou como Consultora Atuarial na Probus, empresa de consultoria liderada pelo Professor Emílio Recamonde. Durante uma década de trabalho, mergulhei em especial no universo da Previdência Complementar, fazendo parte de uma equipe composta majoritariamente por alunos e ex-alunos do Curso de Ciências Atuariais da UFC. Embora modesto no tamanho de sua equipe, o escritório de Consultoria abrigava projetos de grande relevância na área atuarial.

Nesse período de experiências com consultorias atuariais, também tive a oportunidade de lecionar por quatro anos na UFC. Foi uma experiência como docente com contrato temporário, mas que consolidou em mim o desejo de me dedicar mais profundamente à vida acadêmica, e continuar estudando e pesquisando sobre os temas de interesse das Ciências Atuariais.

Decidida a me dedicar à vida acadêmica, fiz a escolha de deixar meu trabalho na Probus Consultoria Atuarial para buscar uma oportunidade como docente do ensino superior. Em 2005, prestei concurso para a Universidade Federal do Ceará (UFC) e desde então tenho construído minha carreira profissional aqui, lugar onde minha vida acadêmica começou.

Atualmente, sou coordenadora do Curso de Ciências Atuariais. E lembrando novamente o professor Emílio Recamonde, busco contribuir com seu legado, promover a profissão e assegurar que o curso por ele criado mantenha um padrão de excelência. Como professora e coordenadora do curso, dediquei-me intensamente para alcançarmos a nota máxima na avaliação do Ministério da Educação (MEC), uma forma de honrar sua memória após seu falecimento em dezembro de 2022.

Além da graduação, busquei aprimorar meus conhecimentos. Realizei um curso de especialização em Gestão Financeira na Universidade de Fortaleza (UNIFOR). Mais tarde, enriqueci minha formação acadêmica ao obter um Mestrado em Economia pela UFC. Os conhecimentos e ferramentas adquiridas nesses cursos complementaram e enriqueceram minha trajetória acadêmica.

Pausa na trajetória

Após concluir meu mestrado e ser aprovada em um concurso público para o magistério superior na Universidade Federal do Ceará (UFC), precisei interromper meus planos de continuidade acadêmica no doutorado devido à necessidade de cuidar da saúde da minha mãe. Ela enfrentou um câncer metastático e passou por uma internação hospitalar de oito meses e meio antes de falecer. Esse período da minha vida foi extremamente desafiador e marcado por muitas dificuldades, mas também um momento de crescimento pessoal. Durante esse tempo, pude vivenciar de perto como os cuidados de longa duração representam um grande desafio para uma família, e como essa responsabilidade recai sobre as mulheres. Essa foi uma experiência muito significativa. E esse tema se tornaria, posteriormente, o foco do estudo da minha tese de doutorado.

DOUTORADO

Em 2010, iniciei meu doutorado em Demografia na Universidade Federal de Minas Gerais (UFMG), um período marcado por intenso aprendizado e dedicação. Concluí essa jornada acadêmica de forma muito satisfatória, com uma tese que foi reconhecida com menção honrosa no Prêmio Capes de Tese. A minha pesquisa era sobre cuidados de longa duração no Brasil, e meu trabalho foi apresentado com o título "Custos com benefícios para o financiamento de cuidados de longa duração para idosos com dependência: estimativas e projeções para o Brasil". Gostaria de expressar minha gratidão aos docentes que participaram da minha trajetória no período de doutorado, em especial ao meu orientador, Cássio Maldonado Turra, cujo apoio e orientação foram fundamentais ao longo dessa jornada acadêmica.

Os cuidados de longa duração referem-se aos serviços de assistência fornecidos a pessoas dependentes por um período prolongado, que necessitam de auxílio para atividades diárias. No Brasil, como o acesso a serviços de cuidados formais é limitado, são as famílias que desempenham um papel crucial nesse contexto, especialmente as mulheres, que frequentemente assumem a responsabilidade pelos cuidados informais aos idosos dependentes.

Minha experiência pessoal, lidando com a demanda de cuidados dos meus pais, em diferentes momentos de fragilidade da vida deles, ampliou minha visão sobre esse problema e reforçou minha compreensão sobre a relevância da perspectiva de um atuário nas pesquisas sobre esse tema. Uma parte dos meus estudos é dedicada aos cuidados de longa duração, e espero proporcionar uma perspectiva prática e valiosa para se avançar na busca de mecanismos de proteção das famílias para enfrentar esse momento de maior fragilidade.

O país está passando por um envelhecimento populacional, o que demandará estratégias viáveis para uma oferta de cuidados específicos para os idosos frágeis, dada uma expectativa de aumento da demanda por esses serviços nas próximas décadas. Condições financeiras e composição das famílias são aspectos básicos no contexto de determinação da demanda e acesso a serviços de cuidados. Esse é um tema intrínseco à atividade atuarial, pois os produtos de seguro e previdência podem se expandir para fornecer apoio financeiro aos cuidados formais de longa duração.

Família e academia

Durante o período do meu Doutorado, tive a maravilhosa oportunidade de conhecer meu atual esposo, e juntos construímos uma família que se tornou ainda mais completa com o nascimento da minha filha em 2020. Foi um momento de alegria indescritível, diante do desafio que foi enfrentar a pandemia de Covid-19. Essa experiência fortaleceu nossos laços e trouxe uma nova luz e esperança em meio às dificuldades que o mundo enfrentava. Um capítulo de amor e fé, em meio à tempestade, que nos ensinou que a vida, mesmo em crises, reserva belas surpresas.

Momento mais recente

Na minha trajetória recente, destaco meu desenvolvimento profissional ao assumir cargos de gestão na Universidade Federal do Ceará (UFC). Primeiro como vice-coordenadora e depois como coordenadora do curso de Ciências Atuariais. Como parte das realizações desse período, participei da implementação de um novo projeto pedagógico para o curso. E estive à frente no momento da avaliação do MEC sobre o curso de Ciências Atuariais, o qual obteve a nota máxima dos avaliadores, refletindo o crescimento do curso e o compromisso com a qualidade do ensino.

Nesse período, também coordenei eventos como a Semana da Atuária e o Simpósio de Atuária. A primeira foi incluída no calendário da universidade, e tem se configurado como um espaço de troca de experiência entre estudantes, professores, egressos do curso e outros profissionais. O Simpósio de Atuária é um evento itinerante, realizado nas universidades do Nordeste com curso de Ciências Atuariais. No âmbito da UFC, sou coordenadora de um projeto de extensão intitulado Atuária em Destaque, o qual é cadastrado na Pró-Reitoria de Extensão da UFC.

Destaco algumas realizações no campo da pesquisa científica em Ciências Atuariais, decorrentes das orientações de alunos da graduação. O trabalho "Previdência Privada Aberta", em colaboração com Álvaro Cavalcante Avelino, obteve o primeiro lugar no V Encontro de Pesquisa em Administração da UNIFOR. Já o estudo "Expectativa de vida livre de depressão nas populações de idosos do Ceará, Nordeste e Brasil", realizado em conjunto com Ana Glads de Queiroz Rolim, recebeu Menção Honrosa no 7º Congresso de Ciências Contábeis e Atuariais da Paraíba. Por sua vez, o trabalho "Expectativa de Vida com e sem Doença Crônica de Coluna: Estudo comparativo a partir da Pesquisa Nacional de Saúde, nos anos de 2013 e 2019", realizado em colaboração com Marília Melo Mendonça Rolim, foi reconhecido como o melhor artigo na área de Demografia no 8º Congresso de Ciências Contábeis e Atuariais da Paraíba.

Fiquei imensamente honrada por ter sido reconhecida como uma das vencedoras do prestigiado Prêmio Ricardo Frischtak 2022, o mais importante na área científica atuarial, concedido pelo Instituto Brasileiro de Atuária (IBA). O artigo premiado foi elaborado em conjunto com a talentosa Mainara de Paula Simões Cardoso, formada no Curso de Ciências Atuariais da UFC. Sob o título "Risco sistemático de longevidade em planos previdenciários", esse trabalho destaca-se pela sua importância nas pesquisas nessa área.

Minhas atividades de pesquisa, na área da Atuária, englobam principalmente temas relacionados com o envelhecimento populacional e a seguridade social no Brasil. Com as mudanças demográficas do país, as pesquisas nas áreas de previdência, saúde e assistência demandam a contribuição de diferentes perspectivas profissionais, incluindo os atuários.

Uma das contribuições das minhas pesquisas, na área da seguridade social, foi o desenvolvimento de tábuas de mortalidade específicas para o grupo de segurados do Regime Próprio de Previdência Social do estado do Ceará. A partir de um projeto de pesquisa coordenado por mim, e com o apoio do CNPq, foi possível elaborar tábuas biométricas que passaram a ser empregadas nas avaliações atuariais do regime de previdência estadual.

Mensagem de Incentivo e Empoderamento

Para todas as mulheres profissionais, especialmente aquelas que enfrentam desafios adicionais de conciliar carreira e cuidados familiares, quero transmitir uma mensagem de incentivo e empoderamento. Não deixem que as dificuldades as impeçam de buscar seus sonhos e conquistar seus objetivos. Acreditem em si mesmas e lembrem-se sempre do valor do seu trabalho e da importância do equilíbrio entre vida pessoal e profissional. Vocês são a força que impulsiona a mudança e inspira as gerações futuras.

Um sonho não sonhado

Participar de um projeto que traz à luz o papel das mulheres na Atuária é, ao mesmo tempo, motivo de muito orgulho, mas também é uma grande responsabilidade. O sentimento que tenho é um misto de vaidade por ser convidada e de receio por uma história simples e comum ser capaz de realmente inspirar outras mulheres que estão em uma fase de construção ou consolidação de suas carreiras.

É fato que não cresci querendo estudar Ciências Atuariais e me tornar uma atuária. Ainda assim, hoje sou exatamente quem queria ser: uma mulher que aprendeu uma profissão e obteve várias realizações com ela. E minha história começa mais ou menos assim...

Nos anos 50, aos 17 anos de idade, meu pai veio sozinho de navio de Portugal para o Brasil em busca de oportunidade em um novo mundo. Vindo do norte lusitano, da Vila de Cinfães do Douro, chegou ao Rio de Janeiro em uma época em que o Brasil ainda era um berço de esperança para estrangeiros. Desembarcou na Cidade Maravilhosa e iniciou sozinho uma árdua jornada, começou vendendo enciclopédias de porta em porta, entre outros trabalhos; aos 29 anos, se tornou sócio de uma pensão, que mais tarde viraria uma churrascaria e ponto de encontro de imigrantes portugueses. Minha mãe, também portuguesa de Cinfães, veio para o Brasil alguns anos depois, e começaram aqui a construir juntos a nossa família.

Sou a filha mais nova de três irmãos e quando nasci, em 1975, minha família morava no bairro da Penha, zona norte do Rio de Janeiro. Nesta época meus pais já possuíam a Churrascaria Las Palmas, no mesmo bairro. Trabalhavam dia e noite, sempre juntos. Durante minha infância, meus irmãos e eu ficávamos aos cuidados da minha avó paterna, um dos amores da minha vida, que veio de Portugal para ajudar meus pais assim que meu irmão mais velho nasceu.

Para os meus pais, a educação dos filhos sempre foi muito importante. No entanto, manter três filhos em escolas particulares não era uma opção. Meu pai sempre ensinou que não podíamos dar um passo maior do que nossas pernas. Mas, ao mesmo tempo, como um bom estrategista nato que era, pensou: à medida que os filhos chegassem no ensino médio, ele e minha mãe fariam um esforço maior para nos matricular em colégio particular de qualidade para que pudéssemos ingressar em faculdades públicas renomadas, visto que não teríamos condições financeiras de pagar boas faculdades particulares. Observem: esse era o pensamento de imigrantes portugueses com pouca escolaridade; meu pai, apenas para concluir o segundo grau, foi egresso de um seminário; minha mãe estudou bem menos que isso.

Cursei todo o primeiro grau em escola pública. Ali, era aluna de destaque e sempre com excelentes notas, confesso que não me esforçava tanto para isso. Aos 15 anos de idade, já no segundo grau, o atual Ensino Médio, a história foi outra. Seguindo o plano dos meus pais, nesta fase fui para Colégio Pio XI, ensino particular e muito bem-conceituado na zona norte do Rio de Janeiro.

Nessa época minha dedicação e preocupação tiveram que ser bem maiores, porque precisava suprir o desnível que infelizmente o ensino do meu primeiro grau em colégio público me deixou. Para mim, repetir um ano tinha dois pesos, "perder" um ano da minha vida, e fazer meus pais pagarem mais um ano de um colégio tão caro. Importante falar que nunca repeti de ano em toda a minha vida, mas, nesta fase de segundo grau, foram algumas dificuldades, provas finais e até algumas recuperações. Nunca em Matemática, vale frisar.

Antes de terminar o segundo grau, em 1992, fiz meu primeiro vestibular, somente para faculdades públicas. Não passei! Então, no ano seguinte fiz curso pré-vestibular, e me dediquei bastante porque para mim não existia perder mais um ano. Neste ano, o meu irmão mais velho também estava estudando em casa, sozinho, para prestar vestibular para Direito, seria sua segunda graduação. Não estudávamos juntos, mas acabávamos compartilhando minhas apostilas do cursinho. Das noites de estudo, lembro-me com tristeza que eu reclamava de sustos quando a minha avó paterna se queixava de suas dores. Essa mesma avó que, muito amorosa, desde a adolescência, me cobria nas poucas atividades de casa que a minha mãe me passava. Durante esse ano de pré-vestibular, minha avó paterna faleceu e não pôde presenciar a felicidade da minha entrada na universidade pública.

Enfim prestei novamente o vestibular para três universidades públicas, para Matemática, Engenharia e Nutrição, isso mesmo, Nutrição. Fui classificada nas três faculdades e optei por seguir pela Matemática na UFRJ (Universidade Federal do Rio de Janeiro). Notem: até aqui jamais tinha ouvido falar em Ciências Atuariais ou na profissão de atuário.

Então, em março de 1994, ingressei na UFRJ, no campus da Ilha do Fundão. Quando se chega ali, passa-se a ter a dimensão do que é uma Cidade Universitária. Tem até Prefeitura lá dentro! Minha primeira turma era composta por alunos que haviam ingressado nos cursos de Matemática (bacharelado e licenciatura), Estatística e Ciências Atuariais. Naquela época, os alunos desses cursos seguiam juntos pelos dois primeiros anos de seus cursos, no ciclo básico.

Se o segundo grau foi "perrengue", Cálculo Geométrico e Diferencial, com aquelas integrais de linha, duplas e triplas; a Álgebra Linear, que de tantas matrizes não parecia nada linear, tiravam meu sono! Tinha que estudar muito e fazer listas de exercícios que não terminavam nunca! Bom nessa etapa é que eu não estava sozinha. Outros tantos colegas – que depois se tornaram amigos da vida – estavam no mesmo barco. Foram inúmeros encontros noite adentro e finais de semana, resolvendo as listas de exercícios ou estudando para as provas.

Mas, não posso deixar de falar, o período de faculdade foi maravilhoso para as experiências sociais. Novas pessoas com outras trajetórias de vida. Ali, começamos a vivenciar a diversidade. Conhecer pessoas de vários outros bairros do Rio de Janeiro e até de outras cidades, viagens em turma, boates, passeios, grêmio estudantil... Realmente, a experiência da universidade é transformadora! Ali também passei a conhecer as Ciências Atuariais, com amigos que de fato prestaram vestibular direto para este curso, e o seu campo de oportunidades. Atuar no segmento econômico-financeiro parecia muito atraente. Além disso, o mercado naquela época de recente inflação "baixa" e controlada estava em ebulição, em busca de profissionais habilitados.

Assim, ao completar o ciclo básico comum às várias graduações do Instituto de Matemática, decidi então pedir alteração de curso e passei a ser aluna de Ciências Atuariais. Não se tratava de um curso academicamente tranquilo, mas achei que o pior já havia passado, que era o ciclo básico, que de básico não tinha nada. Ao contrário, exigia muito esforço e muita dedicação.

Logo depois que migrei para o curso de Ciências Atuariais, arrumei um estágio no centro da cidade do Rio de Janeiro – fui uma das primeiras a conseguir estágio dentre meus amigos. Estava muito feliz e orgulhosa mesmo. O estágio era na Seguradora General Accident (GA), todos da faculdade podiam saber do estágio sem perguntar, só pela mudança do meu guarda-roupa. Aqui cabe uma informação interessante: no mesmo dia em que comecei como estagiária na GA, minha irmã do meio, então formada em Economia, também começou a trabalhar lá, ela como funcionária contratada, no entanto. Claro que tê-la no mesmo escritório me ajudou bastante neste que foi o meu primeiro contato com o mercado de trabalho corporativo.

Meu time na GA tinha dois atuários e eu, estagiária. A área era de Pricing de seguro saúde. Foi quando materializei a profissão de atuária e confirmei, pela primeira vez, que era o caminho que eu queria seguir.

Em 1997, fui estagiar em outra seguradora, a Generalli. Além de o valor da bolsa ser bem melhor, tive a oportunidade de atuar nas áreas de Vida e Previdência, além de Saúde, ampliando assim minha experiência na área atuarial.

O estágio na Generalli foi muito bom, mas a experiência final não foi boa para mim. Em dezembro de 1997, concluí todas as matérias da faculdade, encerrei o contrato de estágio e iniciei a entrega de documentos para efetivação como funcionária. Durante o mês de janeiro minha data de início de trabalho foi alterada algumas vezes até que no fim do mês veio a notícia que a vaga havia sido cancelada. Lembro-me que, na ocasião, fiquei bastante frustrada, chateada e fragilizada, afinal, como seria o meu futuro?

Como o que não tem remédio, remediado está – frase clichê, mas que adoro e se encaixou em alguns momentos de fracasso na vida, para não me consumir com coisas que estão além do meu controle -, ao longo do primeiro semestre de 1998, me dediquei quase que exclusivamente ao meu Projeto Final, que foi a criação de um plano de previdência, e ainda tive mais tempo de aproveitar os primeiros meses de vida do meu primeiro sobrinho amado.

Então, em julho daquele ano finalmente me formei com apenas três colegas de turma. Ainda hoje não temos muitos atuários no Brasil, mas naquela época éramos muito poucos mesmo. Formanda em Ciências Atuariais, logo na sequência me tornei MIBA – Membro do Instituto Brasileiro de Atuária. Vencida a fase de formatura e de registro profissional, a angústia sobre os próximos passos ganhou forma.

Mas como sempre devemos deixar uma boa marca por onde passamos, a atuária que era minha líder direta no meu estágio na GA me indicou para a Acser Consultoria Atuarial, para uma vaga de Atuária Júnior. A Acser foi fundada em 1995 pela atuária Daniela Mendonça, mais conhecida como Dé. Estamos falando de 1998, ano que marca a publicação da Lei nº 9.656, que, pela primeira vez, cria regulação da operação de planos de saúde no Brasil. Abria-se então um leque de oportunidades para os atuários que atuavam no segmento de saúde. Eu me senti abençoada em estar ali na hora certa de começar minha jornada como atuária especializada em saúde.

A Acser era, naquela ocasião, uma consultoria pequena sediada no Rio de Janeiro, formada pela Fundadora e CEO, Dé Mendonça, uma administradora e uma estagiária atuarial. Na minha entrevista para entrar como Atuária Júnior teve um episódio que rendeu – e rende até hoje – boas risadas. Após a Dé me apresentar a proposta – bem interessante financeiramente falando – eu disse que responderia depois, pois "precisava perguntar a opinião do meu pai".

Pouco tempo depois de iniciar na Acser, apesar da pouca experiência, semanalmente já ia para a cidade de São Paulo fazer reuniões com clientes da Associação Brasileira de Medicina de Grupo (ABRAMGE) para esclarecimentos de dúvidas atuariais e da nova legislação. Isso proporcionou não apenas a minha primeira viagem de avião e acúmulo de muitas milhas, mas, principalmente, a experiência e formação pessoal e profissional para me tornar uma consultora empresarial e não somente profissional dos cálculos atuariais. Isso, definitivamente, era um diferencial para uma atuária júnior.

Ainda assim, passados dois anos, optei por embarcar em outra oportunidade. Saí da Acser e fui para uma empresa de consultoria internacional, para a área de benefício pós-emprego de previdência.

Assim, embarquei em uma oportunidade na Mercer, que embora pagasse salário menor do que recebia até então, poderia me oferecer a chance de lidar com grandes empresas globais e estatais e suas entidades de Fundo de Pensão, em um mercado que envolve bilhões de dólares e, por isso, era bastante regulado e direcionado por práticas de governança bem mais avançadas. Ali, tive meu primeiro contato com *reports* para atendimento às regras internacionais de contabilização dos passivos atuariais. Convivi com mais atuários, inclusive estrangeiros, já certificados pela Society of Actuaries (SOA).

Na Mercer, além de suporte atuarial, recebi uma atividade que, na época, me incomodou bastante: atender, por telefone, participantes de um Fundo de Pensão. Era inclusive motivo para ser "zoada" pelos colegas. Tinha que tirar dúvidas dos participantes sobre diversos temas à previdência. Hoje, mais madura, penso que isso foi fundamental para a minha carreira: aprender a falar de assuntos que parecem complexos para quem não tinha conhecimento técnico.

Ali também tive a chance de trabalhar com diversos consultores atuariais do escritório de São Paulo. E, acreditem, na equipe de São Paulo, o cenário parecia outro. Os resultados técnicos eram tratados como parâmetros táticos para debates realmente estratégicos para as companhias que eram nossas clientes. Isso elevou meu vocabulário para um patamar muito empresarial.

O *head* do escritório do Rio de Janeiro na ocasião era um atuário canadense. Ele valorizava muito a capacitação da equipe e oferecia diversos momentos de aprendizagens e crescimento. Eu abracei todas essas oportunidades e já no meu primeiro ano fui reconhecida como destaque na equipe e recebi um bônus diferenciado.

Falando em liderança, aprendi que nem todos os chefes são líderes e nem todos sabem ou querem ensinar e dar suporte aos profissionais menos experientes. Experimentei isso por dois anos, depois da saída do chefe canadense e entrada de outra pessoa.

Passados três anos na Mercer, um pouco mais preparada, havia decidido que era hora de sair dali. Surgiram duas propostas; uma para atuar em empresa concorrente da Mercer, o que seria praticamente mais do mesmo; e a outra retornar para a Acser, que já havia se tornado uma empresa bem mais robusta do que era quando saí. Agora se tratava de um grupo, com escritórios no Rio de Janeiro, São Paulo e Belo Horizonte, bastante especializado na área atuarial no segmento de saúde suplementar.

Decidi retornar para a Acser, como atuária pleno. E, em cinco anos, vivenciei transformações incríveis. Em 2005, foram iniciadas as negociações de aquisição da Acser por uma empresa americana, de consultoria atuarial e de gestão de risco, a Milliman. Tive a oportunidade de participar ativamente no processo; aliás, foi quando fiz minha primeira viagem internacional, indo aos Estados Unidos para tratar desse tema, juntamente com a Dé.

Em 2007, a Acser foi adquirida pela Milliman e foi um ano especialmente marcante para mim. Eu me tornei a gerente atuarial do escritório do Rio de Janeiro, fiz intercâmbio para trabalhar em escritório da Milliman dos Estados Unidos, passei a participar anualmente dos fóruns globais da prática de saúde, sempre realizados nos Estados Unidos, e a ter contato frequente com atuários americanos, europeus, asiáticos, mexicanos e argentinos.

Na prática de saúde na Milliman no Brasil, enquanto a Dé atuava como liderança comercial, eu era responsável pelo time técnico e pelas entregas dos mais diversos serviços de consultoria atuarial. Nós nos tornávamos especialistas em soluções para todo o segmento de saúde suplementar, agregando à nossa expertise local o conhecimento dos consultores da Milliman espalhados por diversos países.

Apesar de muito aprendizado na prática, com o tempo, senti necessidade de me especializar, academicamente, em temas de estratégia empresarial e, em 2011, cursei o MBA de Gestão de Negócios no IBMEC. Foi uma jornada puxada, de muitos estudos e trocas de experiências com executivos de diversas indústrias.

Mas foi justamente em 2011, nesta época de muitas realizações profissionais e pessoais, que tive a maior perda da minha vida até hoje, que foi o falecimento repentino do meu paizinho, que tanto contribuiu e incentivou tudo na minha vida. O que tenho de felicidade é que pudemos colher os frutos da excelente criação que ele e minha mãe me deram e ele ter presenciado grande parte da minha jornada.

Neste ínterim, a Milliman continuou ganhando destaque no Brasil e nos tornamos uma prática rentável para a Companhia Global. Fortaleci meu nome e eu e meu time participamos de diversos projetos internacionais, *Obamacare* entre outros. Passei a atuar mais ativamente na negociação de novos projetos no Brasil, trazendo mais receita ainda para nossa prática brasileira. Estes dois pontos elevaram minha carreira a um outro patamar. Dentro de um comitê global de líderes da companhia, em 2015, fui indicada para compor o grupo de Principal (sócia) da Milliman Corporate.

Agora, eu não era mais somente parte da Milliman Brasil, mas sócia, minoritária, não posso mentir, da Milliman mundial. Minha cerimônia de nomeação foi nos Estados Unidos, quando fiz um breve discurso para uma audiência de quase mil pessoas agradecendo às que me ajudaram naquela conquista.

Em 2017 a Dé Mendonça, minha grande incentivadora e parceira nesta jornada de sucesso na Acser e na Milliman, faleceu e, até hoje, tenho grande pesar de nunca ter expressado claramente e de forma assertiva o quando sou grata por todas as oportunidades que tive devido a sua confiança e respeito por mim.

Findas essas palavras, reflito sobre minha responsabilidade em influenciar pessoas, em especial atuárias. Hoje, com quase 27 anos de carreira, acredito que nesta minha caminhada realmente tenha influenciado positivamente, pelo exemplo no dia a dia, as pessoas com quem trabalhei e convivi. Em especial os atuários mais jovens, embora "reclamassem" do meu nível de exigência, certamente, foi criado neles genuinamente senso de responsabilidade e de busca pela excelência em tudo que fizerem. Ah! Entre as pessoas que tive a felicidade de perceber que exerci influência está minha sobrinha e afilhada, que conhece as Ciências Atuariais desde sempre por minha causa e escolheu a mesma profissão para seguir. Neste momento, já formada em Ciências Atuariais, ela está trilhando seu próprio caminho no mercado de trabalho e me enche de orgulho saber que sou parcialmente responsável por isso.

Desbravando fronteiras:
a jornada rumo à
independência e realização

Um pouco de mim...

Acabo de ler o livro da Brené Brown, *A coragem de ser imperfeito*, eu que desde criança queria ser perfeita, fazer tudo perfeito, ser a atuária perfeita e por muitos anos tentei se perfeccionista em tudo que fazia.

A busca dessa perfeição me fez me dedicar muito à vida profissional, na juventude decidi que seria independente, bem como não queria ter ninguém dependendo de mim.

Em meados da década de 80, quando comecei a trabalhar, o mundo corporativo era dominado pelos homens, inúmeras vezes me achei incompetente, mas quanto mais difícil era mais tempo dedicava ao trabalho para mostrar que tinha valor. Queria evoluir profissionalmente, assumir mais responsabilidades para ganhar mais e construir um patrimônio, assim não dependeria de ninguém.

Quando jovem a independência e o fato de ser solteira me ajudaram a crescer profissionalmente. Apesar do medo e de me sentir insegura, mudei do Rio para São Paulo e depois para a Alemanha, onde morei por três anos. Atingi meu objetivo de ser independente, entretanto ficou um vazio a ser preenchido: ser mãe.

Conheci meu marido aos 45 anos, achava que ainda daria tempo de ser mãe, mas passado um ano veio o diagnóstico da esclerose múltipla dele. Foi uma fase triste, acabamos nos separando e ele voltando para Porto Alegre. Entrei num vazio enorme, mas nossa ligação e admiração sempre foram muito fortes, assim, passados alguns meses voltamos e por três anos vivi entre São Paulo, Porto Alegre e Rio, onde estava minha família. Cada vez parecia estar mais distante do sonho de ser mãe, nesse meio tempo, meu marido voltou para São Paulo, meu pai foi diagnosticado com Alzheimer e minha mãe com demência. Virei mãe dos meus pais. Já vínhamos conversando sobre a adoção, mas não era o momento, além do trabalho que me demandava muitas horas, passava os finais de semana no Rio para cuidar mais de perto dos meus pais. Até que no meio desse caos tomamos a decisão e iniciamos o processo. A espera foi longa, depois de quase dois anos para sermos homologados e quatro de espera nossas meninas chegaram.

A matemática na minha vida e a decisão de ser independente

Nasci no Rio de Janeiro, na Tijuca. Tenho um irmão mais velho e por isso cresci brincando e competindo com os meninos. Lembro sempre estar no meio deles, levava a culpa e o castigo pelas travessuras que eles faziam.

Era muito boa em matemática, me encantavam os problemas e as equações algébricas, bem como tinha muita facilidade para aprender e ensinar. Ainda adolescente comecei a ganhar dinheiro dando aulas particulares para as crianças da vizinhança que tinham dificuldade em matemática.

Quando olho para trás, apesar de ter sido educada para casar e ter filhos, sempre quis ser independente. Tive essa certeza quando, numa discussão com meu pai, ele disse que me sustentava e por isso eu ia fazer o que ele decidisse. Foi marcante, nesse dia chorei muito e decidi estudar ainda mais para ser independente. Não queria ser como minha mãe e as mulheres da minha família que sempre dependeram financeiramente dos maridos. Minha adolescência e juventude não foram fáceis, inúmeras brigas e discussões com meus pais por essas diferenças de pontos de vista. Agradeço a meus pais por terem me ajudado a ser uma mulher forte, além disso, eles foram o alicerce para a mulher e a profissional que sou hoje. Sou e serei eternamente grata a eles, me ensinaram valores como honestidade, responsabilidade, lealdade, solidariedade, persistência, espiritualidade e compaixão que permanecem até hoje.

Foco nos estudos e no trabalho para atingir a tão almejada independência

Estudei em escola pública até o final do ensino médio. Meu irmão havia entrado para a Escola Nacional de Ciências e Estatística, acabei seguindo seus passos. Tive excelentes professores, um deles falava maravilhas sobre Ciências Atuariais e já no segundo ano decidi que seria atuária. Na época, a única faculdade que tinha essa graduação era a Universidade Federal do Rio de Janeiro (UFRJ). Prestei vestibular e não fui aprovada, o curso técnico não me deu base suficiente, mas como sempre fui persistente, fiz um ano de curso preparatório e entrei na UFRJ, onde me graduei em 1987.

No primeiro ano fui reprovada em Cálculo e Física. Eu que nunca tinha sido reprovada, era boa em matemática e sempre tirava notas altas. Veio a dúvida se estava no caminho certo. Mas outra característica forte que tenho é terminar o que começo, assim minha decisão foi seguir em frente. Virei autodidata em Física. Assistir às aulas não me acrescentava muito, então estudava sozinha e depois tirava dúvidas com os professores ou nas monitorias. Virei o jogo e terminei a graduação com excelentes notas no currículo.

Terminei o curso de inglês um pouco antes do vestibular,

nunca tive muita facilidade para idiomas, continuei estudando por vários anos para ganhar mais fluência. Também estudei e aprendi espanhol. Esses dois idiomas me ajudaram a abrir muitas oportunidades.

Sempre valorizei a educação continuada, fazia cursos de atualizações tanto técnicas, como de linguagens de programação e outros para desenvolver habilidades manuais e criatividade. Como a minha formação era técnica, decidi fazer uma pós-graduação que me fornecesse conhecimentos de administração, assim cursei o PDG Executivo do IBMEC em 1997. Em 2010, percebi que para assumir mais responsabilidades precisava fortalecer os conhecimentos financeiros e fiz o MBA em Finanças com ênfase em investimos na Fundação Getulio Vargas. Precisei investir vários finais de semana nessas formações, mas renderam frutos e me ajudaram a ser uma profissional mais completa.

O curso de liderança feminina na Fundação Dom Cabral me fez compreender o quanto foi difícil chegar aonde cheguei, bem como me deu subsídios para seguir em frente com um novo olhar. Entendi o quão importante é o apoio entre as mulheres para que cada vez mais conquistemos posições de liderança no mundo corporativo. Hoje existe um movimento feminista, uma rede de apoio que não existia quando iniciei minha carreira. Este curso me fez entender e valorizar o quanto fui desbravadora, sentir orgulho de ser feminista e por ter aberto portas para as gerações futuras de mulheres.

Foco na carreira

Iniciei minha carreira fazendo estágio num fundo de pensão. Tive a sorte de iniciar com gestoras mulheres, atuárias, que me ensinaram e foram inspiradoras, mulheres de vanguarda para aquela época. No último ano da faculdade passei a estudar à noite e iniciei outro estágio numa seguradora. Foi uma época em que estudo, trabalho e esforço foram grandes, mas também recompensadores, mesmo antes de me formar fui contratada por uma seguradora americana.

Meu primeiro emprego foi uma fase de muitas descobertas, novas amizades e muita diversão. Meu diretor era um professor para mim, aprendi muito com ele, comecei como assistente e anualmente era promovida, chegando a coordenadora e finalmente gerente. Passados cinco anos, meu gestor foi demitido e uma pessoa da área comercial assumiu a diretoria técnica onde eu trabalhava. Foi uma questão de tempo para eu também ser demitida. Sempre tive problemas com hierarquia, somente conseguia respeitar as pessoas que tinham um forte conhecimento técnico.

Meu currículo e postura sempre impressionaram, rapidamente fui contratada como gerente em outra seguradora americana. Não era o lugar onde eu sonhava trabalhar, mais foi um grande desafio, dado que assumi a área técnica e atuarial. Sempre me dediquei muito ao trabalho, num determinado momento o excesso de horas de trabalho, a falta de reconhecimento junto com a pressão me causaram um *"burnout"*. Foi um sinal de que eu precisava mudar, não estava feliz e acabaria doente. Meu antigo gestor estava trabalhando numa seguradora francesa e me convidou para voltar a trabalhar com ele, mas eu teria que mudar para São Paulo. No começo sentia muita falta de ver o horizonte e o mar, com o tempo fui me adaptando e adorando a experiência, novos desafios, aprendizados e amizades. Fui amadurecendo e crescendo profissionalmente.

Passados três anos nessa empresa francesa, eu sabia que meu salário estava abaixo do mercado, mas eu adorava os desafios, a empresa, os eventos, as viagens e os amigos. Estava totalmente ambientada em São Paulo, não pensava em voltar para o Rio, até receber uma proposta de trabalho para iniciar uma operação de seguros numa companhia de saúde e ganhar 50% a mais. Quando pedi demissão, recebi uma contraproposta para continuar na empresa, constatei que sabiam do meu valor, mas não me remuneravam a contento. Mais uma lição aprendida: me valorizar e me "vender" profissionalmente.

Foi bom voltar para perto da família e acompanhar o nascimento e crescimento da minha sobrinha e afilhada. Mas não foi fácil trabalhar em uma empresa familiar, que vivia em crises financeiras. Num determinado momento houve uma *joint venture* com uma seguradora americana. Passados dois anos houve uma quebra de contrato dessa seguradora em função de mudanças da gestão na matriz. Num piscar de olhos todos os americanos sumiram do escritório, a empresa passou por uma crise financeira e foi necessário fazer uma demissão em massa. As pessoas chegavam para trabalhar e não conseguiam se conectar no sistema, rapidamente percebemos quem estava sendo demitido e quem não estava. Apesar de eu ser gestora de uma área, não fui avisada. Depois me explicaram que meu nome estava na lista de corte, mas, como o presidente valorizava minhas contribuições, me retirou da lista.

Na sequência começou um inquérito judicial por gestão temerária da seguradora americana, eu e outros gestores demos nossos depoimentos em juízo. O ciclo havia terminado para mim, me sentia desconfortável no meio disso tudo. Participei de cinco processos de seleção e fui escolhida em quatro. Fiz uma boa negociação salarial e aceitei a proposta de um banco espanhol para iniciar a operação de seguros no Brasil. Mais uma vez, me preparava para voltar a São Paulo. Sempre sofri com essas mudanças, mas hoje encaro de uma forma diferente, gosto da renovação que vem junto com um novo desafio profissional. Foi uma experiência interessante começar uma seguradora do zero, mas como sempre me demandava muito além das oito horas de trabalho por dia e um grande estresse em função dos projetos de tecnologia para o lançamento dos produtos da nova operação. Infelizmente, não conseguia admirar meu gestor, novamente a questão técnica que ele não tinha e no fim acabou sendo desligado. Não fui reconhecida e promoveram uma pessoa da área comercial para essa posição. Para completar, o banco decidiu vender a operação no Brasil, coincidentemente nesse momento fui convidada a voltar a trabalhar na seguradora francesa na qual já havia trabalhado.

A vida novamente trazendo renovação e novos aprendizados, a equipe era incrível. Éramos três gestores que se completavam, conseguimos uma harmonia e uma parceira que nunca mais tive, sinto saudades dessa época. Também consegui montar um time bacana, que não media esforços para atingir resultados. A CFO era francesa e inspiradora, sempre me apoiava e ajudava nos momentos mais tensos. Foi criada uma regional em São Paulo, onde os franceses foram alocados, com eles aprendi muito sobre *valuation, embedded value*, gestão de riscos financeiros e solvência. A operação de previdência era pequena e foi tomando volume. Entretanto, a empresa foi comprada por uma seguradora alemã, houve uma crise financeira na Europa e a matriz alemã decidiu vender as operações internacionais que ainda não haviam atingido o *break even*, sendo uma delas a operação no Brasil. Passamos pela fase de *due diligence* e a empresa foi comprada por um grande banco brasileiro; dada a incerteza e as duplicidades de função na operação do banco, muitos colaboradores começaram a buscar oportunidades no mercado e se demitirem, gerando um risco de descontinuidade dos negócios. Para evitar isso, eu e mais dois gestores-chaves recebemos uma proposta para permanecermos até o final da transferência da operação para o banco. Financeiramente a proposta foi excelente, com um alto bônus de saída, difícil foi trabalhar sem desafios, mas foi bom desacelerar, dedicar mais tempo à atividade física, aos amigos e à família.

Como não podia buscar uma nova posição em outra empresa, comecei a buscar oportunidades na área internacional do grupo na Alemanha, mas não tive sucesso. Passado um ano, terminou o processo de incorporação, todos que permaneceram na empresa foram demitidos e recontratados no banco. Pensei em fazer um ano sabático, mas todos à minha volta diziam que era loucura recusar a oportunidade no banco. Estava cansada do ritmo acelerado e sabia que no banco seria ainda mais estressante. Infelizmente não tive a coragem de entrar no vácuo, sempre me preocupei muito com as minhas finanças, mesmo tendo recebido um excelente bônus de saída, quitado meu apartamento e investido a outra parte do dinheiro, a minha razão não me permitiu dar esse tempo. Se pudesse voltar atrás teria seguido a minha intuição e não a razão.

Passados três meses, surgiu a procurada oportunidade na área internacional da seguradora alemã, era uma posição de consultora na operação de seguro saúde. Fiquei insegura por estar afastada dessa área e por não falar alemão. Para tomar a decisão fui visitar Munique, adorei a cidade, o local do trabalho e as pessoas com quem iria trabalhar. No final de semana estava frio, acabei visitando a Pinacoteca, estava almoçando sozinha e uma família pediu para compartilhar a mesa comigo. Começamos a conversar em inglês, contei que estava avaliando uma proposta de trabalho e o senhor resolveu me dar um conselho: melhor você não vir, o Brasil é um país tropical, aqui neva cinco meses por ano, você sentirá muita solidão no inverno, longe dos seus amigos e família. Ainda bem que segui meu coração e aceitei o desafio, fazer parte de uma comunidade internacional foi uma das experiências profissionais mais incríveis que já tive. Os desafios pessoais foram enormes, precisei me reinventar, a lógica e valores dos alemães são bem diferentes dos nossos. Tive oportunidade de trabalhar e ganhar experiência com o mercado português e colombiano. Após um ano, me alocaram abaixo de uma gestora americana, não conseguimos nos entender bem, reconheci que por mais esforço que fizesse não daria certo. Coincidência ou não, fui indicada para uma posição de chefe da operação de vida de uma resseguradora, ficaria alocada em Munique até a abertura do mercado ressegurador no Brasil.

Foram mais dois anos de desafios e muito aprendizado, dado que eu nunca havia trabalhado com resseguro. Após um ano de volta ao Brasil, apesar de estar fazendo entregas acima do esperado, abriram uma posição de diretoria e trouxeram uma pessoa de fora, com isso entendi que mais um ciclo terminava e estava na hora de buscar novos desafios.

Assim, comecei a trabalhar na Brasilprev, uma *joint venture* da *Principal Financial Group* com a BB Seguros. Estou fazendo 16 anos de empresa, continuo motivada pelos desafios e oportunidades, bem como me identifico muito com o propósito de transformar o jeito que o brasileiro prepara o seu futuro. Desde 2016, além da área atuarial, sou responsável pela controladoria e fiscal. Sou líder de um time no qual 84% são mulheres e grata a esse time pelas entregas e sucesso que tenho.

Reflexão final

Termino minha história dizendo que aprendi a ser imperfeita, lidar e aprender com a minha vulnerabilidade e que dificilmente conseguirei agradar a todos. Aprendi a criar espaço para cuidar de mim e dos outros, assim também foi com meus pais. Aprendi a equilibrar melhor minha vida pessoal e profissional.

A maturidade me ensinou a respeitar os meus limites, fazer uma alimentação saudável, dormir cedo, bem como matinar para meditar ou rezar, fazer atividade física, entre elas o Pilates, que pratico faz mais de dez anos, o treino de musculação e as caminhadas ou corridas. As férias passaram a ser inegociáveis, preciso desse tempo para entrar em contato com a natureza, conhecer novas culturas e me energizar. Passei a produzir mais e melhor, bem como controlar o estresse.

Cada história é única e cada um tem o seu caminho a percorrer, desejo que a minha história sirva de reflexão sobre a busca do equilíbrio entre vida pessoal e profissional, bem como sobre a decisão de ser mãe.

Aprendi e amadureci muito ao longo desse percurso, meu conselho para você: é que aprenda com seus erros e aceite novos desafios, nem sempre o sucesso acontecerá, mas há oportunidade de crescimento e aprendizado nos erros, da próxima vez faça melhor. Nunca é tarde para realizar seus sonhos, siga seu coração. Desejo sucesso na sua jornada!

Uma vida de decisões

Cintia Rocha Nascimento

LINKEDIN

Analista sênior da Caixa de Previdência dos Funcionários do Banco do Brasil – Previ, na Gerência de Administração do Passivo Atuarial e Cálculos Judiciais. Atuou como assistente de Negócios no Banco do Brasil, como coordenadora de Franquias na empresa Kumon Instituto de Educação, como professora de Matemática no Colégio Nossa Senhora de Lourdes e nas Secretarias de Educação do Estado e Município do Rio de Janeiro. Graduada em Ciências Atuariais pela Uerj e em Matemática, bacharelado e licenciatura, pela UFRuralRJ, com MBA em Investimento e Private Banking pela Ibmec, especialização em Gestão Previdenciária e Regimes Próprios de Previdência pela Unyleya e em Educação Matemática pela Uerj. Mãe da Carolina (12 anos) e do Pedro Gabriel (9 anos).

Onde tudo começou

Eu me reconheço como uma mulher negra, trazendo comigo diversas dimensões em minha identidade: neta, filha, irmã, esposa, mãe, amiga, matemática, atuária e uma entusiasta da dança de salão. Nasci na Baixada Fluminense do Rio de Janeiro numa família amorosa, humilde e acolhedora.

Meus pais, primos de primeiro grau, são filhos de baianos que buscaram oportunidades e uma vida melhor no Rio de Janeiro. Minha mãe, uma mulher forte, batalhadora e amorosa, professora aposentada e uma avó maravilhosa. Meu pai, uma pessoa muito querida, tranquila, honesta e contadora de histórias, também desfruta da aposentadoria após anos dedicados aos Correios. Éramos uma família de quatro pessoas: mãe, pai, eu e meu irmão (três anos mais velho que eu), vivendo no subúrbio do Rio de Janeiro.

Raramente saíamos de onde morávamos, e hoje percebo que isso se devia às dificuldades de deslocamento, limitações financeiras e à rotina intensa dos fins de semana, dedicados às obrigações domésticas, já que minha mãe não contava com auxílio profissional para os afazeres. Ela, incansável, assumia todas as responsabilidades domésticas com muita perfeição e capricho. Meu pai colaborava cozinhando e dividindo as responsabilidades com os filhos.

Na minha infância, não recordo um único dia em que meus pais nos deixaram com alguém para desfrutar de momentos juntos, seja no cinema, restaurante ou em um show do Roberto Carlos. Suas vidas foram integralmente dedicadas ao trabalho, à família e, sobretudo, à criação dos filhos. Éramos admirados e respeitados por todos na comunidade onde vivíamos.

Por muitos anos, eu acreditei que residia em um autêntico paraíso, no lugar perfeito. Morávamos em um condomínio simples, espaçoso, onde diversas famílias compartilhavam a mesma vizinhança. Minha infância foi marcada por momentos incrivelmente divertidos, brincadeiras coletivas nas ruas, todos nós inevitavelmente suados, com alguma parte do corpo ralada, mas sempre com um sorriso radiante no rosto.

O início da vida acadêmica

Durante o ensino fundamental, frequentei as escolas municipais onde minha mãe lecionava. No último ano dessa etapa, fui estudar em uma renomada escola estadual, que na época se destacava na Zona Norte do Rio.

Estudar naquela instituição foi uma experiência enriquecedora que me proporcionou aprendizados que transcenderam os limites físicos da escola. Durante os quatro anos nesse colégio, fiz grandes amizades, celebrei meus 15 anos, descobri a dança de salão nas aulas de Educação Física, visitei as casas das minhas amigas, conheci outras realidades e gradualmente fui tomando consciência da minha. Não demorou muito para perceber que não morava no paraíso, mas no fim do mundo. Lá completei o ensino médio e me tornei técnica em Telecomunicações.

Contudo, desde cedo, acreditei que minha vocação era ser professora de matemática. Além de contar com a minha mãe como fonte de inspiração, encontrei verdadeiros mestres durante as aulas de matemática. Assim, em 2002, dei início à minha graduação na Universidade Federal Rural do Rio de Janeiro. A Rural, situada em Seropédica, no interior do estado do Rio, revelou-se uma instituição acolhedora, plural e totalmente diferente de tudo que eu havia vivenciado até então.

Ainda em 2002, em dezembro, fui ao Canadá passar 15 dias de férias com meu irmão, que morava em Toronto naquela ocasião, sem imaginar que esses 15 dias se transformariam em uma estadia de quatro meses. Durante esse período, aproveitei para estudar inglês e trabalhei como *cleaner*. As histórias que vivi no Canadá, aos 19 anos, dariam um capítulo à parte, vivi experiências inesquecíveis e superei grandes desafios. Eu diria que o aspecto mais significativo dessa aventura foi a conexão fortalecida entre mim e meu irmão.

De volta ao Brasil, prossegui com os estudos universitários. Finalmente, em novembro de 2006, me formei em bacharelado e licenciatura em Matemática. E, já pensando na continuidade da vida acadêmica, me inscrevi no curso de Mestrado na Universidade Federal do Rio de Janeiro.

Infelizmente, devido a uma cirurgia de emergência e algumas complicações no pós-operatório, fui impedida de realizar a avaliação escrita e presencial da seleção para o mestrado, resultando na minha desclassificação. No entanto, como Deus nos reserva caminhos inesperados, a Atuária acabou entrando na minha vida, revelando-se uma nova e valiosa direção.

A janela de oportunidades acadêmicas para 2007 já havia se fechado. Contudo, no site da Universidade Estadual do Rio de Janeiro, encontrei uma interessante: *aproveitamento de estudos*. Uma das opções disponíveis era a graduação em Ciências Atuariais. Embora nunca tivesse ouvido falar desse curso, acabei me apaixonando.

Convenci meu marido, na época meu namorado, a tentar a mesma oportunidade. Com apenas cinco vagas disponíveis e uma prova de seleção abordando cálculo, álgebra linear e estatística, dedicamo-nos a estudar cada item do edital. Surpreendentemente, ambos passamos na seleção.

O ano de 2007 chegou cheio de novidades: uma nova faculdade e um telegrama de convocação para minha primeira matrícula como professora numa escola estadual. Isso me deixou extremamente feliz! Além disso, fui chamada para lecionar em mais duas escolas particulares para as quais eu havia enviado currículo, preenchendo minha agenda com novos desafios e aprendizados.

No final de 2007, fui selecionada para trabalhar como coordenadora de franquias do Kumon na filial do Rio de Janeiro, desempenhando o papel de responsável pela disciplina de matemática. Lá aprendi muito sobre a disciplina do povo japonês, compreendi a importância dos pequenos esforços diários que se acumulam ao longo do tempo e aprofundei meu entendimento sobre o negócio da empresa sob a perspectiva de Toro Kumon, o criador do método.

Liderei um projeto nacional chamado *"Aprender com as Crianças"*, que me levou a outras filiais do Kumon pelo Brasil. Adicionalmente, prospectei e treinei novos franqueados, fiz dezenas de palestras em escolas, condomínios, eventos, trabalhei incansavelmente. Ministrava minhas aulas, estrategicamente, nas sextas à noite e aos sábados pela manhã, otimizando os momentos entre minhas viagens a trabalho. Nessa época, lecionava Matemática Financeira no colégio estadual técnico de administração e contabilidade. Infelizmente, esse ritmo intenso de atividades levou à perda da minha matrícula na faculdade de atuária.

Meu casamento...

Em 2008, me casei! Assumimos o compromisso do matrimônio, de compartilhar sonhos, desafios, conquistas, responsabilidades e de construirmos um futuro juntos. Meu marido e pai dos meus filhos é economista e advogado, não terminou o curso de Atuária, infelizmente. Um homem negro, íntegro, que nasceu em meio à classe média/alta, cuja jornada é marcada entre outras coisas pelo racismo, mas também pela força de suas convicções e um comprometimento inabalável com o valor, os direitos e o empoderamento do povo preto. Uma pessoa fundamental na construção da mulher que sou hoje.

Foi no convívio com meu marido que identifiquei meus tetos simbólicos, que passei a acreditar que posso mais do que me fizeram acreditar que eu poderia, a entender que meu cabelo não é ruim, mas crespo, entre outras lições.

Continuando...

Em 2009, fui convocada para minha primeira matrícula de professora na Prefeitura do Rio. O salário era o dobro do valor que recebia no Estado, era irrecusável. Diante dessa oportunidade, foi difícil, mas tomei a decisão de deixar o Kumon e começar a reestruturar minha vida. Essa mudança prometia uma dinâmica de vida profissional mais estável, permitindo-me, finalmente, dedicar-me ao curso de Atuária.

Contudo, ao analisar minha situação acadêmica, percebi que havia sido jubilada do curso por abandono. Determinada a reverter essa condição, iniciei um processo administrativo na Uerj. Fundamentei o processo com os meus contracheques, e pasmem, eu fazia em média 40 horas extras por mês na empresa japonesa. Minha carga horária de trabalho extrapolava o padrão, pois adicionalmente as horas dedicadas ao Kumon incluíam também as horas dedicadas ao magistério.

Meu processo foi julgado procedente e, em 2009 mesmo, retornei ao curso de Atuária!

Em 2010, ingressei num curso de pós-graduação lato sensu em aprendizagem matemática na própria Uerj. No ano seguinte, em 2011, assumi a posição de professora de matemática no Colégio Nossa Senhora de Lourdes, atuando no ensino médio. A vida voltou a ser uma correria, com longas horas dedicadas à sala de aula como professora e como aluna também. Contudo, naquela época, eu era mais jovem e não tinha filhos.

Ao escrever esta autobiografia, sinto-me quase sem fôlego ao relembrar o quão intenso foi aquele período. A sensação que permeia minhas lembranças é a de alguém ansiosa por abraçar o mundo com os braços e as pernas, desejando aproveitar cada oportunidade. Nessa época, meu primeiro tempo de aula como professora começava às 7 horas da manhã, enquanto minha última aula como aluna na Uerj se encerrava às 22h40. Além disso, eu trabalhava aos sábados e realizava as tarefas típicas de um professor em casa, como a correção de provas e a elaboração de trabalhos e avaliações.

Nesse período, deparei-me com diversas situações de violência na escola do município, brigas, alunos supostamente violentados por seus pais, padrastos e até aluno armado na minha sala de aula. A verdade é que os problemas da educação pública extrapolam os muros da escola, são reflexo das condições adversas vivenciadas pelas crianças em seus lares e comunidades.

Na sala dos professores, nos intervalos, predominava o descontentamento e o medo. Um dia fatídico, marcado por muitas reclamações, um colega visivelmente nervoso exclamou: "Para entrar tem concurso, mas para sair não tem não!", ele não precisou falar mais nada... Essa frase ecoou na minha mente e coração por dias fazendo-me questionar por que ainda permanecia ali.

Foi quando decidi que migraria para a profissão de atuária.

O recomeço

Meu marido, funcionário da Caixa Econômica Federal, sugeriu o Fundo de Pensão da Caixa, FUNCEF, mas não me animei por ter sede em Brasília. Consultei a Previ, Caixa de Previdência dos Funcionários do Banco do Brasil, mas não havia nenhum histórico de seleções para o corpo de funcionários da entidade. Numa ligação para a Previ me informaram que 99% dos seus funcionários são cedidos do patrocinador Banco do Brasil. Então, comecei a me preparar para o próximo concurso do BB.

Em 12 de março de 2012, tomei posse no Banco do Brasil, grávida de três meses da minha primogênita Carolina. Exonerei minhas matrículas do magistério e me joguei em mais uma oportunidade que Deus me deu. Fui para o BB recomeçar do zero como escriturária, com remuneração inferior à anterior.

Eu acreditava que seria chamada para trabalhar na Previ tão logo descobrissem que eu estava prestes a me formar em Atuária. Entretanto, a realidade não se desenrolou conforme minhas expectativas.

Permaneci por cinco anos na agência do Banco, sem conseguir acumular pontuação suficiente para participar de nenhum processo seletivo da Previ. Os critérios desses processos incluíam tempo de serviço no BB e funções gratificadas, fatores que impactavam negativamente na minha pontuação. Durante todos esses anos conciliei o Banco com o Colégio NSL, o que dificultava minha ascensão profissional na agência, especialmente para a posição de gerente, uma vez que isso exigiria uma carga horária de 40 horas semanais e implicaria deixar o colégio.

Em 2015, recebi a bênção do nascimento do meu segundo filho, Pedro Gabriel.

Eu tinha a sensação de ter perdido o *time*, estava ficando velha para recomeçar na profissão de atuária. Minhas prioridades eram outras. No entanto, permaneci vigilante em relação às oportunidades que pudessem surgir em outras diretorias do Banco do Brasil.

O que era meu estava guardado

Um belo dia, meu telefone tocou na agência, e era um funcionário de Brasília me convidando para uma entrevista. Ele informou que haviam identificado no banco de talentos do BB que eu era formada em Atuária e que havia uma oportunidade para mim. Fui entrevistada naquele momento, e no fim do dia ligaram de volta dizendo que a vaga era minha. Eu precisava decidir pela vaga até o dia seguinte, e o início do trabalho, em Brasília, seria em, no máximo, 30 dias.

Mesmo desejando muito essa oportunidade, tive que recusar. As crianças eram muito pequenas e eu não tinha rede de apoio em Brasília. Profissionalmente, eu iria comissionada, mas meu marido perderia a comissão na transferência. Dizer "não" foi doloroso, mas o mais sensato naquele momento. Deus estava guardando algo melhor para um futuro próximo.

Em 2017, após cinco anos e meio no Banco, surgiu uma seleção para a Previ na Gerência de Administração do Passivo Atuarial e Cálculos Judiciais - GECAT, que era exatamente a minha área de interesse ao ingressar no BB. Felizmente, consegui pontuar para participar do processo seletivo.

O conteúdo que constava no edital da seleção não me era familiar, eram legislações específicas da área de Previdência Fechada, que eu nunca havia lido. Eu já estava formada há quatro anos e ainda não havia trabalhado na área de Ciências Atuariais. Além disso, meus filhos tinham três e seis anos, e, considerando que era apenas uma vaga com mais de mil inscritos, sabia que não seria fácil. Virei madrugadas estudando, contei com familiares que nos fins de semana saíam com as crianças para que eu pudesse focar no estudo do material. Com dedicação máxima, superei os desafios e venci!

Em outubro de 2017, tomei posse na Previ como Analista I na GECAT. Foi um dia especial demais, estava toda orgulhosa de ter conquistado algo tão planejado, desejado, esperado. Exatamente três anos depois, em meio ao caos que foi a pandemia causada pela Covid-19, fui promovida ao cargo de Analista II.

Ao longo desses sete anos, dediquei-me a diversas atividades, destacando meu envolvimento com o Plano de Benefício do Definido da entidade. Atualmente, conduzo o *Estudo de Apuração dos Impactos Judiciais Decorrentes de Demandas Judiciais na Reserva Matemática*, trabalho que apresentei no 44.º Congresso da Abrapp em 2023, estudos de aderência de Tábuas Biométricas, participo da elaboração de documentos legais, como Pareceres e Demonstrações Atuariais e na atualização dos Regulamentos dos Planos.

Confesso que aquela professora lá do início da vida profissional não tinha noção do quão desafiador, complexo e cheio de responsabilidades seria seu trabalho no maior Fundo de Pensão da América Latina. Se soubesse, talvez não teria coragem de se aventurar nessa jornada, mas, felizmente, a falta de clareza na época resultou na **melhor decisão da minha vida profissional**.

Adicionalmente ao que já foi dito na minha humilde contribuição neste livro, deixo formalizados cinco itens a seguir para a reflexão do leitor(a):

1) Sempre é tempo de recomeçar;

2) Acredite até o fim;

3) O que é seu está guardado;

4) Identifique seus tetos simbólicos e liberte-se deles;

5) Saia da zona de conforto, encontre-a novamente e amplie-a.

Entre fórmulas e emoções: a minha trajetória

Claudia Novello Ribeiro

Diretora Técnica na Austral Seguradora. Com mais de 15 anos de experiência no mercado de Seguros e Resseguros, lidera as frentes Atuariais, Modelagem, Produtos e Analytics na companhia. Antes de ingressar no time da Austral, acumulou experiência como consultora atuarial em renomadas companhias do mercado segurador, onde desenvolveu habilidades-chave e consolidou sua reputação como profissional de destaque na área. Membro do Instituto Brasileiro de Atuária (IBA), participa ativamente dos fóruns e discussões do mercado, contribuindo com sua expertise e visão estratégica. Graduada em Ciências Atuariais pela Universidade Federal do Rio de Janeiro (UFRJ), complementou sua formação com uma especialização em Gestão Corporativa e Financeira de Empresas pela Fundação Getulio Vargas (FGV).

Quem me conhece sabe que meu perfil é mais reservado. Aceitar o convite e escrever sobre minha história é desafiador, mas imaginar que meu relato pode inspirar, acolher e identificar-se com mais pessoas me fez aceitar esta aventura. E agora, imersa nesta missão, percebo que este tempo de reflexão foi um presente para mim.

A conciliação entre família/amigos, trabalho/estudo e todas as atribuições do dia a dia muitas vezes não nos dá tempo de parar e contemplar a jornada. O momento de dedicação à escrita deste capítulo me permitiu reviver diversas passagens da minha história e entender de forma mais madura as consequências de cada escolha que fiz, algumas voluntárias e outras até involuntárias.

Cresci em uma casa de pais professores. Essa experiência deixou uma marca direta em quem sou hoje, especialmente no meu estilo de trabalho. Viver em um ambiente onde a educação era demasiadamente valorizada e incentivada me ensinou a apreciar genuinamente o conhecimento e a vontade de aprender.

Até completar 12 anos, minha educação transcorreu no colégio em que minha mãe lecionava. Ali, a pedagogia adotada era notavelmente mais liberal, encarando o aprendizado como uma jornada individual, repleta de criatividade e personalidade. Entretanto, ao ingressar na adolescência, uma decisão familiar conduziu-me a uma mudança significativa: fui matriculada no colégio em que meu pai trabalhava, reconhecido como um dos mais academicamente exigentes do Rio de Janeiro, seguindo uma abordagem bastante tradicional.

Pode parecer que estou me desviando do cerne da minha trajetória profissional, mas percebo uma correlação íntima entre essa transição escolar e meu desenvolvimento profissional. Este momento de transição, sem dúvida, provocou profundas inquietações em mim. Sentia-me envolvida por uma mistura de "medos" diversos: o receio de não me adaptar ao novo ambiente, o temor de não me integrar socialmente e a ansiedade por corresponder às expectativas dos meus pais. Considero este período como o primeiro grande desafio da minha vida, no qual tive de lidar com a sensação de nervosismo que frequentemente acompanha os momentos significativos da nossa trajetória profissional. Após atravessar os anseios iniciais da mudança, fui imensamente feliz nesse colégio. Fiz amigos com os quais compartilho até hoje a minha vida. Os ensinamentos que lá adquiri continuam a influenciar minha conduta diária.

Descobrindo a Profissão

Foi nessa escola que me deparei com a existência da profissão de atuária. Passei meses mergulhada em reflexões sobre qual engenharia escolher para seguir como profissão. Com meu forte interesse por áreas exatas, minha mente parecia estar travada em direção a algum tipo de engenharia. Era um pensamento limitado, mas que refletia a pressão imensa que o sistema educacional impõe sobre os adolescentes para que tomem decisões tão importantes tão cedo na vida.

Foi nesse instante que soube, através da profissional de orientação vocacional da escola, que haveria uma palestra interna com um atuário. A proposta era simples: ele compartilharia sua trajetória profissional e experiências, proporcionando uma visão mais clara sobre a profissão. Aquela palestra mudou minha perspectiva completamente. Não posso dizer que foi amor à primeira vista, seria um tanto quanto romântico demais, mas sem sombras de dúvida despertou em mim uma enorme curiosidade em buscar mais informações sobre essa profissão que até então eu não conhecia.

Minha primeira pesquisa foi no caminho mais acessível e rápido: Google. Prontamente, identifiquei-me com diversas características inerentes a esse perfil profissional: aquele que identifica, analisa, quantifica, previne, mitiga, transfere e monitora eventos que possam acarretar consequências financeiras adversas para indivíduos ou organizações. Agora, como poderia me aprofundar melhor nas informações sobre cursos, instituições acadêmicas e mercado de trabalho? Essas questões se correlacionam de forma direta com o perfil de gestão de riscos característico dos atuários, sugerindo, assim, que esse seria um caminho promissor a seguir.

Tangibilizar esse percurso se tornou meu principal objetivo. Graças à rede de contatos do meio acadêmico dos meus pais, tive a oportunidade de encontrar um matemático que me incentivou bastante na escolha. Além das valiosas conversas, ele me colocou em contato com um estudante (ou recém-formado, não me recordo ao certo) do curso de Ciências Atuariais da UFRJ. Embora o período universitário represente uma pequena parcela da nossa jornada profissional, naquele momento, para mim, era o primeiro passo de algo que eu desejava explorar meticulosamente.

Eu diria que essas conversas foram fundamentais para que eu firmasse a decisão de ser uma atuária. Explicar a natureza da profissão para minha família e amigos não foi tarefa fácil e, até hoje, permanece como um campo desconhecido para muitos fora desse círculo. No entanto, vejo nisso uma oportunidade imensa para aqueles que estão indecisos em relação à escolha profissional. Pesquisar cursos e carreiras menos difundidos pode ser um caminho para encontrar algo com o qual se identifiquem verdadeiramente.

Reconhecendo a importância desse período, comprometo-me a ser mais concisa em minha passagem pela faculdade e concentrar-me mais na minha trajetória profissional.

Primeiros passos na profissão

O período universitário marca uma fase crucial de transição em nossas vidas. É o momento em que deixamos para trás a adolescência e começamos a trilhar o caminho da vida adulta, nos preparando para a entrada no mercado de trabalho. No entanto, para mim, minha experiência na UFRJ foi muito mais do que apenas uma preparação para o futuro profissional. Foi um período muito especial que me proporcionou uma visão ampliada do mundo, apresentou-me a realidades diferentes e fortaleceu meu senso de pertencimento. Foi uma época que guardo com imenso carinho.

No terceiro período de faculdade, que correspondia ao início do segundo ano do curso, tive a oportunidade de participar de um projeto em parceria com uma resseguradora, promovido pela própria universidade. Foi meu primeiro passo no mundo profissional, totalmente crua e sem experiência prévia, integrando uma equipe de acadêmicos aos quais sou extremamente grata. Dediquei-me a esse projeto por pouco mais de um ano. Foi uma experiência fantástica, especialmente por ser conduzida por professores da universidade, que demonstravam uma paciência e vocação para o ensino. Além disso, essa oportunidade me permitiu adentrar um pouco no mundo corporativo sem me afastar completamente do ambiente acadêmico.

Concomitantemente ao projeto da universidade, participei do meu primeiro processo seletivo para estágio. Foram várias etapas, até que fui chamada para a vaga. No entanto, surgiu um dilema: a oportunidade conflitava com minha grade de aulas. Depois de muito ponderar, recorrer à experiência da coordenadora do curso, acabei declinando da vaga. Essa decisão me trouxe meses de inquietação, questionava se havia feito a escolha correta e, por vezes, me culpando por não ter aproveitado a oportunidade. Embora, ao longo de minha carreira, eu tenha tomado decisões com impactos mais significativos, para uma estudante ansiosa para ingressar de vez no mercado de trabalho, esse período de incerteza até surgir outra oportunidade me pareceu uma eternidade.

Agora, após alguns bons anos, reconheço que esse momento foi crucial para o desenvolvimento de uma característica fundamental: a resiliência diante das circunstâncias que fogem ao meu controle. Compreender isso, especialmente para alguém como eu, que tende a ser ansiosa e autocrítica, representa um amadurecimento significativo, mas essencial para minha saúde mental, considerando minha posição de maior responsabilidade profissional atual.

Finalmente, pelo menos para mim pareceu "finalmente", surgiu outro processo, era uma empresa que eu admirava muito. Sem muitos detalhes, entrei para a vaga. Foram dois anos completos de estágio e mais dois como analista. Não poderia ter começado minha carreira em um melhor lugar! Admirava e admiro até hoje as pessoas que compunham a minha equipe. Aprendi muito com elas, passei por vários momentos de muito trabalho comuns no mercado de consultoria. Hoje, agradeço por esse início, ele foi importante para moldar meu perfil profissional. Logicamente, as características pessoais são refletidas na forma de trabalho, mas o meio também tem uma importância ímpar para essa formação profissional. O ambiente de consultoria é muito rico para colocar de frente com situações, pessoas e desafios diferentes a todo momento.

Poderia relatar diversas situações marcantes sobre esse tempo, mas vou me ater a duas: a primeira foi minha primeira viagem para um projeto fora do país. Novamente, uma mistura de sentimentos me invadiu: alegria, empolgação e gratidão pela chance, mas também medo e apreensão por estar embarcando nessa empreitada sozinha. Não era exatamente o tipo de pessoa que se sentia confortável nessas situações. No entanto, quando uma oportunidade como essa surge no ambiente de trabalho, não há como recusar. Hoje, agradeço a confiança e oportunidade que tive. A segunda foi meu pedido de demissão. Eu tinha uma gratidão aos meus chefes por todo o aprendizado, um enorme carinho por todos da equipe. O ambiente de trabalho era realmente acolhedor, o que tornou a decisão ainda mais difícil.

Crescimento, Desafios e Evolução

Como em toda mudança, há pontos positivos e outros nem tanto. Tudo na vida tem seus altos e baixos, na jornada profissional não seria diferente. Por isso, dou tanto valor à resiliência. A nova empresa proporcionou uma ampliação de horizontes; ainda atuando no mundo de consultoria, passei a participar de projetos que não se limitavam apenas ao âmbito atuarial, o que foi crucial para o meu desenvolvimento.

Fazendo uma interseção entre minha vida pessoal e profissional, logo nos primeiros meses nessa nova empresa, recebi a notícia de uma mudança física de local de trabalho. Essa mudança logística acabou sendo um catalisador para um marco importante na minha vida: deixei a casa dos meus pais para morar com meu atual marido. Mais uma vez, fica a lição que nem sempre temos o controle sobre todas as situações, e que as coisas simplesmente acontecem. É um trabalho diário de aceitação, mas agora consigo fazer isso com menos cobranças e angústias.

Atropelando alguns anos para avançar na história, cheguei à minha terceira mudança de emprego. Ingressei em um projeto de uma seguradora/resseguradora recém-fundada por um grupo de investidores do mercado financeiro. Essa transição foi a mais radical até então, pois me vi imersa em um universo completamente diferente do que estava acostumada. O objetivo do projeto era desenvolver a área atuarial, implementar metodologias, processos e assumir a responsabilidade por todos os assuntos relacionados ao tema. E, apesar de estarmos falando de uma área específica, inicialmente essa área era composta apenas por mim. Ou seja, estava sem o amparo da troca diária que temos no ambiente de consultoria. Meus principais interlocutores não eram atuários. Foi um desafio imenso para uma pessoa com apenas 26 anos de idade. Cresci e amadureci de forma acelerada, enfrentei inúmeros desafios, trabalhei exaustivamente, mas tenho um imenso orgulho do que consegui construir.

Além do desafio inerente ao escopo de trabalho, enfrentei, nesse início, uma adaptação em relação ao ambiente. Alguns dos fóruns de que participei tinham um viés hostil, típico do mercado financeiro. Era uma forma de interação áspera e direta, com a qual não estava habituada. Como única mulher em muitas dessas situações, e sem o costume de elevar o tom de voz e/ou ser mais agressiva verbalmente, tive que desenvolver uma espécie de armadura emocional. Infelizmente, é comum (mesmo que não seja o correto) nos adaptarmos gradualmente a essas situações para não sermos tão afetadas.

No entanto, sempre fiz questão de me policiar para não reproduzir esse tipo de comportamento. Tenho em mente sempre o lema simples aprendido quando criança: "não devemos fazer com os outros o que não gostaríamos que fizessem com a gente". Prefiro impor-me pelo exemplo, pela maneira como trato os outros e como conduzo meu trabalho. Com orgulho íntimo, posso dizer que busquei transformar esse ambiente, tornando-o mais acolhedor para todas as pessoas com quem convivo.

Aprendendo a ser uma Atuária Mãe

Embora eu pudesse facilmente preencher mais páginas com as experiências, desafios e conquistas que acumulei ao longo dos anos trabalhando nesta empresa, optei por dedicar o final deste capítulo a um tema que é fundamental e crucial para inúmeras mulheres em suas carreiras: a maternidade.

Atualmente, minha filha tem seis anos de idade, e foi quando me descobri futura mãe que aprendi a importância de impor limites e estabelecer regras claras para mim, especialmente em relação ao tempo e às prioridades. A maternidade tem sido uma jornada de aprendizado contínuo, a cada dia descubro mais sobre como ser mãe e conciliar essa responsabilidade com o meu trabalho.

Aprendi a ter mais ter mais empatia, a admirar imensamente todas as mães que trabalham incansavelmente para cuidar de suas famílias e seguir suas carreiras. Agradeço profundamente à minha própria mãe por todo o apoio e sacrifício que fez por mim ao longo dos anos, e me solidarizo de forma íntima com as dores e alegrias da jornada materna das mulheres ao meu redor.

Trabalhar e ser mãe não é simples, mas acredito firmemente que isso serve de exemplo valioso para nossos filhos, especialmente para as meninas. Ao testemunharem uma mãe realizada profissionalmente, elas aprendem desde cedo sobre a importância da independência, da determinação e da busca pelos seus objetivos.

Mesmo que não tenha sido muito mencionado ao longo dos relatos, preciso agradecer ao meu amigo/marido com quem compartilho meus anseios, dúvidas, realizações e até mesmo as pequenas coisas do dia a dia do trabalho. Como comentei anteriormente, falar sobre mim, minhas fraquezas e até mesmo minhas conquistas não é uma tarefa fácil, pois sou naturalmente reservada. Por isso, sou imensamente grata pelo seu companheirismo ao longo desta jornada.

Certamente, é impossível separar totalmente a vida pessoal da vida profissional, pois ambas são partes intrínsecas do nosso ser. Minha trajetória profissional é parte integrante da minha jornada como mulher, como esposa, como filha e como mãe. Agradeço profundamente por todas as oportunidades, desafios e aprendizados que a vida me proporcionou até agora, e estou ansiosa para ver o que o futuro reserva.

Atuária sem fronteiras!

Cristina Mano

LINKEDIN

Formada em Atuária, Estatística e Matemática. Mestre em Estatística, Doutora em Engenharia de Produção com ênfase em Teoria da Credibilidade e especialização em Inteligência Artificial e Redes Neurais. Mais de 30 anos de experiência no mercado segurador nas áreas atuarial, gestão de risco, financeira e auditoria. Atualmente é membro de Comitê de Auditoria do Grupo Icatu Seguros e membro do Board do *ASTIN/IAA*. Foi professora adjunta do Curso de Graduação em Atuária e Estatística da UERJ por 27 anos. Coautora do livro "Aspectos Atuariais e Contábeis das Provisões Técnicas", publicado pela ENS em 2009 e reeditado em 2018. Palestrante no Brasil e no exterior em congressos de Seguros e Atuária. Membro do IBA, afiliada a Casualty Actuarial Society, *fellow* da Conference of Consulting Actuaries e associada ao IBGC.

Filha de peixe, peixinho é...

Venho de uma família de professores. Meu bisavô, avô e tios-avós maternos eram engenheiros e professores da Escola de Engenharia da UFRJ. Meu avô, engenheiro de Transportes, foi duas vezes reitor do ITA e era carinhosamente conhecido até pelos amigos como Professor Luiz Cantanhede. Meu pai foi professor de Engenharia da UFF e minha mãe, tendo feito "Clássico" (que corresponderia ao Ensino Médio para quem ia estudar Letras), ajudou a sustentar a família de quatro filhos dando aulas particulares de matemática. Ela se formou já perto dos 50 anos em Fonoaudiologia, mas continuou dando aula e foi sempre uma excelente professora! Com toda essa influência, não escapei. Mas minha trajetória não foi retilínea, dei várias voltas, que na verdade foram grandes aventuras.

A professora é motociclista!

Sempre gostei de matemática, embora tenha pensado em outras profissões como Jornalismo e Psicologia, de que logo desisti. No ensino médio, estava tendo aulas de estatística como profissionalizante no Colégio Santo Inácio e gostei bastante, queria algo mais prático e matemática pura não me atraía. Jantando na casa de um tio-avô, Plinio Cantanhede, ele me sugeriu estudar

Ciências Atuariais. "Ciências Atuariais, o que é isso??" – ele, mesmo sendo engenheiro, tinha trabalhado como atuário do Instituto de Aposentadoria e Pensões dos Industriais. Na sua época, não existia curso superior de Atuária no Brasil, alguns engenheiros faziam esse papel. Anos mais tarde, tive acesso à primeira ata de reunião do Instituto Brasileiro de Atuária (IBA) e tive a grata surpresa de ver que ele foi um dos fundadores do IBA. Gostei da sua explicação, busquei mais informações e resolvi fazer vestibular para Ciências Atuariais. Lembro que minha avó não gostou muito: "O que é isso que você vai estudar?"

Em paralelo, fiz vestibular também para Estatística para a Ence/IBGE, cujas provas eram separadas do Cesgranrio (similar ao Enem de hoje). Já formada em Atuária, fiz concurso para a SulAmerica Seguros. Os departamentos de Atuária das seguradoras eram pequenos, éramos apenas quatro atuários e alguns técnicos em Atuária. Ainda na SulAmerica, terminei a graduação em Estatística e aí a veia da família me puxou. Resolvi voltar para a UFRJ e completar a licenciatura de Matemática. Queria ser professora. Larguei a Atuária e a Estatística e voltei ao Colégio Santo Inácio, não mais como aluna, mas como professora de matemática. Foi um período de muita satisfação, eu gostava muito das trocas com os alunos, do ambiente escolar. Naquela época, eu tinha moto, algo revolucionário para as mulheres. Eu dava aula para a sexta série, imagina a agitação dos meninos quando descobriram que a professora era motociclista!

Estatística ou Atuária?

Depois de alguns anos lecionando matemática, decidi fazer mestrado de Estatística. Recebi um convite para trabalhar como pesquisadora em Estatística na Escola de Saúde Pública da Fiocruz na área de Epidemiologia. Gostei da ideia e uma nova etapa se iniciava, agora com pesquisa e docência na área de Saúde Pública.

Concomitantemente, em 1987, fiz concurso para a Uerj para o Departamento de Estatística e Matemática, onde permaneci como professora adjunta por 27 anos, inicialmente lecionando Estatística. Anos mais tarde, em 2003, tive o grande prazer de criar junto com a prof. Narcisa Santos o curso de Atuária na Uerj, o que não foi uma tarefa simples. Enfrentamos bastante resistência, por ser a Atuária um campo ainda pouco conhecido, mas tivemos sucesso e o curso foi aprovado pelo MEC!

Depois de alguns anos na Fiocruz, entendi que já era hora de fazer um doutorado. Minha ideia inicial era a área de controle de qualidade, e iniciei o doutorado em Engenharia de Produção na COPPE/UFRJ. Nessa época recebi um convite para trabalhar no Centro de Seguros da COPPEAD, comandado pelo atuário e professor Roberto Westenberger e, por sugestão dele, que foi meu orientador, fiz a tese sobre Teoria da Credibilidade, um método de precificação de seguros que combina distintas experiências na determinação do preço do seguro. Minha tese "Melhoria da Qualidade na Precificação de Seguros" foi publicada pela Escola Nacional de Seguros e tive o privilégio de ter na banca de doutorado a presença do querido prof. Ricardo Frischtak, com os seus gentis elogios ao trabalho. Lembro que, durante a revisão de literatura para a tese, me chamou a atenção a aplicação da teoria da credibilidade para explicar a frequência de derrotas em jogos de beisebol, aumentando meu interesse por aplicações da Atuária em áreas que ampliassem o trabalho tradicional do atuário.

Ganhando o mundo

Com o término do doutorado, recebi uma proposta para trabalhar na Tillinghast, área da WTW (antiga Towers Perrin), especializada em seguros. A ideia de uma empresa de consultoria multinacional, com possibilidade de trabalhar em projetos fora do Brasil e ter contato com pessoas de todo o mundo foram os fatores decisivos para mim. E assim virei consultora da WTW e depois sócia e lá permaneci por 15 anos. Foram incríveis 15 anos de muito trabalho, mas de muitas trocas. Conheci diversos consultores de fora do Brasil, aprendi muito com vários deles e alguns se tornaram amigos queridos! Nossa equipe da Área de Riscos e Serviços Financeiros era incrível, atuários muito engajados, que mesmo com uma carga pesada de trabalho e de *stress*, e com uma chefe bem *workaholic* (kkk...), mantinham a cooperação e o bom humor! Vários atuários que entraram como estagiários são hoje superintendentes, diretores, CEO, CFO do mercado de Seguros, o que com certeza é para mim motivo de muita alegria e orgulho. E o melhor de tudo: somos muito amigos, mantemos contato com encontros ocasionais, e nesses momentos parece que tudo volta ao que era antes, com as mesmas brincadeiras, o que só acontece com quem teve muita convivência e comeu muita pizza junto madrugada adentro...

Nasce uma estrela

Em 2001 nasceu minha filha, Maria Clara. Eu já era uma profissional com uma carreira bem-sucedida, mas muitas vezes tive o dilema de muito trabalho e o tempo que eu dedicava a ela. Lembro que o pessoal no trabalho brincava comigo que Maria Clara encontrava mais a babá do que a mim, e meu querido chefe, Luiz Roberto Gouveia, que passava em um desses momentos me tranquilizou: "Cristina, fique tranquila, uma criança sempre sabe quem é sua mãe!" Repeti essa frase para mim, nos momentos em que precisei ficar longe!

Participei de um projeto impactante no exterior, relativo a uma resseguradora que estava em crise financeira, após o ataque terrorista às torres gêmeas, em setembro de 2001. Éramos uns 15 consultores seniores trabalhando ao redor de uma mesa enorme, numa única sala, avaliando os recebíveis dos diversos contratos de resseguro. Meu coração ficou apertado, fiquei longe de Maria Clara por 15 dias quando ela tinha uns oito meses. A melhor coisa foi quando cheguei em casa, de volta, ela ouviu a minha voz e se jogou no meu colo...

O mundo é pequeno e o passaporte está sempre em dia!

Fiz várias viagens interessantes enquanto trabalhei na WTW, várias participações em projetos no exterior, que ampliaram meu conhecimento e me permitiram evoluir como atuária.

Pude participar de projetos em diversas cidades, como Paris, Milão, na Cidade do México, Cidade do Panamá e em inúmeras cidades dos Estados Unidos. Alguns trabalhos foram realizados para clientes do exterior, mas executados do Brasil mesmo. A troca e o aprendizado nesses projetos foi enorme e não somente na parte atuarial, aprendemos muito também sobre as diversas culturas e a visão do negócio em diferentes partes do mundo.

Tive, por exemplo, a oportunidade de participar de um projeto sobre a responsabilidade de uma seguradora em sinistros de amianto (asbestos). As perdas por exposição aos asbestos, que causavam uma doença respiratória (asbestose), tiveram um impacto enorme no mercado de seguros, levando a uma perda global de mais de US$ 100 bilhões, afetando fortemente o mercado americano. Foram sinistros inesperados de cauda muito longa, pois há mais de 30 anos asbestos era um material considerado seguro para construções.

Outro projeto interessante foi a aplicação de metodologias de triângulos para estimativa de provisões de sinistro para avaliar o passivo de programas de recompensas de hotéis e companhias aéreas. Ou seja, metodologias atuariais aplicadas a campos não tradicionalmente atuariais. O atuário ampliando seu campo de trabalho!

Todos estes projetos me permitiram conhecer atuários de todo o mundo e perceber que, embora sempre aprendamos com eles, estamos em condições iguais de conhecimento e capacidade de resolver problemas atuariais.

O que sempre me atraiu no trabalho de consultoria foi

justamente a possibilidade de realizar trabalhos inovadores, ajudar os clientes a resolver seus problemas usando tanto conhecimento teórico como prático.

Aliando meu trabalho de consultoria com a minha veia acadêmica, sempre participei de congressos tanto no Brasil como no exterior. Apresentei trabalhos em vários congressos internacionais de Atuária, além de diversas participações em Colóquios Internacionais, de Birmingham à Cidade do Cabo, juntando assim a prática profissional com a acadêmica, a oportunidade de conhecer lugares incríveis e de fazer um relevante *networking*.

Sempre gostei muito de viajar. Brincava que quando Maria Clara nascesse eu ia tirar o seu passaporte, não precisava da sua certidão de nascimento. Quando ela estava com quase dois anos, resolvemos passar uma semana de férias na Costa do Sauipe, na Bahia. No meu retorno, encontro um mapa da Europa na porta da minha sala com Bahia escrito onde seria a França, porque todos no trabalho conheciam a minha paixão por Paris, motivo da brincadeira!

Novos caminhos se abrem

Após 15 anos na WTW, cheguei à conclusão que era preciso mudar e desenhar uma nova rota. Abri minha própria consultoria em 2012, a Cantanhede Mano Consultoria em Atuária. A consultoria própria me deu mais flexibilidade e liberdade de escolher projetos nos quais eu acredito que possa agregar valor.

Paralelamente à atividade de consultoria, sou atualmente membro do Comitê de Auditoria do Grupo Icatu Seguros, o que tem sido muito prazeroso e um novo desafio para a minha carreira. O Grupo Icatu é dotado de uma efetiva estrutura de governança. Contribuir para um ambiente de negócios complexo e muito veloz nas mudanças exige um aprimoramento contínuo.

Buscando mais conhecimento sobre o mundo da governança,

me associei e fiz o Curso de Conselheira do IBGC, que tem por objetivo o aprimoramento das boas práticas de Governança.

Acredito que o importante é sempre lembrar que nossas competências precisam ser aprimoradas e novas competências devem ser desenvolvidas! A busca permanente de novos conhecimentos tem sido uma constante na minha vida pessoal e profissional.

Compartilhando conhecimento

Sempre considerei fundamental a troca com outros atuários e profissionais do setor de seguros. Daí meu interesse em fazer apresentações, publicar artigos em revistas e participar de fóruns relacionados.

Fui diretora do IBA no período de 2002 a 2004 e continuo contribuindo com o instituto, seja através da minha participação nos congressos, publicações na revista do IBA ou participação na banca do prêmio Ricardo Frischtak, que premia artigos relacionados a Atuária, com o intuito de desenvolver e promover o conhecimento do estudo atuarial no Brasil.

Em 2009, Paulo Ferreira e eu publicamos um livro de Provisões Técnicas ("Aspectos Atuariais e Contábeis das Provisões Técnicas"). O livro foi revisado e republicado em 2018. Saber que o livro é utilizado por inúmeros atuários e profissionais do mercado e receber *feedbacks* de como o livro tem sido útil para diversos profissionais não tem preço. Compensa de sobra toda a energia e tempo necessários para a elaboração do livro. Foram várias madrugadas em claro, eu gostava de escrever com a casa em silêncio, era a hora mais produtiva.

Tive a honra de ser eleita em 2023 para o Board do ASTIN, uma importante seção do International Actuarial Association (IAA). A principal função do ASTIN é criar um ambiente que promova o desenvolvimento profissional contínuo de seus membros e reduza o *gap* entre o meio acadêmico e a indústria, promovendo a pesquisa de alta qualidade relativa ao Seguro e Resseguro e suas aplicações na gestão quantitativa de riscos.

Presentes que a Atuária me deu!

A vida pessoal e profissional tem me dado vários presentes. Dois atuários de grande importância na minha jornada são Andreia Fontes, cuja amizade vem desde o Jardim de Infância até a graduação em Atuária, sempre amigas, quase sempre na mesma turma dos colégios e juntas na UFRJ. Ainda tivemos a alegria de trabalharmos juntas na WTW por vários anos. Poucas pessoas têm esse privilégio. Outro atuário fundamental na minha jornada é o Paulo Ferreira, continuamente encantado com as maravilhas atuariais. Do concurso para sermos atuários da SulAmerica com vinte e poucos anos até hoje, somos grandes amigos. Somos coautores do livro sobre provisões técnicas, nossa grande realização, e tive uma enorme alegria de ser madrinha do Felipe, seu primeiro filho. O time incrível da WTW do Brasil e do exterior, inúmeros clientes e colegas de comitê, que viraram grandes amigos e com quem aprendi e aprendo muito de Atuária, seguros e vida!

E o mundo continua girando

Ter a história da minha trajetória publicada no mesmo ano em que minha filha inicia sua carreira de economista, como analista de empresas no mercado financeiro, formada em dezembro de 2023 na PUC-Rio, tem um grande significado para mim. Espero que a minha história possa inspirá-la nas suas decisões. Sei que ela vai trilhar uma trajetória brilhante e estaremos juntos, eu e meu marido, para apoiar e aplaudir. Que ela faça o que gosta e que seja feliz! Encontrei um texto que ela escreveu no terceiro ano do Ensino Médio que dizia:

"Eu gosto de matemática, me interesso por economia e

consigo me imaginar na profissão. Parece um pouco com a da minha mãe também e sempre me imaginei parecida com ela".

Que venham novos desafios!

Dedico este capítulo à memória de minha mãe, mulher valente, apaixonada por ópera e Maria Callas, cinema, família Kennedy, seus alunos particulares e, principalmente, pelos filhos e netos, e à minha querida filha, Maria Clara, meu maior presente!

Tive a sorte de contar com um marido supercompanheiro e excelente pai para a nossa filha. Oscar é engenheiro civil e tinha alguma flexibilidade no seu trabalho que permitia que ele estivesse presente quando eu não podia. Ele o tempo todo me apoiou nas minhas decisões e está sempre ao meu lado quando, após aceitar algum novo desafio, sinto aquele frio na barriga e ouço aquela voz interna depois de uma noite mal dormida: "Por que você aceitou?"

E vamos em frente, que venham novos desafios!

Diante da oportunidade, tome posse!

Daniela Sedel

LINKEDIN

Sócia-diretora da KPMG Financial Risk & Actuarial Services e diretora-executiva da KPMG Prev (Entidade Fechada de Previdência Complementar). Graduada em Ciências Atuariais pela PUC-SP e pós-graduada em Gestão Atuarial e Financeira pela FIPECAFI. Atua há 18 anos em auditoria e consultoria atuarial. Atualmente está à frente da área atuarial, em que responde pelos trabalhos dos segmentos de Entidade Fechada de Previdência Complementar, Benefícios Pós-emprego, Previdência Aberta, Seguro, Resseguro, Saúde e Capitalização, bem como é membro da Diretoria Executiva do Fundo de Pensão da KPMG. MIBA 1.721 e Certificação Profissional ANBIMA Série 20.

Raízes familiares: a força dos vínculos e valores

Minha infância foi marcada por laços familiares muito fortes, pois venho de uma descendência de 21 tios e tias, que se desdobram em mais de 30 primos e primas - notadamente uma família que contribuiu com a taxa de natalidade do país, à época. Ainda jovem, minha mãe saiu de sua cidade natal, Igreja Nova, no Estado de Alagoas, com destino a São Paulo. Meu pai, por sua vez, quando atingiu a maioridade, deixou a roça situada no distrito de São João, em uma pequena cidade do interior do Estado do Espírito Santo, em busca de trabalho e melhores condições financeiras. Ambos de família simples, não tiveram a oportunidade de terminar o ensino fundamental, pois precisaram se dedicar ao trabalho ainda muito jovens. Nessa mistura migratória, conheceram-se e casaram-se em São Paulo.

Por muitos anos, eu tive a alegria de conviver com dois avós que ainda eram vivos na minha juventude. De um lado, a minha avó materna, que era uma matriarca de fibra com costumes e valores de sua época enraizados. Nos ensinava com afinco a respeitar o outro, principalmente os mais velhos, e apesar da seriedade que carregava em seu semblante era dona de uma ternura e docilidade singulares. De outro, o meu avô paterno, cuja memória me remete ao trabalho árduo de uma vida no campo. Ele era dono de uma alegria de viver contagiante e sempre arrancava sorrisos por onde passava, tinha o verdadeiro dom de deixar tudo mais leve. Ambos tinham uma habilidade que exerciam com mestria: a de reunir a família! Como era bom estar ali, com todos juntos, conversando sobre as conquistas e desafios que enfrentavam, enquanto as crianças se divertiam espalhando gritos pelo quintal até que levassem uma bronca. O convívio habitual com esta grande família nos deu para a vida o laço de irmãos entre primos e primas, assim como o laço de filhos em relação aos tios e tias, e carregamos esse cuidado com o outro genuinamente até os dias atuais. O meu propósito tem uma relação muito forte com o cuidado com o outro, e vejo o seu desenrolar na profissão de Atuária que escolhi, quando a proteção social implícita na Ciência Atuarial tangibiliza o amanhã das pessoas.

Despertar para os números: a influência paterna e o início da paixão pela matemática

Quando eu era criança, meu pai decidiu empreender e abriu o seu próprio comércio, uma loja que revendia doces na periferia de São Paulo. A minha mãe, sempre que possível, se desdobrava entre as atividades de casa e o apoio ao meu pai em seu comércio de doces. Desde menina, meus pais sempre reforçaram a importância do trabalho honesto e dos estudos. Ali naquele comércio, aos finais de semana, o meu contato com a matemática foi iniciado, e junto, uma paixão incontrolável por chocolates. Naquela época, era muito comum os clientes chegarem com uma sacola cheia de moedas e, enquanto escolhiam os produtos, nos dedicávamos a separá-las para conferir o valor do crédito para compras. Apesar do baixo grau de instrução do meu pai, ele foi muito perspicaz em seu empreendimento. Não tinha diploma de graduação, tampouco concluiu o ensino fundamental, mas aprendeu com a prática. Me recordo que todas as noites, ao chegar em casa, ele sentava-se à mesa para fazer a contabilidade do seu negócio e anotava minuciosamente em seu caderno todas as entradas e saídas de caixa do dia, e ao final de cada mês apurava o lucro ou prejuízo do período. Este ritual me intrigava, e eu ainda não entendia o porquê, mas hoje vejo que ali foi o meu despertar para os números.

O valor da educação: a determinação dos pais e a busca por oportunidades

A prioridade dos meus pais era a de que seus filhos tivessem a chance que eles não tiveram, a de estudar, pois tinham convicção de que qualquer alternativa bem-sucedida para alçar grandes voos deveria estar baseada fundamentalmente na educação. Durante toda a minha criação eu fui orientada a fazer o melhor em tudo que eu me propusesse a fazer, pautada em dedicação, honestidade, responsabilidade e respeito ao próximo. Sempre vou lembrar com carinho as palavras do meu pai: "Estude e trabalhe, minha filha! Se dedique aos estudos para ter melhores oportunidades e não dependa financeiramente de ninguém, conquiste suas coisas por mérito próprio". Desde menina, eu sempre fui incentivada pelo meu pai ao empoderamento.

Na linha do tempo do meu processo educacional, concluí o ensino fundamental em uma escola pública do Grajaú, periferia do extremo sul de São Paulo, e na época em que ingressei no ensino médio – período este em que nasceu o meu irmão Luiz – meus pais conseguiram conciliar as finanças para que eu fizesse, simultaneamente, um curso técnico de Administração de Empresas. Escolhi este curso pois me identificava com a vivência dos meus pais e tinha muita curiosidade para entender a engrenagem do negócio. Além disso, eu admirava aquelas mulheres que trabalhavam em grandes empresas, e que ao vestir o seu terninho e seu salto alto pareciam que colocavam uma capa de super-heroínas do mundo executivo, empossando-se de um alto nível de respeito e empoderamento.

Durante uma aula de matemática financeira, no último ano do ensino médio, um professor perguntou aos alunos qual a profissão que gostariam de seguir. Eu imediatamente respondi: "Administração de Empresas!". Foi quando ele me perguntou: "Daniela, você já pensou em fazer Ciências Atuariais?". A resposta que eu dei foi a mesma que a marioria dos Atuários já escutaram alguma vez na vida: "Ciências o quê?". Ali começou a minha curiosidade sobre a profissão.

As pesquisas sobre a ciência atuarial se intensificaram na minha rotina, além de novas conversas que tive com o professor, cujo filho naquela época estava fazendo graduação em Ciências Atuariais e a perspectiva de carreira já era bastante promissora. Ocorre que a única faculdade que oferecia o curso em São Paulo, à época, era particular, e para cursá-la dependeria da ajuda financeira dos meus pais. Eu havia gostado do curso, mas entendia que o valor da mensalidade era alto para nosso padrão, o que me fez hesitar sobre a possibilidade de seguir essa profissão. Sentados à mesa como de costume todas as noites para jantar, eu expliquei a situação aos meus pais. No dia seguinte, após analisar o seu caderno de contas, enquanto estávamos sentados à mesa, meu pai me disse: "Vai em frente, minha filha, que vamos nos organizar financeiramente para que você tenha essa oportunidade!". Fiquei muito feliz e entusiasmada, além do sentimento de gratidão que me invadiu por reconhecer o valor do esforço que eles estavam fazendo por mim. O segundo desafio à minha frente era passar no vestibular, já que eu não tinha feito cursinho e estava me candidatando para estudar em uma faculdade renomada. Fui adiante, e a alegria que senti foi latente quando vi meu nome na lista dos aprovados do vestibular da PUC-SP (Pontifícia Universidade Católica).

Superando desafios: da faculdade ao sucesso profissional

Estar na faculdade significava ter a oportunidade que meus pais não tiveram, tampouco meus tios, tias e a maioria dos meus primos, naquela época. Representava um ato de generosidade dos meus pais, ao renunciar a alguns de seus planos para me proporcionar essa possibilidade. O início foi marcado por grande entusiasmo, adaptações e desafios, pois tudo era muito novo para mim: o ambiente, as pessoas de diferente classe social, o ritmo de ensino, as matérias que se misturavam no mais alto nível de diversidade e complexidade, além dos 60 km de distância diários que separavam a minha casa do campus da faculdade. E assim se passaram cinco anos de estudo e uma preocupação latente de fazer valer a oportunidade que me foi concedida. Nunca vou me esquecer do orgulho e brilho nos olhos dos meus pais no dia da minha formatura. Aquele diploma universitário representava um sonho deles materializado em mim.

Assim que concluí a graduação, iniciei a minha carreira como *trainee* na área atuarial de uma renomada empresa internacional de auditoria e consultoria. Me lembro do dia em que recebi a ligação informando que eu havia passado na entrevista. Eu estava na casa da minha avó materna, que com meu ato de empolgação e explosão de alegria começou a vibrar e celebrar junto comigo. Mais do que depressa, como de costume, compartilhei com meus pais mais essa conquista. Aquele foi um dia realmente marcante! Naquele momento, a sensação era a de ter encontrado a última peça do quebra-cabeça, tudo se encaixava! Uma nova porta se abria, e a possibilidade de trabalhar na área atuarial de uma grande empresa de auditoria e consultoria representava novamente a minha entrada em uma das melhores universidades, só que dessa vez a da prática!

Comecei as atividades na área atuarial com uma sensação tão grande de gratidão por ter a chance de estar ali, que eu via em toda e qualquer atividade uma chance de aprender, por mais simples que a tarefa pudesse ser. Durante a minha jornada, atuei nos segmentos de previdência fechada, benefícios a empregados, previdência aberta, seguros, resseguros, saúde suplementar e capitalização. Tive contato com assuntos diversos e em diferentes níveis de profundidade, assim como conheci inúmeras pessoas dentro e fora da organização.

Ao longo dos anos, a minha carreira como atuária me brindou com experiências que eu jamais imaginei: visitar lugares incríveis dentro e fora do país, conhecer pessoas e culturas diferentes, apreciar bons restaurantes, estudar diferentes assuntos, concluir a pós-graduação, inspirar outras pessoas e conquistar a minha tão almejada independência financeira. Foi nesta empresa que eu, mulher e atuária, construí minha carreira, aprendi e ensinei, fui liderada e liderei, fui vista e ouvida nos mais diferentes níveis de cargos e de liderança dentro e fora da organização, e onde tenho vestido diariamente a minha capa de super-heroína, para com muito orgulho escrever a minha história.

Empoderamento e inspiração: o legado da gratidão e a jornada de Daniela como líder

Estar na condição em que tenho a possibilidade de inspirar e motivar pessoas é algo também que me enche de orgulho e gratidão. E, mesmo sem sabermos ou percebermos, muitas vezes as pessoas estão ali, se espelhando em nós. Há alguns anos fui surpreendida por meu irmão, aquele que nasceu quando comecei o ensino médio, que ao escolher a graduação colocou como primeira opção ciências atuariais, mas pelo fato de não ter aberto turma naquele ano terminou optando pelo curso de ciências contábeis. Tempos depois, ao iniciar sua carreira, ele estava decidido que queria trabalhar em uma empresa de auditoria e consultoria, e assim o fez! E o legado dos meus pais segue criando raízes, pois hoje ele também está construindo uma carreira sólida na empresa em que atua, com base nos mesmos valores, exemplos e princípios que eu tive.

E como mulher, atuária e mãe, não posso deixar de falar sobre a maternidade. Nesse contexto de carreira, em que cada vez mais mulheres adiam a maternidade, dentre outros fatores, por acreditarem que possa estagnar a ascensão profissional ou por temer que não seja possível conciliar o trabalho com o cuidado que uma criança requer, deixo aqui minha contribuição sobre a experiência de ser mãe de uma doce menina chamada Alice. O ano de 2018 foi marcado por grandes acontecimentos em minha vida, primeiro o nascimento da minha filha, em fevereiro, e oito meses depois, uma nova etapa se iniciava em minha vida profissional, quando passei a fazer parte do quadro de sócios da empresa em que iniciei a minha carreira como *trainee*. Ali estava a Daniela, uma mulher, atuária e mãe tornando-se sócia de uma renomada empresa internacional.

A maternidade de fato nos traz diversos desafios, mas junto nos capacita, e nos faz desenvolver diferentes habilidades que jamais imaginávamos que teríamos. Essas habilidades são refletidas também em nossa vida profissional, quando passamos a organizar melhor o nosso tempo e as nossas atividades do dia a dia, equilibrando múltiplas prioridades com mestria, além do olhar mais gerenoso que passamos a ter para o outro. Às vezes parece que não é possivel dar conta, até irmos lá e fazermos. E não tem recompensa maior do que um olhar e um abraço carinhoso de um filho para nos encher de energia para seguir adiante para mais um dia. Quero ser alguém que um dia a Alice olhe, e assim como meu irmão, se orgulhe e se inspire.

A grande engrenagem que sempre me moveu foi ter a consciência sobre o valor das oportunidades que me eram dadas e sentir a mais profunda gratidão por cada uma delas. Como consequência, me empenhava para fazer jus a todas as portas que se abriam ao longo do meu caminho, e descobri que quando nos dedicamos para algo e nos esforçamos para fazer o nosso melhor nós achamos um caminho, e sim, a gente consegue!

Muitas eram as inseguranças no início da minha carreira, tais como não ter realizado o ensino fundamental em uma escola renomada, nunca ter realizado uma viagem internacional, não saber falar fluentemente outros idiomas, não ter familiares ou amigos influentes na minha profissão, dentre tantas outras inquietudes que me acompanhavam. Mas hoje olho para aquela menina, que tanto duvidou da suficiência de sua bagagem até ali, perante tudo que ela acreditava que era necessário para "estar pronta", e concluo que nós somos moldados é no dia a dia, enfrentando as adversidades, correndo atrás do que ainda não sabemos, aprendendo com os erros, agarrando as oportunidades e fazendo o nosso melhor.

Nesse emaranhado de vivências, é importante cuidar do que se sente, pois muitas vezes somos rotulados por uma situação específica, e abandonamos o fato de sermos formados por um conjunto de vivências e experiências, o que nos torna muito maiores do que um fato isolado. Você pode até se sentir pequeno diante de determinada circunstância, mas não deve deixar de acreditar no seu potencial e permitir que isso se torne maior do que você realmente é. Lembre-se que tudo que você fizer com dedicação, responsabilidade e cuidado com o outro, tem toda a chance de dar certo!

Na posição de liderança, nos deparamos frequentemente com situações em que a mulher é minoria e para mudarmos este cenário é primordial que, além de ter oportunidade, elas acreditem em seu potencial. Eu e um grupo de mulheres incríveis, com quem tenho o prazer de dividir o dia a dia na empresa, criamos um grupo dedicado ao *networking* de mulheres, que engloba desde as mais juniores até as mais sêniores, e todas juntas compartilhamos experiências, aspirações e anseios. Este tipo de iniciativa é muito importante, pois além de inspirar fortalece a autoconfiança ao descobrir que muitas vezes a aflição de uma já foi um dia superada por outra.

A maturidade me trouxe a lição de que, diferentemente do que eu pensava, nós sempre teremos algo a aprender, reaprender e a reinventar, porque assim também é a vida. O tempo passa, as coisas mudam, as pessoas mudam, as organizações mudam, todos nós mudamos, o que é bom, porque é assim que evoluímos. Hoje eu diria para aquela menina aquietar o coração e se manter confiante, porque não estaremos preparados apenas quando soubermos tudo, simplesmente porque a vida é um constante aprendizado. A certeza de que sempre teremos algo a aprender é muito poderosa, porque é o que nos faz crescer, sair da zona de conforto e ir adiante. Como atuária, afirmo que os riscos existem sim e estão aí para serem avaliados, mas o que faz a diferença nesse processo todo é nos comprometermos com o que nos propomos a fazer, sermos gratos e honestos, estarmos abertos a ouvir, agirmos com honestidade e responsabilidade e termos consciência de que tudo isso requer muita resiliência. Não duvide do seu potencial, e diante da oportunidade, tome posse!

A mochila amarela

Danielle Vicente

LINKEDIN

Profissional com 26 anos de experiência em previdência, graduada em Ciências Atuariais pela Universidade Federal do Rio de Janeiro (UFRJ), com especialização em gestão empresarial pelo IESE e especializações em investimentos obtidas através de MBA na Universidade Federal Fluminense e da certificação CFP® (Certified Financial Planner). Construiu a carreira no segmento de seguros de vida e previdência privada chegando aos cargos de gerente atuarial de produtos e provisões na Bradesco Vida e Previdência e a diretora dos fundos de pensão MultiPensions e MultiBRA. Atualmente trabalha na CPFL Energia apoiando a empresa na gestão dos planos de previdência que oferece aos seus colaboradores e como membro suplente no conselho deliberativo da Fundação Vivest.

1974, foi o ano em que a banda sueca ABBA venceu o importante Festival Eurovisão da Canção e tornou-se um grupo famoso com a música Waterloo, que fala sobre as batalhas que enfrentamos na vida e de como a história sempre se repete.

Nesse mesmo ano, o Brasil chorou a tragédia do incêndio no Edifício Joelma e se alegrou com a inauguração da ponte Rio-Niterói. Três meses depois, do outro lado da ponte, eu nasci, graças à coragem da minha mãe, que segurou o jaleco do médico para não o deixar voltar a assistir ao jogo de futebol, no qual a Alemanha venceu da Holanda por 2 a 1 e se tornou bicampeã da Copa do Mundo.

A moeda da época era o Cruzeiro e os anos seguiram sendo marcados por inflação alta, que durou longos 20 anos e impactou a vida de muitos brasileiros.

Para fugir do aluguel e das despesas inerentes da cidade grande, meu pai comprou uma modesta casa em Tanguá, uma cidadezinha a 70 km da capital, onde as ruas eram de chão batido, sem energia elétrica, sem lojas ou escolas por perto.

Erámos uma família muito simples, no meu primeiro dia de aula levei meu caderno e lápis dentro de um saco de plástico vazio de arroz, mas meus pais se esforçavam para não faltar a educação que eles não tiveram e logo me deram de presente uma mochila amarela, que sempre admirava quando passava em frente do armarinho que ficava no caminho da escola.

Meu irmão foi um importante companheiro nas idas para a escola, pois me ajudava nas estratégias para evitar sujar o uniforme nos dias de chuva, tinha saco plástico amarrado nos pés e pulos por cima das poças d´água, que quando não rendiam escorregões resultavam em sapatos altos com plataforma de lama. Como detestava os dias de chuva. Mas o desafio para chegar na escola não terminava aí, para concluir o ensino médio era necessário estudar em outra cidade e pegar um ônibus sempre lotado, que nunca tinha um horário certo de passar. Além de perder a primeira aula algumas vezes devido aos atrasos da condução, tinha o medo de cair e se machucar, pois nos dias de superlotação meu irmão me colocava à sua frente e se pendurava nas alças da porta traseira, como um super-herói. Detestava ainda mais esses dias.

Na infância não sonhava com as carreiras disponíveis numa cidade do interior, como ser professora de primário, secretária, vendedora ou agricultora. Na verdade, naquela época, sabia apenas que não queria nenhuma delas.

Meu pai trabalhava muito, estava sempre em visita técnica nas fazendas da região consertando tratores pesados, mas mesmo sem formação acadêmica tornou-se um mecânico muito reconhecido e professor, ajudando muitos jovens a construir uma carreira como tratoristas da região. Minha mãe, apesar de poucos anos de estudos, tinha uma sabedoria financeira diferenciada, desde cedo me ensinou que poupar para comprar depois valia muito mais a pena do que o consumo imediato através do pagamento parcelado, que faz as pessoas pagarem duas ou três vezes a mais pelo mesmo bem, devido às altas taxas de juros e inflação embutidas nas prestações. Esse dom de controlar as despesas, somado ao trabalho duro do meu pai, ajudou a comprar os demais lotes ao redor da nossa casa e a formar uma chácara rica em árvores frutíferas, verduras da horta, galinhas, ovos caipiras e tilápias.

Os exemplos de solidariedade e inclusão sempre estiveram presentes mesmo nos tempos difíceis. Um dia meu pai chegou em casa com um morador de rua asmático, com paralisia em uma das mãos. Depois de ser cuidado, passou a morar conosco e virou o caseiro da chácara, trabalhando dignamente mesmo com suas limitações.

Até hoje é comum encontrar exemplos de uma vida que valoriza o essencial, como a alegria de um almoço ou jantar feito somente com produtos produzidos na chácara e minha mãe ajudando aqueles que batem no portão de sua casa.

Minha avó teve 14 filhos, e a família Vicente era tão grande que fazia os finais de semana parecerem uma festa. Os anos seguiram com muitas brincadeiras, jogos de tabuleiro, pescas no lago, banho nos rios, subidas nos morros na companhia dos primos e com uma inquietude provocada pelas poucas oportunidades disponíveis ao meu redor, mas principalmente pelo dever de retribuir todo aquele esforço dos meus pais. Este sentimento me fez estudar, tirar boas notas e avançar nos estudos.

A escolha

Ao chegar no vestibular me deparei com o dilema de muitos jovens pobres nesta fase da vida, que não é a escolha da carreira, mas sim enfrentar a sua única opção, que é passar para uma universidade pública para conquistar um diploma, sendo na maioria das vezes uma carreira não escolhida pela vocação, mas sim por aquela que o escolhe.

Comecei primeiro eliminando todas as carreiras ligadas a saúde, devido ao medo de sangue, e aquelas ligadas a escrita e comunicação, pois achava que não tinham nada a ver comigo. Logo, sobraram as carreiras técnicas. Mesmo não sendo uma aluna excelente em matemática, estudar a solução de um problema me demandava uma concentração que me distanciava das preocupações e me levava a um mundo diferente, mais objetivo e racional, e que ao solucioná-lo me deixava orgulhosa. Esse estado de ficar quebrando a cabeça, pensando e pensando na solução de um problema, e encontrar uma resposta, me fez escolher a matemática.

No entanto, a ideia de fazer Atuária apareceu quando cursava o segundo ano de bacharelado na Universidade Federal do Rio de Janeiro. Foi uma amiga que falou sobre fórmulas atuariais capazes de ajudar as pessoas a conquistar a independência financeira através da previdência que me despertou o interesse pela carreira.

A verdade é que entrar no curso de matemática foi fácil, difícil mesmo foi terminá-lo, pois estudar no Rio de Janeiro e morando em Tanguá me custava acordar às 4 horas da manhã para pegar três conduções e chegar às 8 horas para assistir a primeira aula do dia. Depois, tinha que fazer o trajeto de volta para casa, almoçando muitas vezes depois das 15 horas e ficando exausta. Sem tempo e energia para estudar a matéria, tive péssimos resultados nos primeiros anos, o que me fez pensar que não tinha capacidade de concluir o curso e querer desistir dos estudos, mas Deus colocou pessoas muito especiais na minha vida que me ajudaram a continuar.

Meus tios que moram na Penha, bem perto da universidade, me abrigaram em sua casa e depois minha amiga do colegial, que estudava arquitetura, dividiu comigo seu quarto no alojamento estudantil. Passava a semana dormindo no chão, comendo marmita no almoço e jantando "miojo", sem perder um final de semana sequer na chácara com minha irmã, acho que já sabia que precisava valorizar esses momentos com ela, pois o futuro reservava distância geográfica maior entre nós duas. Morando no campus universitário, deixei de gastar tempo com o deslocamento para estudar e consegui me formar no ano de 1997.

O início da carreira

Não demorou muito para conseguir um estágio e depois o primeiro emprego como atuária júnior numa seguradora. A vida financeira começou a melhorar, mas ainda tinha o desafio da adaptação no ambiente corporativo, a distância de casa até o trabalho e as cobranças de uma liderança feminina muito exigente, mas esse início de carreira foi importante para ver na prática todas as fórmulas estudadas na faculdade, para entender como a área atuarial desempenha um papel importante numa seguradora, ajudando no seu crescimento sustentável através da construção de produtos e na formação das reservas, e principalmente para conhecer pessoas incríveis, como a Renata Gasparello e a Sarah Elehep, que foram mais que meras colegas de trabalho, pois me acolhiam quando precisava fazer horas extras e não tinha ônibus para voltar para casa. Outra coisa boa desta fase foi ter um bom exemplo de liderança feminina. Adriana Hennig, gerente atuarial da Icatu na época, me inspirou com seu conhecimento, firmeza, delicadeza e equilíbrio entre vida pessoal e profissional.

Não deixava a distância atrapalhar minhas entregas e, em cinco anos, conquistei o cargo de coordenadora da área atuarial.

Quando tudo mudou

Foi num treinamento que vim fazer em São Paulo sobre resseguros, já na primeira noite sonhei que estava casada com o coordenador de marketing que organizava o evento, sem ter trocado uma palavra sequer com ele, uma verdadeira premunição. Não demorou muito e começamos a namorar. Eu no Rio e ele em São Paulo, e mesmo com as dificuldades de um relacionamento a distância e as poucas atratividades disponíveis, ele trocou as noites badaladas da Vila Madalena em São Paulo por viagens de oito horas para passar finais de semana comigo em Tanguá, no interior do Rio de Janeiro.

Depois de dois anos de namoro, cheguei em São Paulo somente com uma mala de roupas para trabalhar numa consultoria atuarial americana, mas logo recebi um convite para trabalhar numa grande seguradora brasileira, pois no início dos anos 2000 o mercado tinha poucos atuários e éramos disputados.

Essa sem dúvida fui uma escolha difícil, porque tive o dilema de escolher entre uma possível carreira internacional e a oportunidade de trabalhar numa grande seguradora líder no país, mas Deus facilitou a escolha e me abriu um caminho maravilhoso, quando colocou diante de mim durante um momento de oração o Salmo número 87 (86), que possui como título "Cidade de Deus e cidade dos homens" , o mesmo nome do local onde ficava a sede dessa seguradora e eu trabalharia pelos próximos 15 anos.

Na Bradesco Vida e Previdência construí boa parte da minha carreira, começando como atuária sênior, depois como coordenadora, gerente, superintendente e chegando como diretora dos fundos de pensão multipatrocinados.

Carreira e maternidade

Minha primeira filha, Luiza, nasceu depois de uma batalha que venci contra a endometriose, uma doença que ataca as mulheres que se cobram demais, causa muita dor e infertilidade. Eu já estava coordenando a área de produtos, onde participei da construção de novos modelos de comissionamento, do lançamento de seguros e planos de previdência aberta individuais e corporativos. Logo depois estava acumulando a gestão da área de provisões, com as adaptações exigidas pela tecnologia e pela legislação.

Foi uma fase de muita realização profissional, trabalhava na minha área de formação, numa empresa líder, com uma equipe muito boa e dominando os processos. Estava no melhor e maior laboratório do país para um profissional de Atuária, pois colocava em prática minha formação e via os resultados dos meus estudos sempre em grandes números. Aprendia todos os dias, com o trabalho e com as pessoas.

Mas minha vida ainda não estava completa, faltava a Alice, porém, para realizar o sonho de ter uma segunda filha precisei vencer outro desafio, que foi um câncer no colo do útero.

A equipe de atuários e matemáticos que ajudei a montar me deram a tranquilidade necessária para cuidar e amamentar a Alice durante seis meses, mas logo descobri que a empresa ainda não estava preparada para ter na liderança da área atuarial uma mulher com duas filhas pequenas.

Quando tudo mudou de novo

Uma semana antes do meu retorno, fui chamada para gerenciar o Fundo de Pensão multipatrocinado da seguradora, o MultiPensions, que à primeira vista é um desafio bem menor quando comparado com a gestão atuarial dos seguros de vida e da previdência aberta do banco. Ficou claro que a proposta não era opcional quando me disseram que não tinha alternativa, muito provavelmente pelo preconceito de acharem que seis meses de licença-maternidade é tempo demais para ficar longe do trabalho e que uma mulher, mãe de duas filhas pequenas, não tem a capacidade de liderar uma área tão importante numa seguradora.

Naquele momento, estava como chefe de família e precisei aceitar o trabalho numa área que estava desestruturada, era desvalorizada pelo seu pequeno retorno e ainda necessitava de uma atuação comercial e de relacionamento, que me davam pânico por nunca ter atuado nelas e achar que atuário não navega bem nestes mares.

Mas o tempo mostrou que todos temos condições de aprender algo novo. Minha rotina de escritório e de trabalhos técnicos mudou para viagens pelo Brasil, muitas reuniões com clientes, prospecções, projetos estratégicos, apresentações e gestão de custos, mas com a ajuda da equipe que montei novamente consegui reestruturar o negócio, aumentar a satisfação dos clientes, evitar perdas e fazê-lo crescer. O Multipensions tinha poucos desafios técnicos, eram mais operacionais e comerciais, mas costumo dizer que ele foi para mim um outro laboratório, de desenvolvimento pessoal, que me curou do pânico que sentia e me ajudou a ser uma profissional mais completa, atenta às necessidades dos clientes.

Há males que vêm para o bem

Mal sabia que estava sendo preparada para algo muito maior. Quando o trabalho estava ficando fácil e as meninas dormindo a noite toda, o Bradesco fez a aquisição do HSBC e me colocou como responsável por mais dois fundos de pensão. A integração de processos, colaboradores e clientes foi outro salto de aprendizado. Ter passado por uma fiscalização permanente durante um ano sem nenhum apontamento chancelou o trabalho correto que estava sendo realizado por um time de 50 colaboradores diretos e outros tantos indiretos, que se dividia entre Curitiba e São Paulo, a qual tenho muito orgulho de ter liderado.

Mas o segmento de fundos de pensão precisava de investimentos em tecnologia para aumentar a produtividade e a qualidade na prestação dos serviços, reduzir custos, reter clientes e atrair novos, de forma que seu resultado fosse compatível com a expectativa da alta direção. No entanto, existia um paradoxo, pois a mesma direção que cobrava crescimento não se dedicava aos desafios do negócio e direcionava atenção somente aos produtos de seguros e previdência aberta, por serem mais lucrativos para a seguradora.

Numa viagem de férias ficou claro que não estava valendo a pena deixar de participar do crescimento das minhas filhas em favor de um trabalho que deixou de me proporcionar aprendizado e passou a causar frustrações frequentes. Alice, com seus seis anos, recusou o café da manhã que eu tinha preparado para ela, dizendo que eu não sabia do que ela gostava, já que estava sempre no trabalho e não ficava em casa com ela. A partir daí, meu engajamento pelo negócio deixou de fazer sentido.

Por isso em 2020 decidi passar um ano sabático levando as meninas para a escola e viajando com a família, mas a pandemia não deixou que isso acontecesse, seja pelas limitações da quarentena ou pelas dificuldades financeiras que passamos neste período. Por outro lado, ficamos mais juntos, cozinhando, apoiando as aulas on-line, brincando com as meninas e estudando para obter a certificação de planejadora financeira, conquistada de primeira, depois de uma prova exaustiva com 140 questões.

Mesmo com uma alta remuneração e com apoio do marido, que sempre tive, acredito que muitas mulheres desistam de ocupar uma posição executiva pela dificuldade de conciliar os compromissos da carreira com as responsabilidades familiares, pois para nós a família tem um valor incalculável e não existe nada no mundo capaz de fechar nossos ouvidos para deixar de ouvir o pedido de atenção dos nossos filhos.

Momento atual

Minha recolocação no mercado e de milhões de brasileiros durante a crise do coronavírus foi muito difícil, mas com apoio de um colega da faculdade consegui uma nova oportunidade de recomeçar. Atualmente estou apoiando uma grande empresa de energia na gestão dos seus planos de previdência e vejo que existe uma oportunidade para me desenvolver na área de governança dos fundos de pensão, buscando defender propostas com embasamento técnico e resultados benéficos, não apenas para uma parte, mas para todos que compõem o sistema.

A ideia é seguir em frente, me preparando para novas experiências, mas tenho certeza que nenhuma delas, por mais responsabilidade que tenha, foi ou será mais importante do que ser mãe. Por isso, dedico minha história de vida a Luiza e Alice, com o desejo de que saibam que existe dentro de si uma força capaz de mudar a sua vida, basta lutar e aguardar um novo amanhecer, mas para acionar essa força é preciso conversar com Deus, todos os dias, em oração.

Por fim, preciso contar que a cor da mochila da Alice neste ano é amarela e isso me fez lembrar de um trecho da letra da música Waterloo que mencionei no início da minha história, que é assim: *"The history book on the shelf is always repeating itself"*, que traduzindo quer dizer: "O livro de história na estante está sempre se repetindo".

As histórias contadas neste livro são uma real evidência de como o resultado de uma vida segue as causas e efeitos das nossas escolhas, mas para mim foram a educação, o trabalho e a família que direcionaram minhas escolhas e transformaram minha vida.

Agradecimentos

Agradeço aos meus pais, Geraldo e Zenóbia, pelo exemplo e esforços na minha educação, aos meus irmãos Leonardo e Natallia, por serem meu porto seguro, ao Marcelo, por acreditar naquela garota da roça, à Luiza e Alice por completarem a minha vida, ao meu sogro, João (*em memória*), por me inspirar com sua história de superação, aos amigos que a carreira me deu, Renata Gasparello, Sarah Elehep, Renata Bernardes, Adriana Hennig, Silvia Werneck, Fernando Godoy, Ilton Barbosa, e pelo aprendizado que obtive com aqueles que perdi, devido às escolhas que o ambiente corporativo me impôs.

Uma caminhada de amor, educação e determinação

Glace Carvas

LINKEDIN

Graduada em Ciências Atuariais e em Estatística e pós-graduada em Gestão em Saúde. Já atuou tanto em Sociedades Seguradoras como em Operadoras de Plano de Saúde. Com mais de 20 anos de experiência em ramos como Plano/Seguro Saúde e Odontológico, Ramos Elementares, Título de Capitalização, Automóveis, Seguro de Vida e outros; atua em liderança de equipes, Precificação, Provisões Técnicas, Capital Regulatório, Gestão de Riscos e Políticas, Construção, análise e administração de produtos e avaliação de projetos, carteiras e Cias. Atualmente é Diretora Técnica de Saúde do IBA (Instituto Brasileiro de Atuária) e Gerente Atuarial e Estatística da Seguros Unimed.

O convite para participar deste livro desencadeou uma mistura de sentimentos: alegria, pelo reconhecimento do meu percurso, e frio na barriga, ao pensar em compartilhar minha história num livro acessível a todos. Apesar da hesitação inicial devido à minha natureza reservada, aceitei o convite motivada pela oportunidade: tive alegria e, sobretudo, orgulho da minha história

A Origem

Nasci em uma família grande e repleta de mulheres fortes. Minha mãe, Angela, cresceu sob a influência da força feminina ao ser criada por sua mãe, que cuidava da casa, dos nove filhos e trabalhava para ajudar a sustentá-los. Ela aprendeu desde cedo a ser resiliente e logo formou sua própria família, tornando-se mãe de duas meninas. Equilibrou a responsabilidade de cuidar das filhas e da casa, e em alguns momentos também trabalhou para ajudar a prover nossa boa educação. Sempre me ensinou a importância dos estudos e me orientou a estudar e trabalhar para me sentir realizada e ser independente financeiramente. Mesmo hoje continua a nos apoiar, demonstrando um amor incondicional e um exemplo inspirador de força e dedicação.

Meu pai, Teófilo, que faleceu no período em que estava finalizando este capítulo, era pernambucano e cresceu em uma família numerosa no campo. Desde muito pequeno já trabalhava dividindo seu tempo e a terra que plantava em parte para ajudar a família e a outra para guardar e se manter. Ainda jovem veio para o Rio de Janeiro na tentativa de construir uma vida melhor e poder ajudar a sua família. E conseguiu! Trabalhou muito e em diversas atividades, casou, teve suas duas filhas e depois de muitos anos de trabalho também aprendeu a relaxar e aproveitar sua vida fazendo as coisas que gostava.

Meus pais me ensinaram valores fundamentais como respeito, responsabilidade e dedicação, além de serem exemplos de educação financeira mesmo com recursos limitados, plantando uma das primeiras sementes que me ligariam às Ciências Atuariais. Com isso, aprendi muito nova a cuidar do dinheiro de forma responsável e com o tempo passei a ter essa característica reconhecida por amigos e familiares e pude ajudar algumas pessoas organizando e ensinando a organizarem suas vidas financeiras e uma rotina adequada de gastos.

Tenho enorme amor, respeito, gratidão e admiração pelos meus pais. Agradeço eternamente pelo apoio que sempre me deram e por me inspirarem a seguir com escolhas por caminhos adequados.

E, para completar essa ligação familiar, me deram minha irmã, Debora. Sem dúvida, o grande amor da minha vida. Tive certeza desse amor desde meus oito anos de idade, momento que soube que teria uma irmã. E desde então temos uma à outra para toda nossa vida. Nos conhecemos, respeitamos, admiramos, apoiamos e acima de tudo nos amamos. Sabemos que contamos uma com a outra para qualquer situação.

Com a família sempre presente, também recebi apoio de tias, tios e primas durante muitos momentos da minha trajetória.

E ainda, minha família não se resume apenas aos humanos; também inclui a Maria, minha adorável cachorrinha. Adotei-a durante a pandemia, quando comecei a trabalhar remotamente.

Maria trouxe alegria para nossa casa e se tornou o xodó não só meu, mas de toda a família.

O caminho até a Atuária

Estudei em colégio militar semi-interno e exclusivo para mulheres. Tínhamos como rotina a permanência de muitas horas longe dos nossos familiares e isso nos unia e nos preparava para a vida. E lá iniciei o importante aprendizado de valorizar as relações e amizades. Éramos unidas para estudar, brincar, bagunçar, solicitar mudanças, protestar não cantando o hino da escola e até mesmo parar um caminhão que atrapalhava o recreio estacionando no pátio da escola. Ainda meninas, mas tínhamos a força do coletivo.

Ainda no ginásio colegial, falei com meu professor que também queria ser professora de matemática; e em um país que por vezes não valoriza os professores, ele logo decidiu que precisava me fazer mudar de ideia, me falando sobre a ligação do meu perfil com a Estatística, que conheceria no penúltimo ano. Não sei se ele tinha uma boa visão ou uma grande influência sobre mim, mas realmente acertou. Gostei e foi o que decidi inicialmente fazer.

Iniciei o bacharelado em Estatística. No início, a adaptação da menina que cresceu cercada de cuidados da família e em um colégio semi-interno ao mundo livre de uma faculdade não foi simples. Mas segui persistente e me adaptei, aprendi muito e fiz amizades especiais que hoje são parte da minha família. Quando estava próxima de me formar, minha tia Márcia, outro anjo na minha vida e grande apoiadora da minha trajetória, me falou sobre uma vaga na área atuarial de uma seguradora. E foi ela a primeira pessoa que me explicou sobre as atividades atuariais. Me encantei e assim comecei a trabalhar na área atuarial da Sul América Capitalização, a GERAT. E para minha sorte estava com a Anna Nardi, minha primeira gerente e professora de atuária. Com sua generosidade no cuidar e abertura a ensinar fui me desenvolvendo e amadurecendo na atuária e no meio corporativo. Fizemos diversas e importantes entregas e reestruturamos a parte de informações com nova ferramenta e bases estruturais que facilitariam e trariam maior qualidade ao trabalho.

E, quando terminei a faculdade de estatística, já estava encantada pelo universo atuarial e iniciei a faculdade de Atuária. Minha segunda faculdade e que se tornou a principal na minha vida profissional.

Quando falei em casa que faria outra faculdade e que seria de Ciências Atuariais, minha mãe me falou: *Agora que sei explicar o que você faz com estatística, você vai fazer outra ainda mais difícil de explicar?*

Segui firme na minha escolha e em 2005, tomada pelo desejo de conhecer novos ramos e desafios, fui trabalhar em outra seguradora, a Azul Seguros, onde trabalhei com o ramo de automóvel e outros elementares, atuando com política de subscrição, precificação, provisões e avaliação atuarial. Lá trabalhei com pessoas muito especiais e conheci outro importante apoiador, hoje meu amigo, Gustavo Genovez. Identificamos grande sinergia nas nossas formas de trabalhar e pensar.

Após esta experiência, desejava conhecer o setor de Saúde Suplementar e foi então que tive, ao mesmo tempo, duas novas experiências enriquecedoras. Saúde Suplementar e Sistema Unimed, na singular do Rio de Janeiro. E como tenho sempre pessoas especiais na minha trajetória, foi quando conheci e fui contratada pela Ana Sallai. Ela me ambientou nesse universo da Saúde Suplementar, com o tempo também se tornou grande e importante amiga e graças a Deus nunca mais saiu da minha vida.

Apaixonei-me pela Saúde Suplementar, suas complexidades e desafios. Além do rico período profissional, conheci pessoas incríveis que mantenho para sempre na minha vida e no meu coração.

Realizei grandes entregas que foram contribuindo para minha ascensão e ampliação de escopo para criação e administração de produtos, além da técnica e atuarial. Foram muitos desafios técnicos como metodologias para provisões técnicas, política de subscrição, avaliação de carteiras e contratos, criação e gestão de produtos e outros, mas sem dúvida o maior de todos foi defender e propagar a importância da atividade atuarial no mercado de plano de saúde. Tenho orgulho da força e integridade que exerci ao realizar as atividades e me posicionar como atuária.

No ano de 2012, ganhei o prêmio de Atuário Destaque do Sistema Unimed, prêmio anual que reconhece profissionais do Sistema que se diferenciaram com contribuições ao setor e às Unimeds.

Foi também no Sistema Unimed que iniciei a carreira de gestão, chegando ao nível gerencial. Parte deliciosa, mas também delicada e por isso investi em me desenvolver nesse novo universo buscando impacto positivo na vida das pessoas. O amadurecimento também me ensinou o quanto o gestor pode impactar na vida de seus colaboradores. Cheia de bons sentimentos, lembro-me das equipes de que fiz parte e em especial da equipe ATUDUTOS que formamos com a união das áreas Atuarial e de Produtos. Vivemos, aprendemos e desenvolvemos muitas coisas juntos.

Em 2023 veio mais uma mudança, iniciei na seguradora do Sistema Unimed. Lá, depois de tanto tempo em Operadora de Saúde Suplementar, voltei a trabalhar com Seguros e também iniciei em ramos ainda não trabalhados, como Seguro de Vida e Previdência.

Como a vida nos reserva caminhos tão perfeitos e de maneira que muitas vezes nem imaginamos! Conheci a Lara Facchini logo que comecei no Sistema Unimed e depois de muitos anos fui contratada e acolhida por ela na Seguros Unimed.

Mas essa mudança veio acompanhada de muitas outras, mudei de empresa, ramo, gestores, equipe, estrutura, rotina e até de cidade. Eu, carioca em tudo desde que nasci, fui trabalhar na cidade de São Paulo. Posso dizer que além de adorar essa minha nova cidade incluí na minha rotina algo que sempre amei: as viagens! Outro destaque especial para o quanto me identifiquei com a equipe quando cheguei na Seguros Unimed. Fui recebida de maneira singular e logo me senti parte desse grupo tão acolhedor e competente.

Trabalhar com diversos ramos e produtos, ao mesmo tempo, me traz uma energia deliciosa de contínua renovação. A cabeça não para e dá aquele sentimento de sempre ter desafios e novidades.

O Instituto Brasileiro de Atuária - IBA

Logo que me formei, realizei minha inscrição no Instituto Brasileiro de Atuária e obtive o meu MIBA. Tenho orgulho do meu registro e de fazer parte do instituto.

Mas, não posso contar minha história no IBA sem falar de outra grande pessoa. Quando iniciei no Sistema Unimed conheci o Lumertz, mais um presente que ganhei do universo atuarial. Ele já era muito atuante no instituto e me convidou para ir às reuniões da Comissão Técnica de Saúde. Na época, as reuniões eram presenciais na sede e foi uma oportunidade excelente para compartilhar, me aproximar e me incluir mais no universo pelo qual já era apaixonada. Aquelas reuniões me faziam participar de conversas inspiradoras e pensei que deveria também contribuir de forma mais significativa para o crescimento e reconhecimento da nossa profissão. E foi quando o Lumertz, que era coordenador da Comissão, me convidou para ser sua suplente, fortalecendo um pouco mais minha história com o IBA. Com os anos, os laços se fortaleceram e me tornei coordenadora titular da Comissão.

Em 2021, fui eleita diretora de Saúde juntamente com a incrível e querida Raquel Marimon e no mandato seguinte, 2023, fui reeleita. Mais uma grande e importante conquista de que tenho orgulho.

Num instituto em que nos voluntariamos para trabalhar em prol do reconhecimento da nossa atividade, existem muitas necessidades e oportunidades. Assim, já participei de diversas realizações e representações que contribuíram para a comunidade atuarial, mas destaco três que considero diferenciadas: a primeira foi que coordenei a construção e publicação do primeiro CPA (Comitê de Pronunciamentos Atuariais) da Saúde Suplementar, o CPA 010, que dá diretrizes para formação de preço no âmbito da Saúde Suplementar. Foi uma importante entrega para os atuários e para o Setor de Saúde Suplementar, onde existe o grande desafio de alinhar o preço do plano de saúde, a necessidade e disponibilidade da população, com os crescentes custos do setor.

Como segunda, tenho grande orgulho do que conseguimos construir no CT Saúde e que foi utilizado como referência para criação da resolução IBA que define as regras para seus comitês. Foi a construção de um grupo coeso e com liberdade e incentivo para participar, opinar e desenvolver contribuições ao instituto e à comunidade.

E a terceira foi participar como diretora de Ligação e membro da comissão organizadora do projeto de mentoria do IBA. Um programa inovador que nasceu no ano de 2023, com o objetivo de acelerar o desenvolvimento dos atuários, priorizando o componente humano em cada um.

Hoje, vejo o IBA e sinto orgulho de ter contribuído para seu fortalecimento. Também tenho a certeza de que continuarei defendendo e valorizando nosso instituto, contribuindo para o fortalecimento da minha profissão.

Paixão por ensinar

Compartilhar conhecimento é um grande prazer para mim, especialmente simplificando temas complexos da Atuária para facilitar a compreensão e contribuir para decisões consistentes e seguras. Essa característica não se limita apenas ao treinamento, mas também reflete minha abordagem simples na vida e no relacionamento com as pessoas. Desde os tempos de colégio, dava aulas particulares e ajudava colegas com dificuldades em matemática, e essa prática continuou ao longo da faculdade e da carreira, ministrando palestras e treinamentos e representando o IBA.

Moai

Ao escrever minha história, tive o prazer de contar um pouco sobre meu caminho e algumas importantes conquistas e realizações, mas também percebi a importância das conexões humanas, lembrando de muitos nomes que contribuíram para minha jornada. Isso reflete a crença de que nunca caminhamos sozinhos. E me lembrei de Dan Buettner, que em sua pesquisa sobre as Zonas Azuis, representadas por alta incidência de pessoas que vivem até os 100 anos com saúde e qualidade de vida, descobriu que uma das características que contribuem para a longevidade é a construção de Moais. Grupos de pessoas (amigos e familiares) que estão sempre próximos convivendo, se divertindo e se ajudando. E posso dizer que, independentemente de quantos anos viverei, já tenho parte do meu Moai formado ao longo desses anos que já vivi, por algumas pessoas citadas aqui e por outras muito especiais que fazem parte da minha vida como afilhados, familiares e grandes amigos.

Transformando Desafios em Oportunidades: uma Jornada de Resiliência e Sucesso nas Ciências Atuariais

Reflexões sobre minha jornada

Receber o convite para participar deste projeto foi muito especial e me serviu como uma reflexão da minha trajetória, sobre tantos desafios pessoais e profissionais. Eu espero conseguir de alguma forma trazer uma leitura interessante.

Quando reflito sobre mim, me identifico como uma mulher branca (meu pai é preto e tenho muito orgulho das minhas origens), sou atuária, filha (tenho o privilégio da presença do meu pai e mãe), esposa e mãe de dois filhos, um deles portador de deficiência (a condição do meu filho me fez ver o mundo de forma muito mais abrangente e empática).

Explorando interesses desde a infância

O fascínio precoce por finanças e comportamento humano: uma paixão que nasceu na infância.

Posso citar como uma memória inusitada as minhas primeiras incursões na análise populacional no cemitério com minha avó. Quando criança costumava acompanhar minha avó ao cemitério para arrumar o túmulo do meu avô. Lembro-me de passar pelos corredores calculando e analisando a idade de falecimento, fazendo médias e retirando os pontos fora da curva. Embora de forma bastante incomum, eu sem saber já me interessava por análise populacional, um dos tópicos mais relevantes das ciências atuariais.

Curiosidade e descobertas: meu interesse por economia e matemática desde os primeiros anos

O mundo das finanças me interessou desde cedo, eu gostava de acompanhar nos telejornais como andava a situação da economia e emprestava os trocados da minha mesada a juros para minha mãe. Além da matemática e das finanças, comportamento humano e história sempre foram marcantes na minha vida e minhas memórias nestes temas vão permeando minha trajetória.

Desafios e oportunidades na vida adulta

Enfrentando a predominância masculina no mundo financeiro: uma jornada de superação e resiliência.

Logo percebi que o mundo das finanças era formado majoritariamente por homens brancos e por diversas vezes me vi em reuniões em que somente eu era mulher, mas isso não pode nos intimidar, precisamos ver diversidade em todos os setores da sociedade.

Diversidade e inclusão: minha crença na importância de valorizar as diferentes experiências e perspectivas

Pessoas com diferentes vivências e pontos de vista fazem as empresas crescerem e o mercado está paulatinamente considerando a diversidade como um alavancador. Mas não é um processo rápido, ainda hoje, pessoas que fogem do "padrão" precisam se dedicar e estudar mais e ter comportamentos diferenciados para ter destaque.

> **Lições de vida:** na minha jornada aprendi a preservar a minha essência, estudar sempre, manter as amizades, ter muita determinação, levar a vida com leveza, ser grata, ter foco e me planejar focando nos meus objetivos.

Escolhendo a carreira em Ciências Atuariais

Em 1992, eu tinha as incertezas tão comuns da rotina dos jovens para definir uma profissão. Eu gostava de matemática, mas não tinha nenhuma habilidade com desenho geométrico e não sabia nada de física. Com essas informações fui descartando profissões que não se encaixavam no meu perfil.

Na minha família, o magistério é uma escolha muito comum, eu mesma fiz o segundo grau técnico em formação de professores. A paixão por ensinar era contagiante e eu acabei escolhendo a licenciatura em matemática e lá fui para a Universidade Federal Fluminense. Lembro-me que fui a única do curso de formação técnica de professores (antigo normal) de um colégio estadual a escolher o caminho das ciências exatas e foi desafiante, mas aprender sempre foi gratificante

Logo no primeiro ano de faculdade percebi que a matemática que me encantava era a aplicada em especial para entender o efeito da estatística e das finanças, nos resultados das empresas.

Descobrindo minha paixão: como uma matéria jornalística me levou a escolher Ciências Atuariais na UFRJ

Li uma matéria de jornal contextualizando a graduação em Ciências Atuariais e uma atuária, a Celina Silva, citava os temas de um profissional de atuária e decidi que era essa a profissão que se encaixava nas minhas expectativas. Eu fui até a Universidade Federal do Rio de Janeiro (UFRJ), para entender a grade de matérias, e me encantei, naquela época não tinha a possibilidade de buscar informações na internet.

Desafios da decisão: explicar para minha família minha escolha por uma carreira pouco conhecida

Era preciso explicar para minha família que eu queria fazer um curso que ninguém conhecia. A reação dos meus familiares foi de apreensão, mas eu estava decidida e, em 1993, comecei a cursar Ciências Atuariais na UFRJ.

Paixão e determinação: minha jornada na universidade e as lições aprendidas durante o curso

Nos anos de Universidade aprendi muito sobre estatística, raciocínio lógico, finanças, matemática atuarial, mas também sobre comportamentos relevantes como resiliência, lidar com frustrações, foco no aprendizado e a definir prioridades por conta própria e posso dizer que não me afastei do magistério, pois fui monitora durante boa parte do meu curso. Na monitoria, além de estatística, eu sempre tinha que explicar para os colegas de outros cursos o que fazia um atuário (vinham as perguntas mais engraçadas, mas quem é atuário está acostumado). Recordo-me com orgulho das aulas de monitoria sempre cheias e eu acredito que ter feito segundo grau técnico em formação de professores me dava o diferencial de saber o conceito de didática. Além de tudo, a monitoria me dava a chance de ter meu dinheiro e isso era muito bom. Nos últimos anos fiz estágio e eu gostava tanto que era difícil me tirar do escritório. Um fato muito relevante foi que durante a universidade fiz amigos queridos e me orgulho em dizer que mantenho contato com eles por 30 anos.

Analisando essa fase da minha vida, me vem à conclusão de que não devemos ter medo de mudar, que devemos tomar a rédea do nosso destino, que precisamos gostar do que fazemos, que conhecimento faz toda a diferença e, ainda, que seguir o caminho mais óbvio pode não ser a melhor escolha.

Primeiros anos de trabalho na área

No final da faculdade e começando no mercado de trabalho eu ainda tinha muitas dúvidas do que era ser atuária na prática. Saímos da faculdade com conhecimento de muitos modelos matemáticos e estatísticos, habilidades de construir fluxos de caixa, programar, entre tantos aprendizados, e a ansiedade é utilizar tudo na vida profissional.

Estágio na Susep: aprendizados profissionais e pessoais durante essa experiência enriquecedora

Durante a faculdade fiz estágio na Susep, onde além de aprender muito sobre comportamento profissional e atuária na prática, com profissionais sempre dispostos a me ensinar, tive um intensivo de transitar pelo Rio de Janeiro, pois diariamente fazia o trajeto Vila Valqueire - Campos do Fundão - Centro da Cidade – Campos da Urca – Vila Valqueire, tudo de ônibus, quem é do Rio de Janeiro vai entender o que significa esse roteiro diário.

Adaptação e crescimento: os desafios como assistente atuarial na SulAmérica Previdência

No último período da faculdade comecei a trabalhar como assistente atuarial na SulAmérica Previdência, onde por sinal conheci meu marido. Eu trabalhava com cotações de previdência, e ainda não era boa em Excel, lembro que com meu primeiro salário comprei um micro (na faculdade eu usava o laboratório) e um livro para estudar planilhas eletrônicas. Minha gerente da época me apoiava muito, e conversávamos, além de atuária, de uma paixão em comum: viajar; neste momento cresceu o sonho de ir para Paris.

Explorando novos horizontes: minha transição para a Bozano Simonsen Seguradora e os desafios como atuária júnior

Passado um ano recebi uma proposta para trabalhar na extinta Bozano Simonsen Seguradora, onde eu seria a única atuária interna com suporte de uma consultoria. Senti que era um desafio e tanto para uma atuária jr. Precisei me desenvolver bastante, porque as minhas reuniões eram com a alta administração da Companhia.

Nessa época, fiz minha primeira viagem de avião, foi um sonho realizado. Me senti tão importante viajando a trabalho sozinha para São Paulo, fui participar de uma reunião de mercado e depois passei a tarde na sucursal.

Mas, com o tempo, comecei a sentir falta da troca para desenvolver modelos mais robustos, queria voltar a trabalhar diariamente com atuários que fossem uma referência no setor. Fui trabalhar na atual Willis Towers Watson com atuários muito experientes, pelos quais tenho muita admiração.

Trabalho em consultoria atuarial:

Aprendizados e amizades: os anos na Willis Towers Watson e a importância das relações interpessoais

Aprendi muito nos quatro anos que fiquei na Willis Towers Watson e fiz amigos muito queridos com os quais mantenho contato até hoje. Passávamos muito tempo juntos, o esquema de trabalho era de muitas horas, com projetos bem variados. Cada projeto com a coordenação de consultores diferentes, aprendi a me adaptar ao estilo de cada um, e fui me aperfeiçoando no entendimento de pessoas, fossem elas clientes ou consultores.

Viagens marcantes: explorando novos lugares enquanto trabalhava em projetos desafiadores

Fiz algumas viagens que me marcaram muito, fui para São Paulo passar uma semana em um cliente. Ele ficava próximo à praça da Sé, eu adorava tirar a hora de almoço para ver o Centro Histórico. Fui à Catedral da Sé (belíssima), passeei no Viaduto do Chá, no Mosteiro de São Bento, era a história do Brasil (que do Rio eu já conhecia bem) ao alcance dos meus olhos. Outras duas viagens também foram marcantes, uma para um congresso em Washington, outro sonho realizado: viajar para o exterior, e não podia ser melhor, antes do Congresso, fomos para Nova Iorque, era um grupo grande, só de mulheres, éramos seis dividindo o mesmo quarto de hotel. Os passeios eram marcantes, lembro que conhecemos as torres gêmeas menos de dois meses antes do atentado e quando viramos na Times Square fiquei deslumbrada.

O Congresso em Washington foi marcante: pessoas de toda a América, dias aprendendo a programar e usar os *softwares* da empresa, dinâmicas, palestras.

Outra viagem marcante foi quando um projeto me levou por duas semanas para a Filadélfia, foi desafiador, o cliente era um ressegurador japonês e tratava de contratos com coberturas bem diferentes. Eu fui com um amigo muito querido e com a consultora do projeto, chegávamos no escritório às 8h30 e saíamos tarde, mas ainda arrumávamos tempo de andar pela cidade. O final de semana foi excelente, fomos a museus, tiramos a foto do Rock Balboa, vimos o sino cortado, e fomos num *outlet*.

Foram quatro anos intensos, casei-me e compramos nossa

casa (desde criança minha avó dizia que era muito importante) e na empresa aprendi muito com profissionais incríveis, foram projetos de: reservas, M&As, notas técnicas, precificação, resseguro, análises de carteiras, bancos de dados para todos os ramos e com clientes nacionais e internacionais.

Aprendendo com a diversidade: adaptando-me a diferentes estilos de trabalho e culturas organizacionais

Foi quando surgiu uma oferta muito interessante para voltar para a SulAmérica e adaptar processos atuariais europeus trazidos por um novo sócio.

Nova etapa na carreira na SulAmérica

Fazem 20 anos que trabalho na SulAmérica, mas, com certeza, foram várias empresas ao longo deste tempo.

Desafios e oportunidades: minha jornada como consultora interna

Comecei como consultora e com o propósito de estudar as técnicas adotadas pelo ING, banco holandês que na época era sócio na SulAmérica. Eu estudava e verificava se era possível adotar ou adaptar para ser compatível com as práticas locais. Além disso, a equipe à qual eu pertencia na época tinha como objetivo internalizar serviços antes contratados de consultorias. Eram horas lendo manuais e reproduzindo em Excel práticas de modelagem, além de muitas reuniões para alinhamento dessa cultura à realidade brasileira da época. Como consultora foram seis anos de muita modelagem, estudo e adaptabilidade.

Nesse período de consultora eu teria o maior desafio de aprendizagem da minha vida, ser mãe.

Impacto da maternidade na vida profissional

Sobre a maternidade acho que seria capaz de escrever um livro inteiro, vou tentar resumir onde mais me afeta profissionalmente. Em 2005, nasceu o Arthur. Quando eu engravidei foi para mim e meu marido um sonho, mas o Arthur era um bebê muito difícil, tinha um refluxo terrível e praticamente não dormia.

Desafios e aprendizados: lidando com o diagnóstico de autismo do meu filho e as lições valiosas que isso trouxe

Com cerca de um ano, comecei a perceber diferenças significativas entre ele e os demais bebês. A primeira tentativa para melhorar foi colocar em uma creche meio período, dado que ele ficava o dia inteiro com minha sogra e cercado de adultos. A iniciativa não deu certo, e depois de muitos exames e tentativas fomos a um neuropediatra experiente que me ensinou o que não ser na vida. O diagnóstico de transtorno do espectro autista era óbvio para ele, e começou a fazer um prognóstico de tudo de ruim que viria pela frente. Muito do que ele falou se confirmou, mas o maior ensinamento desta consulta foi que a arrogância, excesso de racionalismo e total falta de empatia podem destruir as pessoas com as quais você conversa. Eu era a mãe de uma criança de dois anos sem esperança de dias melhores. Mas tempos depois outra pessoa me disse: "Lute sempre com todo seu esforço, mas não sofra tanto por aquilo que você não pode mudar". Aprendi muito em todas as experiências que vivi com meu filho e carrego na minha vida profissional ensinamentos sobre: empatia, resiliência, leveza, bom humor e que um problema muito difícil precisa de processo e etapas.

No meio do turbilhão do diagnóstico, veio a notícia da segunda gravidez. Maria Luiza chegou com muita alegria. Claro que minha filha foi outro aprendizado, mas no caso dela os pontos de cada fase eram aqueles esperados nos livros e pude viver a maternidade dentro do seria considerado "normal". Os maiores aprendizados foram em sabedoria para lidar com as diversidades de ideias, paciência e disposição para acompanhar tantos planos.

Crescimento pessoal: como a maternidade me tornou uma gestora mais empática e resiliente

A maternidade com certeza me tornou uma gestora muito melhor, que se encanta em ver crescimento, que admira as pessoas e faz questão de mostrar que todos temos aptidões e somos capazes.

Desenvolvimento em outras áreas de conhecimento

Após a maternidade da Maria Luiza comecei a ser gestora e os temas de gestão me interessam muito até os dias de hoje. Além de estruturar áreas, estudar sobre comportamentos e melhores práticas, importante o autoconhecimento e aprimoramento dos próprios comportamentos.

Transição para novos desafios: explorando a gestão de riscos, controles internos, privacidade e compliance

Desde 2018, começou uma nova etapa na minha trajetória, comecei a trabalhar com gestão de riscos e controles internos. Eu comecei a liderar cerca de 25 pessoas, entre gerentes, analistas de diversos níveis, estagiários e menores aprendizes, pessoas com diferentes formações e visões. Precisava estruturar dentro das melhores práticas áreas e processos de gestão de riscos e controles internos com enfoque estratégico. Além de diversificar o conhecimento com práticas nacionais e internacionais de Gestão de Riscos e dos normativos de Gestão de Riscos dos mercados onde a SulAmérica atua (Susep, ANS e Bacen).

A importância da aprendizagem contínua: como a diversidade de pensamento e a valorização da equipe são fundamentais em todas as áreas de atuação

Nos últimos anos, o escopo foi aumentando e precisei aumentar a plasticidade do meu cérebro, com as atribuições de Privacidade e Compliance. Atualmente, lidero cerca de 50 pessoas, dos mais diversos níveis e formações, aumentando a necessidade de raciocínio humano, legal, processual e analítico. Tem sido gratificante e desafiador, focando que estudar sempre e se manter atualizado é preciso, porque em todas as áreas de atuação é fundamental ter embasamento para emitir pareceres e opiniões. Além do conhecimento, ninguém faz nada sem uma equipe competente e a necessidade de compreender diferentes tipos de raciocínios e valorizar a diversidade de pensamentos também se torna essencial, mas isso é recompensador.

São muitas reflexões sobre a Atuária na minha vida e como essa escolha foi adaptando-se ao longo dos anos, mas consigo afirmar que foi uma decisão feliz.

Uma árvore
com muitas raízes

Italoema Sanglard

LINKEDIN

Atuária, graduada pela Universidade Federal de Minas Gerais (UFMG), MBA em gestão empresarial pela Fundação Getulio Vargas (FGV), certificada em liderança estratégica pela Ohio University, em formação de preços pela FGV e em liderança Lean pela Lean Institute Brasil. Com experiência de mais de 19 anos no segmento de saúde suplementar, atuou em outra consultoria atuarial, passou pela Federação das Unimeds de Minas Gerais e pela Unimed Vitória/ES. É palestrante dos treinamentos de precificação e de gestão das garantias financeiras para operadoras de planos de saúde, pela Funcional Health Tech, onde lidera os times de consultoria em gestão atuarial e de regulação para operadoras de planos de saúde.

Sou Italoema, filha de Neusimar Destro e Júlio Sanglard. A história do meu nome já conta um pouco sobre quem sou, mas faz parte de um outro capítulo que ainda pretendo escrever. Por aqui, vale contar que tem origem indígena, e significa "pedra de carinho". Uma escolha do meu pai, que tinha 33 anos quando eu nasci, na cidade de Manhuaçu, interior de Minas Gerais. Minha mãe, aos 23, já tinha a minha irmã Germana, e aos 25 teve meu irmão Júlio Carlos. Éramos uma família de classe média baixa, com todos os desafios que a maioria dos brasileiros vivem, mas sempre fomos muito unidos e recebíamos muito amor, dos nossos pais e das nossas avós, Neusi e Lalita.

Aos cinco anos me mudei de Belo Horizonte para Manhumirim, onde tive uma infância muito feliz com meus irmãos, tios, primos e amigos sempre muito presentes. Estudei no Colégio Santa Teresinha, onde fui bolsista por quase todo o ensino médio e me destacava na disciplina matemática. Sempre tive muito desejo de trabalhar, mas meus pais insistiam que minha obrigação era apenas de estudar, e que a educação era a única herança que deixariam pra mim e meus irmãos. Mesmo assim eu dava aulas particulares para crianças e era monitora de matemática no meu último ano no colégio, no preparatório do vestibular. Também nesse ano fui voluntária de uma instituição que cuidava de crianças de baixa renda, junto com minha melhor amiga de infância, a Mari.

Aos 17 anos voltei para Belo Horizonte, onde já estavam estabelecidos minha avó paterna, Vó Lalita, minha irmã e meu pai. Nessa época eu pretendia cursar Medicina, e durante dois anos de cursinho prestei vestibular para as universidades federais de Belo Horizonte, Juiz de Fora e Uberlândia. Até que, em uma das aulas de história, o professor comentou sobre um curso novo, chamado Ciências Atuariais, que parecia ser muito promissor para quem gostasse da área de exatas. Essa informação me deixou curiosa, e comentei com minha irmã. Nessa época, ela estudante de Direito, estagiava em um banco e conhecia o atuário da seguradora desse banco, o Marcelo Soares. Ela me falou sobre a atuação dele de forma muito positiva, e eu fiquei animada com essa possibilidade. Antes de morar em Belo Horizonte, eu conhecia poucas profissões, e acreditava que os cursos relacionados a matemática eram apenas para engenheiro e professor, e eu não tinha interesse por elas, apesar de respeitá-las muito.

Com meu desejo de passar logo no vestibular e ansiedade em começar a trabalhar, entendi que a Medicina não era a minha melhor opção e decidi fazer vestibular para Atuária. Iniciei minha graduação em 2003, e em 2005 tive minha primeira experiência profissional como estagiária de comunicação no Hospital Mater Dei. Por lá fiquei seis meses, e fui chamada para um estágio na primeira consultoria atuarial em que trabalhei, a Account Atuarial, do José Montello, a quem também sou grata pela oportunidade. Por lá fiquei três anos, e foi uma verdadeira escola. Minha gestora, Flávia Sales, me introduziu no mercado de saúde suplementar e inspirou a forma como trabalho até hoje, além de ter se tornado uma amiga. Em torno disso, estava minha avó dando todo o suporte para que eu conseguisse estudar, aproveitar o convívio com os colegas da faculdade, e estagiar.

Não posso deixar de comentar sobre o choque de realidade que tive logo que comecei a estudar na UFMG. O curso de Ciências Atuariais, nessa época, fazia parte do departamento de estatística, e nos primeiros anos da faculdade não tínhamos nenhum professor atuário. A maioria dos professores do ciclo básico falava outra língua, e eu tinha bastante dificuldade de entender essas aulas. Logo entendi que o ambiente da universidade, pelo menos na minha turma, era extremamente competitivo. Por sorte, eu tinha facilidade em aprender, e com as aulas eu praticamente conseguia fazer as provas e passar na maioria das matérias. Mas isso não aconteceu com todas as disciplinas, e precisei repetir algumas delas, o que foi uma experiência totalmente nova pra mim, que tinha apenas nota A na escola. No meu quarto período já tive a oportunidade de começar a estagiar e entendi que eu poderia ser uma ótima profissional, mesmo tendo passado por essa experiência de não ser a melhor na faculdade.

Da universidade ficou uma boa base, que hoje se complementa com a facilidade de acesso a conteúdo e pesquisa, e bons amigos. Com certeza foi uma escola também sobre conviver com diferenças, sobre autonomia, e sobre ser apenas mais um no meio de tanta gente boa reunida. Foram minhas amigas da faculdade que me apresentaram o Paulo, mais conhecido como Funny, com quem iniciei o namoro em 2005 e estou casada até os dias de hoje. Ele era estudante de Engenharia de Produção, e estagiava numa consultoria. Desde essa época aprendi a admirá-lo profissionalmente e ele passou a ser um grande incentivador na minha vida profissional.

Em 2007 concluí minha graduação e fui contratada pela mesma consultoria onde estagiava. A essa altura, enquanto ainda estagiária, eu já havia experimentado algumas "primeiras vezes" que o trabalho me proporcionou, como viajar de avião para me reunir com clientes, trabalhar como especialista junto à certificadora de qualidade em operadora de plano de saúde, entre outras. Nessa época minha gestora estava de licença-maternidade, e eu assumi certo protagonismo na empresa.

Pouco tempo depois, em 2008, fui trabalhar na Federação das Unimeds de Minas, onde fiquei por mais três anos. Não havia uma área atuarial estruturada, mas consegui desenvolver muitos trabalhos interessantes e aprendi muito. Construí métodos para precificar produto de transporte aeromédico, fundo de risco compartilhado para internações de alto custo, participei ativamente da construção da primeira e única operadora odontológica do Sistema Unimed, além de prestar consultoria atuarial para as Unimeds de Minas Gerais, que deu início a uma competente e robusta equipe que até hoje exerce essas funções. Tive parcerias profissionais incríveis nesse período.

No final de 2010, fui convidada por um antigo gestor da Federação Minas a fazer parte do time da Unimed Vitória, e me mudei no primeiro dia do ano de 2011. Começou ali mais um capítulo importante da minha história de vida. Fiquei apenas seis meses, como atuária sênior, trabalhei com pessoas incríveis, e ainda mantenho contato com algumas delas. Tive a experiência de morar sozinha e foi muito enriquecedor. Nesse período eu e Funny, juntos há quase sete anos, nos dividíamos entre Vitória, Belo Horizonte, Manhumirim e Rio de Janeiro, onde ele trabalhava, decidimos que era hora de nos estabelecermos numa mesma cidade. Chegamos a cogitar uma mudança profissional do Funny pra Vitória, mas em meio a esse momento recebi uma proposta da Strategy Consultoria para uma posição de coordenadora de garantias financeiras de operadoras de planos de saúde, na capital mineira, e decidi voltar.

No final de 2011, eu e Paulo compramos juntos nosso primeiro apartamento e decidimos nos casar em maio de 2012. A essa altura a minha história não pode ser mais contada sem a interseção com a história dele. Foi o incentivador de cursos, como gestão de projetos, que fiz por quase dois anos, e também vivi ao lado dele momentos difíceis de aprendizado como ser humano, como no período entre 2007 e 2009, quando a mãe dele, Cecília, enfrentou um câncer e faleceu. A força e união dessa família me inspiraram muito. Maurício, Giselle, Carlos e Luciana, obrigada por fazerem parte da minha história.

Em 2013, iniciei um MBA na FGV, em gestão empresarial,

e tive contato com temas importantes que me prepararam para uma posição gerencial. Em 2014, fizemos nossa primeira viagem à Europa, e logo que voltamos meu pai descobriu um câncer, que rápida e dolorosamente o levou em pouco mais de um mês. Sou grata à Strategy Consultoria pela flexibilidade que me foi permitida nesse período, em que me dividia entre trabalho pela manhã e hospital durante a tarde durante essa fase. Não posso deixar de registrar a minha admiração pela minha mãe, pelo modo como ela conseguiu superar a perda do seu companheiro de vida e ressignificar a sua história.

No fim de 2014, recebi a proposta para assumir a gerência da consultoria, mediante a saída da minha antiga gestora. Aceitei e me desenvolvi muito nessa posição, sendo liderada pela Raquel Marimon, com quem aprendi muito e a quem serei eternamente grata. Agradeço, também, a toda a equipe que passou pela minha liderança na consultoria desde 2011 até os dias de hoje. Cada um teve sua contribuição para que eu me tornasse quem sou, e em especial à Emiliana, que é minha parceira há mais de dez anos, e se tornou uma amiga querida. É possível manter uma relação de amizade e profissionalismo respeitando os limites que cada um desses papéis demanda em cada momento. Foram muitos desafios, tanto na gestão de pessoas quanto em projetos relevantes que demandaram maior profundidade técnica. Quantas decisões difíceis precisei tomar em prol do negócio, que me doem até hoje, mas que certamente foram importantes para a evolução de todos os envolvidos.

Em 2015 meu irmão se casou com a Marina, e agregamos mais uma família querida à nossa história. Nesse ano tivemos a oportunidade de proporcionar à minha mãe a primeira viagem internacional, e ela foi uma companheira divertidíssima. Até hoje ela nos acompanha em qualquer tipo de aventura! No fim desse mesmo ano finalizei meu MBA com uma formação internacional em liderança estratégica, na Universidade de Ohio. Mais uma experiência maravilhosa que meu trabalho me permitiu vivenciar, na qual pela primeira vez aprendi o conceito de inovação mais importante que carrego até hoje: inovar não é, necessariamente, criar algo que não exista, mas pode ser fazer diferente algo que sempre foi feito da mesma forma. Nessa fase eu segui morando em BH, e viajava frequentemente para São Paulo, onde ficava a maior parte da equipe atuarial da consultoria.

No final desse ano de 2015, eu e Paulo começamos a desejar ter filhos, muito influenciados pela convivência com nossos sobrinhos, e nos planejar para isso. Em 2017 iniciei um curso de gestão de preços pela Fundação Getulio Vargas e tive a incrível oportunidade de passar dois meses fora do Brasil, estudando inglês em Londres e viajando por outros países da Europa. Mais uma vez a empresa foi muito flexível e me permitiu negociar esse período estendido de férias. Nessa experiência também tive a oportunidade de conhecer pessoas de culturas diferentes que mudaram minha perspectiva de temas importantes, como a religião, mas esse tema mereceria um capítulo à parte. Quando retornei dessa viagem, já estava numa fase mais estabilizada profissionalmente, e eu e Funny começamos a nos preparar para uma fertilização *in vitro*, que realizamos em fevereiro de 2018. Segui trabalhando até o fim de setembro do mesmo ano, quando nasceram, prematuramente, meus filhos Cecília e Benício, com 30 semanas de gestação. Passaram por pouco mais de um mês de internação em UTI, custeados totalmente pelo plano de saúde contratado pela empresa do meu marido, de quem eu era dependente. Meu trabalho, a partir daí, passou a ter um novo propósito. Entendi que, mesmo não tendo sido médica, eu trabalhava em algo que proporcionava à sociedade o acesso à saúde. Meus filhos evoluíram muito bem e logo no primeiro ano de vida já seguiam a curva de crescimento esperada para a idade deles.

Em 2019 voltei ao trabalho depois de cinco meses de licença e férias, e, apesar de me sentir menos disponível, aprendi a ser muito mais resolutiva. É desafiador voltar ao trabalho com bebês tão pequenos, noites mal dormidas, e às vezes nem dormidas. Por outro lado, me sentia útil para a sociedade e o tempo no trabalho era como um descanso físico. Pensamentos conflituosos e típicos de uma mãe de primeira e única viagem. Ainda nesse ano, a consultoria em que eu trabalhava foi adquirida pela Funcional Health Tech, sediada em São Paulo. Logo me preocupei com a possibilidade de ter que mudar para outro estado, mas nos primeiros meses de integração veio a pandemia. Apesar de todo o cenário trágico que o mundo conheceu, e o desafio de trabalhar em casa, com crianças pequenas, nessa fase com aproximadamente um ano e meio, o distanciamento que a pandemia nos exigiu acelerou a comunicação virtual e nos obrigou a desenvolver novos métodos de gestão e de relacionamento. Nessa fase, passamos a atender nossos clientes, espalhadas por todo o Brasil, em reuniões remotas, o que nos possibilitou ter contato com mais gente em menos tempo, e com menor custo.

O ano de 2020 foi focado na integração da consultoria na nova empresa, e na adaptação ao novo modelo de vida sem socialização e acumulando funções profissionais e domésticas. E em 2021 assumimos um projeto importante de uma operadora de grande porte, aumentamos a equipe e promovemos pessoas que já estavam no time. Também foi um ano em que me aproximei mais do IBA (Instituto Brasileiro de Atuária), assumi cargo voluntário na comissão técnica de saúde, e estreitei laços com meus colegas de profissão. Importante registrar que 2021 marcou o início da vida escolar dos meus filhos.

O ano seguinte foi bem desafiador. Começou com o falecimento da minha Vó Lalita, em janeiro de 2022, com quase 98 anos. Ela foi uma inspiração de energia, disposição para aprender coisas novas, conhecer pessoas e se manter conectada com diferentes gerações. Que privilégio meu e de todos que tiveram a chance de conhecer e conviver com ela! Enquanto isso, na carreira, passei a ter mais protagonismo da estratégia da empresa e menos na operação após mudanças na estrutura organizacional. Meu novo líder, Alexandre Vieira, proporcionou que eu me expusesse mais internamente e confiou nas minhas ideias. Foi nesse período que também intensificamos os encontros presenciais na empresa e com clientes. Em setembro de 2022 tivemos o Congresso do IBA, que foi uma oportunidade maravilhosa de encontrar velhos e novos amigos. No ano de 2023 estive à frente de um projeto relevante, que marcou o início da transformação digital da consultoria na Funcional Health Tech.

Chegamos a 2024, e, certamente, é o ano em que estou mais motivada para continuar criando a minha história, a da minha família, e ser protagonista da minha carreira. Numa breve metáfora, sou uma árvore que para crescer até aqui se fixou em muitas raízes, que são minha família e todos os que já passaram ou permaneceram na minha vida. Escrever este capítulo foi um presente, uma oportunidade de relembrar fatos e pessoas tão especiais. E, me colocando como leitora da minha própria história, percebo que tive o privilégio de uma vida cercada de mulheres inspiradoras, e espero que minha história também possa inspirar alguém. Com amor, Italoema.

Trilhando o caminho da excelência: uma jornada de paixão, propósito e persistência

Jaqueline Finelli

LINKEDIN

Com um compromisso com a excelência, construiu uma sólida trajetória de vida e carreira como matemática, atriz, atuária e gerontologista. Sua jornada profissional inclui experiências desafiadoras em empresas de Auditoria e Consultoria Atuarial e Fundos de Pensão, como KPMG, Mercer e Economus. Atualmente, está na área Atuarial da PwC motivada e contribuindo de maneira positiva em um ambiente dinâmico e colaborativo. É reconhecida por sua capacidade de pensar de forma crítica, de comunicar efetivamente resultados técnicos para diversos públicos e colaborar em equipes multidisciplinares. É coordenadora suplente do Comitê Técnico de Previdência Privada do Instituto Brasileiro de Atuária (IBA) e membro titular do Comitê Técnico de Benefícios a Empregados do IBA.

Vou compartilhar com vocês um pouco da minha vida pessoal e profissional, espero que possa inspirar outras pessoas a nunca desistirem dos seus sonhos, pois aprendi desde cedo a valorizar a resiliência e a busca constante pelo conhecimento.

Primeiramente, não poderia deixar de iniciar esta empolgante experiência intelectual, à qual fui convidada, tão gentilmente, pela Raquel Marimon e Andréia Roma, a participar de "Mulheres na Atuária", sem agradecer ao meu pai (*in memoriam*) e à minha querida mãe pelos ensinamentos e estudos que me proporcionaram. Sem eles não seria a "Mulher" que sou hoje!

Raízes da resiliência familiar

Meu pai teve que começar a trabalhar muito cedo, pois perdeu meu avô ainda jovem e minha mãe vem de uma geração em que as mulheres se dedicavam ao lar. Assim sendo, só tenho a agradecer a eles infinitamente pelo sacrifício e renúncias que por mim fizeram em suas vidas.

Minha maior emoção e retribuição a eles foi ver meu nome na lista de aprovados em Licenciatura em Matemática pela Universidade de São Paulo (USP). Durante a minha graduação resolvi cursar em paralelo o curso profissionalizante em Artes Cênicas, no Teatro Escola Célia Helena, foi uma experiência emocionante e enriquecedora, porque você não apenas desenvolve sua capacidade de atuação, mas também fortalece a de se comunicar e compreender as mais diversas perspectivas criativas para explorar. Estar em um palco e atuar nos remete a possibilidades de sermos quem quisermos ser, estimulando a criatividade, a autoconfiança e a empatia. Trata-se de um universo mágico, movido por luzes, cores, sons e fantasias, onde cada espetáculo é como um novo enredo/conto a ser vivido e celebrado. Devo confessar, essa experiência deixou saudades.

No último ano de graduação passei no processo seletivo para trabalhar no Consulado Geral do México no Brasil, por indicação de minha querida prima Jussara, que por muitos anos trabalhou por lá também. Assim se inicia a minha carreira profissional. No entanto, depois de um ano, lendo os murais na universidade, vi uma oportunidade de emprego para formação em Matemática, pensei "por que não arriscar?", a perspectiva de novos desafios e oportunidades me trouxe uma dose saudável de otimismo... então, mandei meu currículo e fui chamada para a entrevista, lá estava eu, na extinta "PREVER", empresa de Previdência Privada, para trabalhar na área atuarial... atu o quê? E fiquei imaginando, o que será que o pessoal que trabalha nessa tal área atuarial faz...

> *Uma pausa:* ser um atuário envolve uma combinação de habilidades, desde a análise de dados, passando pela teoria matemática, estatística e financeira, no desenho e precificação de seguros, na análise de investimentos, no planejamento de benefícios, bem como, na gestão eficaz de recursos e riscos.

A PREVER nasceu como associação de três grupos financeiros nacionais: Unibanco, Nacional e Bamerindus. Em dezembro de 1997, o Unibanco comprou os 50% que ainda pertenciam ao HSBC Bamerindus, ficando com a totalidade. A American International Group *(AIG)*, uma das maiores seguradoras do mundo, adquiriu

50% da Prever, assim sendo, a AIG passou a dividir a empresa com o Unibanco, passando a se chamar Unibanco AIG Seguros e Previdência S.A.

Foi assim que tive meu primeiro contato profissional com o mundo atuarial, o qual posso afirmar que foi fascinante, mas desafiador. O fato de estar estudando matemática me ajudou a entender os conceitos e os cálculos atuariais da Previdência Privada, desde o cálculo de benefícios até a apuração das reservas matemáticas, necessárias para suportar e manter a solvência da Companhia.

Mas, chegou um momento na vida que senti a necessidade de buscar algo mais para me especializar, e resolvi iniciar um Master in Business Administration (MBA) pelo Instituto Brasileiro de Mercado de Capitais (IBMEC), onde pude conhecer e interagir com líderes e profissionais de outras áreas, bem como, posso afirmar que eu era uma das poucas mulheres nesse curso e, se não, a mais jovem.

Comecei a entender a cada dia o significado de ser um atuário, o seu papel e sua importância numa organização.

Durante essa turbulenta mudança acionária da PREVER, no ano de 1999, eu fiquei grávida, devo confessar que não foi nada planejado, simplesmente aconteceu.

Mas depois eu conto um pouquinho mais para vocês da minha gravidez...

Nesse período também terminei meu MBA, e foi quando vi um anúncio num jornal de grande circulação para uma vaga de emprego na área atuarial da KPMG (lembrando que, naquela época, ainda não existiam redes sociais, se não me engano estavam sendo lançados os primeiros aparelhos celulares), de qualquer forma, despretensiosamente eu mandei meu currículo.

E não é que eu fui chamada para a entrevista!

Assim sendo, fiz a entrevista com o sócio responsável

naquela época pela área atuarial da KPMG, Sr. Victor Bagnati, estava muito nervosa e preocupada por causa da gravidez, bem como, não tive coragem, naquele momento, para expor o fato! Mas, segui em frente, e tudo correu bem.

Desafios profissionais e maternidade

Com a gravidez, muita coisa mudou na minha vida, eu morava com meus pais e tive que contar para eles, essa foi uma decisão muito difícil, pois seria uma produção independente.

Nunca me esqueço, era uma tarde de domingo, quando dei a notícia que seriam avós! Sei que naquele momento causei uma grande decepção para eles, pois as coisas não aconteceram talvez como eles imaginavam... sabe, aquele percurso normal da vida, namorar, casar e ter filhos... então, primeiro veio aquele puxão de orelha, mas depois eles foram incríveis, me abraçaram, choraram, me apoiaram...e assim fiquei mais forte, para enfrentar o que viria pela frente.

Por volta do meu 5º mês de gravidez, a área de Recursos Humanos da KPMG me ligou para me parabenizar porque eu tinha passado no processo para trabalhar na área atuarial. Eu queria muito mudar de emprego, para encarar novos desafios e conhecer novas pessoas. Mas eu sabia também que não poderia adiar mais, eu então, tive que comunicar:

> *"Agradeço a oportunidade e por vocês terem me escolhido, mas eu tenho um problema, quer dizer, não é bem um problema, mas eu estou grávida."*

Confesso, eu nunca esperei receber a seguinte resposta da sócia da área de Recursos Humanos da KPMG, Cris Bonini:

> *"Agora temos a certeza de estarmos buscando a pessoa certa, pela sua sinceridade em assumir e falar sobre a sua gravidez, isso não é um problema, fique tranquila. Te*

recomendo continuar no seu emprego, até mesmo para você não perder seus direitos trabalhistas enquanto grávida e, quando seu bebê nascer, voltamos a nos falar."

Ainda trabalhando no Unibanco AIG Seguros e Previdência S.A., eu passei muito mal com enjoos diários, durante os meus primeiros seis meses de gravidez, pois tudo aquilo que estava vivendo, naquele momento, mexia muito comigo.

A descoberta do sexo do bebê... eu sempre quis ter um menino, não sei explicar muito o porquê, mas foi quando a médica disse "não será dessa vez, você está esperando uma menina". Eu e minha mãe ficamos superemocionadas!

Minha mãe falou que iria se chamar "Maria Eduarda", "Maria" era o nome da minha avó e "Eduarda" o da minha bisavó, e assim foi, depois de nove meses, nasceu a mais bela de todas, a minha parceira, minha amiga, aquela que está ao meu lado em todos os momentos da minha vida. Ela é minha inspiração de vida, vivo por ela e para ela.

Passados quatro meses do seu nascimento, o telefone tocou... era o pessoal da KPMG me ligando para saber se tinha dado tudo certo no nascimento da "Duda" e que o convite para ir trabalhar lá estava de pé, e se eu aceitava. Bem, não pensei duas vezes, e disse sim: um novo ciclo iria começar na minha vida.

Comecei a fazer Ciências Atuariais na Pontifícia Universidade Católica de São Paulo (PUC-SP), senti que não poderia mais adiar essa decisão, uma vez que estava seguindo na área atuarial e precisaria do registro para poder crescer profissionalmente.

A curva de aprendizado é íngreme, mas gratificante.

E foram 12 anos de um casamento maravilhoso com a KPMG, aprendi muito, viajei muito, tive grandes líderes e um time fantástico, fiz amizades que levo para a vida. Eu me apaixonei por fazer Auditoria, atuando em projetos para Fundos de Pensão, Benefícios Pós-Emprego, Sociedades Seguradoras,

Saúde e outros. Tive também a oportunidade de trabalhar com projetos de Auditoria em Sustentabilidade e Responsabilidade Social, outra paixão que nasceu em mim. Conhecer ações e projetos sociais das organizações voltados para seus colaboradores e a sociedade me proporcionaram um novo olhar e uma nova forma de pensar sobre o que poderíamos fazer a mais pelas pessoas, pelo nosso país e pelo planeta.

Isso me fez pensar numa conexão real entre a Ciência Atuarial e Sustentabilidade, podemos avaliar e quantificar atuarialmente os riscos associados a eventos ambientais, como desastres naturais, mudanças climáticas e poluição, dessa forma colaborando com seguradoras, empresas e governos para se prepararem e se adaptarem a esses efeitos, assim como no desenvolvimento e precificação de seguros sustentáveis para veículos elétricos, para o agronegócio e outros, temas muito em voga ultimamente, seguido das práticas Ambiental, Social e Governança (ESG), onde os profissionais de atuária podem considerar fatores ESG ao avaliar investimentos e riscos, além do gerenciamento de passivos relacionados à sustentabilidade de longo prazo das organizações.

Foi então que, depois desses anos realizando Auditoria Atuarial, mudei de lado e fui trabalhar num grande Fundo de Pensão, na área Atuarial do "Economus Instituto de Seguridade Social", lá se foram quase cinco anos, e aquela sementinha que havia sido plantada anos atrás na KPMG com os projetos de sustentabilidade me fez despertar para desenvolver e implementar projetos voltados para a Educação Financeira e Previdenciária no Economus. E pesquisando sobre esses projetos descobri a área de Gerontologia.

Já deu para perceber que não paro, da Matemática para as Artes Cênicas, para a Administração, para a Atuária, e agora para o Mestrado em Gerontologia na USP.

Uma pausa: *"A Gerontologia é uma área que estuda o*

processo de envelhecimento humano, sob os vários aspectos biopsicossociais."

E como estava trabalhando dentro de um Fundo de Pensão, que tem por objetivo cuidar da gestão e realizar Planos de Aposentadoria, associei o tema à minha pesquisa de mestrado: "Preparação para Aposentadoria nas Entidades Fechadas de Previdência Complementar no Brasil".

Por muitas vezes achei que não conseguiria alcançar meu título de "Mestre".

Como algumas das aulas do mestrado deveriam acontecer no horário diurno, tive algumas restrições impostas pela liderança do Economus, esses embates causaram um desgaste na relação e a nossa parceria terminou.

A resiliência para superar obstáculos e aprender com as oportunidades do dia a dia é parte integrante da minha história.

Então, surgiu a oportunidade de trabalhar como consultora autônoma na empresa Sign Audit & Advisory, trabalhando em projetos de Auditoria Interna para Fundos de Pensão, Seguradoras e Resseguradoras. Assim, após finalizar importantes projetos na Sign fui convidada para trabalhar na Consultoria Atuarial Mercer.

Durante essa semana de transição, da Sign para a Mercer, meu pai veio a falecer, foi uma perda inesperada e uma dor imensurável. Busquei forças na espiritualidade, que me ajudou a aceitar e entender que a morte não é o fim e que o reencontro virá...

Fui em frente e com muita resiliência comecei minha caminhada na Mercer e segui forte com a finalização do meu projeto de mestrado, tendo o apoio necessário de todos, e principalmente da minha orientadora, Bibiana Graeff, que não desistiu de mim, mesmo nos momentos mais difíceis da minha trajetória.

Finalmente, em 2019, me tornei Mestre em Ciências pelo Programa de Pós-Graduação em Gerontologia pela USP. E o mais empolgante e gratificante após o Mestrado foi ter posto em prática pela Mercer em algumas empresas as diretrizes do Programa de Preparação para Aposentadoria, contribuindo para que alguns dos seus colaboradores dessas empresas tivessem o privilégio de participar e usufruir do programa.

Persistência e progresso profissional

Estou eu aqui agora, fazendo uma nova conexão da Gerontologia e a Ciência Atuarial interrelacionando ideias e conceitos, especialmente os ligados ao envelhecimento e suas implicações para a sociedade, por meio da análise de tendências demográficas, no desenvolvimento de políticas e estratégias de planejamento de longo prazo para lidar com os desafios e oportunidades associados ao envelhecimento da população, como o aumento da expectativa de vida e suas ramificações econômicas e sociais e na pesquisa e desenvolvimento de programas de saúde e bem-estar voltados para os idosos, visando melhorar a qualidade de vida e promover o envelhecimento saudável e sustentável.

Em meados de 2021, veio o convite para retornar para Auditoria Atuarial e fui para a PwC ajudar a liderar os projetos de Auditoria e de Consultoria em Fundos de Pensão e de Benefícios Pós-Emprego, e onde atualmente me encontro. Sigo motivada a enfrentar novos desafios e contribuir de maneira positiva em um ambiente dinâmico e colaborativo.

Reflexão: "O *que se pode esperar dos futuros atuários?*"

Visão de futuro

Imagino que com a chegada da Inteligência Artificial (IA), os atuários poderão ter avanços significativos na precisão das previsões de riscos e eventos futuros, levando a uma melhor tomada de decisão e uma gestão mais eficaz e otimização dos negócios, gerando resultados mais contundentes e *insights* mais profundos sobre a mitigação de riscos. A IA tem o potencial de analisar grandes volumes de dados de forma rápida e eficiente, identificando padrões e tendências que podem ser úteis para os atuários na modelagem de riscos e na tomada de decisões estratégicas, permitindo que se concentrem em análises mais complexas a partir de relatórios automatizados e visualizações de dados que os ajudem a interpretar cenários e comunicar seus resultados de forma mais precisa e eficaz para os *stakeholders*.

A mensagem que posso deixar com base na minha experiência de vida pessoal e profissional é que, independentemente da área que você escolha, lembre-se de que cada desafio é uma oportunidade de crescimento e aprendizado. Mantenha-se curioso, persistente e aberto às possibilidades e nunca pare de buscar o que o inspira:

> *"Descubra sua paixão e siga-a com determinação, abrace o desafio e transforme sonhos em realidade – seja na arte de criar, na afinidade de gerar dados e prever os resultados, ou na busca pela compreensão e melhoria na qualidade de vida das pessoas."*

A Árvore, o Pássaro e o Ikigai[1]

---
[1] Ikigai é uma palavra japonesa que representa a razão da vida, o sentido da vida, o porquê da existência.

Karina Miyuki Honma Nita

LINKEDIN

Bacharel em Ciências Atuariais pela Pontifícia Universidade Católica de São Paulo (PUC/SP) e membro do Instituto Brasileiro de Atuária (IBA). No mercado segurador há 25 anos, com especialização em temas atuariais institucionais, *portfolio management*, precificação e resseguros para Seguros de Danos e Responsabilidades, Pessoas e Previdência Privada e Saúde. Atualmente na Chubb Seguros como diretora atuarial e como mentora no Programa de Mentoring da companhia. Coordenadora e idealizadora do Programa de Mentoria do IBA.

1. Identidade/uma imagem

Contemplando uma folha de papel em branco, ouvindo o barulho tão conhecido da cidade, e com o sol levemente batendo e aquecendo a minha janela, visualizo o desenho de uma casinha.

Ela tem uma chaminé de tijolos por onde sai uma "fumacinha". À porta chega um caminho, que passa por meio de um jardim, gramado, com flores e árvores. No céu, o sol está sorrindo; as poucas nuvens deixam o dia fresco, e alguns pássaros voam felizes em liberdade.

Não é uma casa, mas é meu lar.

É onde eu me sinto segura, porque as estruturas são fortes; é onde me sinto aquecida; é onde tenho a liberdade de ser quem eu quiser, livre com um pássaro, mas realista como uma árvore.

Ah, a árvore! Símbolo de vida na Psicologia, no meu desenho representa duas buscas: uma interna, representada pelas raízes profundas, e outra externa, representada pelos galhos. Uma buscando a essência, e outra buscando abraçar o mundo.

Eu sou hoje o resultado de todas as experiências, boas e ruins, que vivenciei ao longo desses anos, das decisões que tomei e das que me esquivei de tomar, das pessoas que conheci, dos lugares que visitei, das empresas em que trabalhei, das dores e frustrações que senti e dos amores que vivi. **Tudo isto também em tempo presente!**

Amor pela família, pelos amigos, pelo trabalho.

Você também se sente assim?

2. A família e o trabalho

Uma ceramista e um engenheiro poderiam ter filhos com quais vocações? Bom, tiveram quatro: uma atuária, um arquiteto-engenheiro, um administrador e um engenheiro ambiental, nesta ordem. Sim, sou a filha mais velha (e única menina) de uma grande família paulista.

Falar em profissões, nesta família, é importante, porque elas foram conquistadas com muito esforço, muita dedicação, muita vontade e com uma crença muito forte no poder do trabalho.

Ademais, sou descendente de imigrantes japoneses, que chegaram ao Brasil acreditando num sonho, com a esperança de uma vida melhor, mas sem nenhum recurso. Meus bisavós foram trabalhar a terra, e da terra conquistaram, por meio dos seus descendentes, o mundo.

Meus pais cresceram com muitas dificuldades, mas aprenderam sobre o valor do amor e do trabalho, e sobre o amor ao trabalho. Para eles não existe vida pessoal e vida profissional. Existe "vida", e eu carrego esta visão e este sentimento em mim. Eu valorizo a minha vida profissional como se pessoal ela fosse.

Com muito sacrifício, meus pais nos colocaram em bons colégios, onde eu aprendi o valor do aprendizado e da escola. Não exatamente quando estava lá, mas reconheço que o período escolar foi importante para a minha formação e para me preparar para o que veio depois.

Acredito fortemente que a formação da capacidade de

raciocínio, do desenvolvimento de lógica e de linguagem (sim, o idioma é fundamental) são a base para um melhor entendimento do mundo e para uma melhor expressão dos nossos pensamentos e sentimentos.

Um dos ensinamentos do meu pai foi: "Se quiser ser alguém na vida, trabalhe como se fosse dona. Trabalhe como se a empresa fosse sua". Ainda que o trabalho não estivesse no horizonte, isto parecia fazer muito sentido, foi criando raízes dentro de mim e crescendo.

Hoje coloco em palavras o sentimento que me motivava (e ainda me motiva) a este comportamento: **o meu trabalho é um reflexo de mim**. Não é um reflexo da minha habilidade, do meu conhecimento, do meu saber, mas de mim, inteira, como pessoa. Fazer mal feito seria como se eu fosse "malfeita".

3. O aprendizado continua...

Nestes anos, aprendi sobre a necessidade e a importância do equilíbrio, aprendi sobre o "Círculo de Influência" e o "Círculo de Preocupação" com Stephen R. Covey[1], sobre os "Sabotadores" de Shirzad Chamine[2], só para citar alguns, mas ainda não cheguei lá... Estou viva e tenho esperança, vontade e até mais do que isto, consciência do valor do aprendizado!

Eu gosto muito da palavra "consciência", porque só com ela me aproprio de um novo aprendizado, seja ele por um tema técnico, uma experiência exótica ou algo rotineiro. E é com ela, agindo com consciência, que eu usufruo das suas consequências.

Sou atuária de formação, e uma quase-economista.

---

[1] Stephen Covey. **Os 7 Hábitos das Pessoas Altamente Eficazes**. Ed. Nova Cultural Ltda. 1989.
[2] Shirzad Chamine. **Inteligência Positiva: porque só 20% das equipes e dos indivíduos alcançam seu verdadeiro potencial e como você pode alcançar o seu.** Fontanar, 2012

Iniciei a Faculdade de Economia pelos motivos errados, e tive que tomar uma primeira difícil decisão: continuar ou deixar... deixei... Os motivos errados continuavam errados, mas, com mais maturidade, entendi que não faria bem feito!

Já com o Inglês foi diferente. Esta matéria foi meu terror na escola, mas com maturidade entendi que era necessário aprender, que seria importante para mim, e assim consegui superar os obstáculos. Fazia sentido para mim.

Em Ciências Atuariais encontrei um refúgio técnico. Eu era uma boa aluna, estava feliz, mas me faltava então a vivência profissional. Naquela época, década de 1990, poucos eram os jovens que se interessavam pelo curso. Usualmente eram pessoas que já estavam trabalhando... Então, eu era a única da minha sala que não trabalhava, e num dado momento isto começou a me incomodar.

4. O começo da vida profissional...

Consegui um estágio numa *Big 4*, que estava iniciando com consultoria atuarial, e lá encontrei pessoas incríveis, que fizeram da minha adaptação ao mundo corporativo algo leve, saudável e divertido.

Um ano depois, fui efetivada como "Consultora Jr", mas eu não tinha a experiência que eu entendia ser necessária para ser chamada de "consultora", então fui buscá-la numa seguradora.

Nela tive dois anos e meio de muito aprendizado e desafios técnicos. Eu era constantemente desafiada pelo CEO da empresa. Foi lá que vivenciei pela primeira vez a importância de traduzir a linguagem atuarial técnica para outras, como Informática, Marketing, Finanças... Tive a oportunidade de me relacionar com quase todas as áreas da empresa, o que ampliou meu repertório. Porém, a seguradora era especializada em um segmento, e como carreira eu não queria especialização, mas sim diversidade.

É interessante pensar nisto agora, porque eu sempre fui uma pessoa dos detalhes, dos *"bits & bytes"*, do aprofundamento, mas realmente naquele momento eu não queria me aprofundar, mas sim trilhar caminhos mais vastos, ver o além da "floresta".

Surgiu então uma oportunidade num grupo segurador multi-produtos. Fui para trabalhar com um produto específico, mas num ambiente onde aprender sobre qualquer outro produto estaria ao alcance das mãos. Com a "ajuda" da SUSEP e uma norma sobre Avaliação Atuarial, tive a oportunidade de conhecer todos os produtos em que a empresa operava. E foi neste momento também que comecei a conhecer melhor sobre as minhas motivações, os meus *triggers*, como lidar com frustrações e pressões. Aqui veio a consciência de vários aspectos da vida como profissional.

Fiquei próxima de uma depressão, devido à autocobrança. Eu **tinha** que fazer o excelente, mas só era possível o bom, devido a limitações internas e externas. Recebi muito apoio da liderança e dos colegas, e juntos conseguimos entregar o resultado. Juntos. Sim, começou como um trabalho individual, e apesar de a execução ter sido individual, o "time" entregou o resultado.

Aprendi nesta época, com Stephen R. Covey[1], a diferença entre "Independência" e "Interdependência". Eu buscava a independência, mas na verdade o viver só existe na interdependência.

> "A independência é o paradigma do eu: eu sei fazer. Eu sou responsável. Eu tenho certeza. Eu sei escolher."

> "A interdependência é o paradigma do nós: nós podemos fazer isso. Nós podemos cooperar. Nós vamos unir nossos talentos e habilidades para juntos criarmos algo maior."

Se puderem ler, eu recomendo.

Como *Netian*[3] eu tinha muita responsabilidade em casa, então no trabalho foi muito fácil assumir responsabilidades, e

---

[3] *Netian* é irmã mais velha em Japonês.

isto me deu um certo destaque na empresa e a oportunidade de um novo caminho de carreira: a "chefia".

Dicas para analista: dê o máximo da sua energia, dedicação, entusiasmo. Aprenda a técnica e desenvolva as habilidades. Estude, pesquise, experimente, teste e faça tudo de novo! Aperfeiçoe-se tecnicamente, enquanto o técnico é exigido. Crie uma rede de relacionamentos saudáveis, conecte-se com as pessoas. Eu não me preocuparia com cargos e salários, mas apenas em buscar a excelência em tudo o que fizer.

5. A transição para a "chefia"...

Nossa, como foi desafiador este momento!

A primeira posição de "chefia" é a mais difícil de todas, porque seus colegas deixam de ser seus pares e passam a vê-lo numa posição "superior". Você deixa de ser convidado para os *"happy hours"* ou de saber das *"notícias de corredor"*. Você deixa de ser parte do time, para ser o "chefe" do time, como se "chefe" não fizesse mais parte do grupo.

E também é um momento de muitas dúvidas, muitas angústias, muitos receios... são funções novas, que você via à distância, até com certa crítica.

Se você estiver passando por este momento, converse com o seu líder. Eu penso que este momento, logo após a promoção, é o momento em que você tem mais crédito para fazer perguntas. Demonstre que quer aprender, mostre seu esforço e não tenha medo de também demonstrar seus receios, porque como Ser Humano você tem direito a estes sentimentos.

A felicidade da notícia da promoção dura pouco. Depois que ela aterrissa dentro da pessoa, vários são os sentimentos, não tão nobres, que invadem o seu coração, e vários são os pensamentos, tampouco nobres, que invadem a sua mente. Então aja! Na Antroposofia[4], aprendemos que é necessário que o Pensar, o Sentir e o Querer vivam em equilíbrio. Então, se o Pensar está agitado, o Sentir está apertado, coloque o Querer para buscar algo que acalme os outros sentimentos. Converse com seu líder, converse com pessoas de confiança, busque pensamentos positivos e de autoafirmação, leia sobre qualquer assunto, faça atividades físicas.

E um dos desafios mais difíceis de superar é aquele de não saber fazer e ter que depender de outra pessoa. Olha a interdependência aparecendo de novo.

Eu passei de atuária responsável por reservas a coordenadora de precificação e análise de portfólio de Saúde e de uma equipe de estatísticos que atendia a todos os produtos. Uma equipe maravilhosa, com quem aprendi muito e a quem sou muito grata.

A parte técnica eu não dominava, eu era mais nova de casa do que eles, eu era mais nova de idade do que eles, e cheguei então com muitos receios. Muitos mais do que eu tive coragem de reconhecer na época. Aos poucos, fui ganhando a confiança deles, permanecendo ao seu lado nos momentos difíceis, fazendo perguntas e dando sugestões. E sempre com muita humildade. Eu só tinha um pouco mais de responsabilidade do que eles, mas o conhecimento técnico era integralmente deles! E eu reconhecia isto.

6. Mais um degrau para subir... e cair...

Dois anos e meio depois, eu fui promovida para gerente. A área tinha 54 pessoas, e múltiplas funções: atuarial, estatística, precificação, BI, atendendo todos os produtos de seguros e previdência do grupo e outras áreas. Era um universo de novidades!

---

[4] Jair Moggi e Daniel Burkhard. **O Espírito Transformador**. Ed. Antroposófica, 2000

As dificuldades não tardaram a surgir, porque a vida é viva, claro!

Com apenas oito anos de experiência profissional, 30 anos de idade e 54 pessoas na equipe, a nova gerente era uma pessoa estressada e preocupada! Preocupada com tudo, com dúvidas sobre tudo, mas com a **certeza** de que **deveria saber** como resolver!

Os anos depois mostraram que eu estava errada. Cadê a interdependência que eu tinha aprendido anos antes? Por que eu queria abraçar todos os 54 se eu não conseguia sequer abraçar a mim mesma?

Cinco anos depois eu saí. O choque de culturas por um M&A pode ser devastador para algumas pessoas, e foi o meu caso. Meu perfil estava bem alinhado à cultura da empresa até o momento em que a cultura da outra empresa, adquirida, começou a ser mais valorizada. Infelizmente, eu não pude mudar a minha essência como o desejado, e um dos motivos que me levou à promoção foi o que me levou a deixá-la. Eu era muito parecida com todos, e a empresa queria pessoas com perfis diferentes. É um aprendizado e tanto, e carrego comigo até hoje vários *insights* daquele momento.

7. Voltar para casa...

A vida segue, e tomar decisões difíceis machuca, não necessariamente pelas decisões em si, mas pelo que o leva a tomá-las.

Anos depois, eu decidi sair da empresa em que trabalhava como gerente atuarial há quase dois anos para "ir para casa". Novamente fiquei próxima de uma depressão, não via minha família, saía bem cedo e voltava de madrugada, não dormia bem, não me alimentava bem, não estava feliz com o que fazia. Eu não estava bem. E a energia que eu tinha não era suficiente para suportar o peso que eu carregava. Meu marido me resgatou. Um dia ele me perguntou: "Por que você não sai?". Eu respondi que não poderia sair, porque tinha muita coisa para fazer e muitas contas para pagar, ao que ele respondeu: "Nada vale você se sentir assim. Se quiser sair, pode sair. A gente dá um jeito". e só me olhou com amor e carinho. Então eu decidi sair, mesmo sem perspectiva de um novo emprego... eu nem tinha energia para procurar outro emprego. Só queria mesmo voltar para casa!

Este ano foi quase um sabático. Me dei um tempo para me reconectar com meu filho, com a minha família e comigo mesma. Comecei a me sentir feliz novamente.

No ano seguinte, ingressei em outra companhia como gerente atuarial, recrutada por uma empresa inglesa. Aqui meu inglês foi fundamental, e eu acho que até hoje é um diferencial.

8. Novos caminhos...

Eu nunca fui de desejar cargos. Confesso que cargos de liderança não estavam nos meus planos, mas nesta empresa nasceu em mim um interesse por um degrau mais alto. Não pelo cargo em si, mas pela possibilidade de contribuir mais. E, depois de dois anos e meio, surgiu a oportunidade como diretora atuarial, cargo que ocupo hoje.

Nesta posição, pude estar mais envolvida com questões relacionadas às pessoas, e assim fui apresentada ao programa de mentoria... e meu mundo mudou mais um pouco. A partir destas experiências, idealizei um programa de Mentoria de Atuários para Atuários, e o parceiro ideal seria o Instituto Brasileiro de Atuária (IBA). Felizmente, a Diretoria do IBA abraçou a ideia, e em 2023 iniciamos o primeiro grupo, cujo NPS foi de 100%. E eu fico emocionada de pensar que com uma ação minha algumas vidas foram transformadas para melhor.

Simon Sinek diz: "*We must find a purpose or cause to pursue otherwise all we have left are our imperfections to focus on*". Eu ainda não tenho um propósito bem definido, mas ele passa pelo apoiar as pessoas a encontrarem os melhores caminhos para o sucesso, qualquer que seja o significado da palavra para quem o almeja, e que todos possam encontrar o seu *ikigai*!

Você já encontrou o seu?

A coragem para enfrentar desafios me define

Karini Madeira

LINKEDIN

Graduada em Ciências Atuariais com MBA em Gestão de Risco e Finanças, atua há 20 anos no mercado de seguros. Há dez anos é superintendente de Acompanhamento Técnico da Confederação Nacional das Seguradoras (CNseg), área que reúne a coordenação de diversas Comissões Temáticas. Já colaborou na SulAmérica em diferentes áreas, incluindo a função de gerente de Riscos Corporativos. É professora na Escola Nacional de Seguros em cursos como Certificação Avançada de Open Insurance e Open Finance; e pós-graduação em Regulação de Seguros, Saúde Suplementar e Finanças. Além de ter representado o mercado em diferentes fóruns na Susep, é membro suplente do Comitê de Avaliação e Seleção de Conselheiros do Conselho de Recursos do Sistema Nacional de Seguros Privados, de Previdência Privada Aberta e de Capitalização, representando a CNseg.

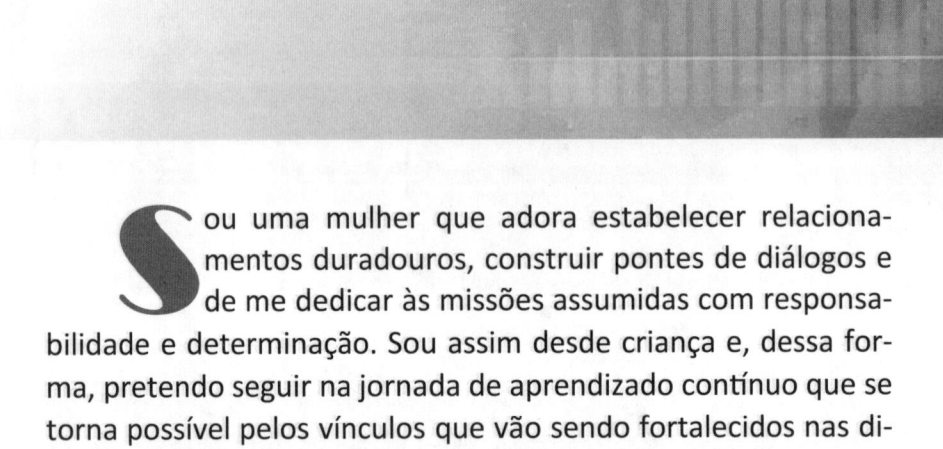

Sou uma mulher que adora estabelecer relacionamentos duradouros, construir pontes de diálogos e de me dedicar às missões assumidas com responsabilidade e determinação. Sou assim desde criança e, dessa forma, pretendo seguir na jornada de aprendizado contínuo que se torna possível pelos vínculos que vão sendo fortalecidos nas diversas conexões que a vida me permite manter.

Mas, ao resgatar partes importantes da trajetória que compartilho nesta publicação, não posso deixar de reconhecer, também, a coragem para enfrentar os desafios como outro traço marcante de uma personalidade que se expressa fortemente nas minhas experiências familiares, profissionais ou nas vivências em sociedade.

Dos vínculos familiares, tenho extraído aprendizados cotidianos que muito me fortalecem e me asseguram um equilíbrio fundamental. Sou casada há aproximadamente 17 anos e tenho um filho de oito anos. Reconheço que sou intensa na condição de mãe. Gosto de cumprir essa missão que tenho conciliado com a carreira profissional e a prática das atividades que mais me inspiram e impulsionam.

Eu era um bebê esperado para 22 de Janeiro, mas nasci prematuramente, aos oito meses, no dia 22 de Dezembro. Por isso, tenho um grande encantamento pelo Natal. Essa é uma festa que me emociona. Em todo aniversário tem uma árvore de Natal em casa. Curiosamente, meu filho nasceu prematuro também. Temos mais essa característica em comum.

Como passatempo, gosto muito de ler e a minha preferência é pelos livros que me transportam para fora da realidade. Por isso, adoro ficção científica. Também gosto das narrativas de aventura e fantasia. Curiosamente, sou uma leitora que começa a ler um livro pela última página, antes de voltar à primeira, e que gosta de comprar os livros depois de assistir a algumas séries e filmes, para descobrir se tem algo a mais a saber sobre essas histórias.

Corpo são, mente sã, essa máxima tem poder em família

Correr é a atividade à qual mais tenho me dedicado fora de casa e dos compromissos de trabalho. Além de manter o corpo em movimento e cuidar da saúde física, esses são momentos de conexão comigo mesma, com a organização dos meus pensamentos e com o bem-estar mental que estimula a criatividade e o senso de planejamento dos quais tanto necessito.

Tenho estado mais envolvida com corridas longas, que exigem grande disciplina para cumprir a extensa planilha de treinos, embora me aventure em algumas provas de curta distância ou até mesmo em percurso de montanha. Por falar em desafios, percebo que testar a minha velocidade é um a ser superado, futuramente. Tornei-me ainda mais inspirada depois de ter entrado para uma equipe de corrida em 2016, em Niterói, cidade da Região Metropolitana do Rio de Janeiro onde moro.

Comecei a correr há cerca de dez anos. Interrompi essa prática esportiva durante a gravidez e voltei com o meu filho ainda bebê, depois de ter passado por um período de readaptação da rotina em casa que me causou um afastamento e, ao mesmo tempo, me fez reconhecer a importância fundamental da corrida no meu cotidiano. Ele vinha comigo no carrinho e os cuidados eram divididos com o meu marido, que também é corredor e se tornou um grande incentivador dessa atividade em família.

Apaixonada por atividades físicas, também já me lancei ao desafio do triatlo. Aprendi a nadar no mar e bebi muita água salgada até acertar o ritmo. Essa experiência ocorreu durante a pandemia da Covid-19, quando as piscinas da cidade estavam fechadas. Na mesma época, também comecei a pedalar e tudo isso foi muito gratificante na minha rotina.

Na volta às atividades presenciais, optei por me manter com as corridas, embora essa experiência toda tenha me trazido a certeza da importância de seguir buscando superar os meus próprios limites. O mais interessante, no caso da natação, foi ter sido incentivada pelo meu filho que, desde bem pequeno, começou a nadar, para a nossa tranquilidade e a sua própria segurança. Ele dizia "vem, mamãe, vem" e com o seu incentivo afetuoso esse pequeno e excelente nadador virou o meu treinador.

Por sugestão de uma fisioterapeuta, parti para outra atividade física inovadora e também desafiadora. Recentemente, passei a treinar *crossfit*. É pesado, é difícil, mas estou gostando. Sou muito enérgica e gosto de praticar os exercícios de manhã, pois isso me equilibra e me motiva o dia todo. Sinto que, se a gente parar, o corpo e a mente envelhecem. Assim, prefiro me manter em movimento. Essa é uma espécie de metáfora sobre como enfrentar os desafios que a vida nos impõe, sem perder a inspiração, além da sensação de bem-estar.

Sou apaixonada por planejamento estratégico

Sempre fui organizada, dinâmica e com um perfil muito focado em planejamento. A descoberta dessa vocação caminhou com o reconhecimento de outra característica que se fortaleceu no mercado de trabalho: gosto de atuar nos bastidores. Embora comunicativa, e isso seja positivo no exercício profissional, eu não sou uma pessoa que gosta do tapete vermelho, do palco, do microfone e das câmeras. Eu me desafio um pouco nesse sentido, porque, às vezes, isso tudo é necessário. Mas me encontro mesmo é na missão de pensar estrategicamente sobre iniciativas que precisam ser desenvolvidas, e que, quando acontecem, podem fazer a diferença no trabalho em equipe, ou mesmo extrapolar os limites da atuação institucional.

Tenho formação em Ciências Atuariais, com MBA em Gestão de Riscos e em Finanças, e trabalho na Confederação Nacional das Seguradoras (CNseg), onde sou responsável pela Superintendência de Acompanhamento Técnico. Nessa instituição, toda a agenda regulatória do setor passa por mim e atuo como suporte do mercado, construindo pontes de diálogo e negociação entre as empresas e os diferentes setores do governo. Dessa forma, nós contribuímos para o cumprimento dos interesses de nossas associadas e para reforçar a missão como confederação, de ampliar a participação da sociedade brasileira, atendida pelos diversos produtos do mercado de seguros, previdência complementar aberta, saúde e capitalização. Mas, antes de assumir esse desafio, percorri um caminho de grande aprendizado e pude estabelecer relacionamentos de confiança com diversos elos do setor. Assim, passaram-se cerca de duas décadas de atividades profissionais, ou seja, metade da minha vida dedicada a um trabalho que me motiva cada vez mais.

Como ocorreu a minha descoberta pelas Ciências Atuariais

Eu não tenho parente próximo atuando nessa área, ou um amigo que tenha me incentivado a trilhar esse caminho na juventude. Assim, nunca tive nenhuma referência na qual eu pudesse me espelhar na fase de descoberta da vocação profissional. Pelo contrário, durante o ensino médio, eu pensava em ser física. O professor dessa disciplina era o meu favorito e um dia eu fui conversar com ele sobre o meu interesse em seguir essa profissão. Ele me ouviu atentamente, mas me desaconselhou a optar pela licenciatura em Física.

Considerando as dificuldades da profissão e que eu tinha pensado nessa área por falta de conhecimento de outras, o professor me apresentou uma publicação na qual era detalhada uma grande quantidade de profissões. Esse educador foi fundamental, me levando a pensar sobre as disciplinas com as quais eu mais me identificava até a descoberta das Ciências Atuariais. Nesse aprofundamento sobre a área, me encantei pela gestão de riscos. Naquela época, ninguém próximo sabia nada sobre esse campo de atuação. Mas assim mesmo eu achei que valia a pena. Fiz o vestibular e passei. Comecei a estudar sobre esse novo universo que se abriu para mim e descobri algumas correlações interessantes.

Para dar uma ideia do desconhecimento da profissão, na minha época de estudante eu tive um namorado que, por incrível que pareça, não sabia que o avô dele era atuário. E aí, quando o avô me conheceu e descobriu que eu fazia Ciências Atuariais, conversou muito comigo, me deu vários livros e esse contato foi muito importante naquela fase de imersão nesses estudos. Depois, o relacionamento acabou e fui seguindo a minha vida, sempre disposta a me aprofundar mais e mais na área escolhida.

Da primeira experiência profissional aos inúmeros desafios enfrentados

Um dos meus professores na faculdade foi o meu primeiro chefe. Inicialmente, ele me convidou para apoiá-lo como monitora de disciplinas. Foi um aprendizado importante sobre os desafios enfrentados no ensino superior. Ele também tinha uma corretora de seguros e ao perceber o meu senso de organização e disponibilidade para aprender me convidou para trabalhar nesse empreendimento, onde fiquei por seis meses. Foi um período curto, mas muito valioso como a primeira experiência profissional que me possibilitou ter contato com outras pessoas e aprender muito.

Ao sair da corretora, fiz estágio na SulAmérica por dois anos. Não tinha como ser efetivada, pois ainda era universitária. Posteriormente, fui também estagiária na Susep (Superintendência de Seguros Privados) e na Petros (Fundação Petrobras de Seguridade Social). Atuava em ambas, durante o dia, e à noite ia para a faculdade. Após passar por essa maratona de aprendizado, que me proporcionou amizades que se mantêm até hoje, voltei para a SulAmérica, mas dessa vez como profissional contratada. Nessa grande empresa de seguros, atuei por cerca de dez anos, tendo exercido diversas funções, em diferentes áreas, que me permitiram realmente amadurecer profissionalmente. Foi um mundo novo de aprendizado e de compreensão do mercado de trabalho e desse setor de grande importância para a economia nacional.

Passei por funções nos setores de auditoria e financeiro até assumir um cargo gerencial, em um processo incomum na empresa. Foi desafiador viver essa experiência. Mas valeu muito a pena por todo o apoio recebido de pessoas que se tornaram referências para mim. Nesse percurso de analista eu deveria ter passado para uma coordenação ou supervisão até chegar a gerente. O meu ex-chefe, porém, tinha assumido um novo desafio profissional e me indicou para ocupar o cargo dele. A vivência em diferentes áreas, até então, além do senso de responsabilidade e o dinamismo, foram fatores que levaram os meus superiores a compreenderem que eu estava preparada para assumir a função.

Após a área de Recursos Humanos autorizar a promoção, eu virei chefe da minha própria equipe, sendo integralmente apoiada nessa missão. Mudanças estruturais executadas posteriormente me levaram a assumir duas gerências. Essa foi uma transição muito importante na minha vida. De uma equipe pequena de cinco pessoas passei a gerenciar 20 profissionais. Eu era muito jovem e tive que conquistar a confiança desse grupo experiente com muito diálogo e trabalho colaborativo. Foi desafiador, mas também muito gratificante.

Dessa vivência profissional na empresa também destaco a oportunidade que tive de finalmente trabalhar com gestão de risco, o que sempre me encantou desde o início dos estudos em Ciências Atuariais. Recebi o convite do superintendente da área que, além de conhecer o meu trabalho, sabia do meu interesse por essa temática. Esse foi o meu primeiro contato com a área atuarial. Eu realmente acho que me encontrei aí. Foi uma conexão perfeita entre os estudos universitários e o trabalho. Trabalhei muito feliz. Aprendi muito com chefes que gostavam de compartilhar conhecimento. Um deles destacava, inclusive, as vantagens de ter duas gerentes mulheres liderando as equipes de sua responsabilidade. Naquela época, ele já falava em inclusão e diversidade.

Dialogar de forma transversal sempre me encantou nesse trabalho. Uma das grandes oportunidades de aprendizado foi a organização de *workshops* internos. Também participava de reuniões de diretoria e tinha que desenvolver habilidades de comunicação para melhor transmitir o andamento das nossas atividades na companhia. Foi uma grande escola, motivada por líderes que sabiam realmente incentivar e impulsionar suas equipes.

A chegada à CNseg, um divisor de águas na vida profissional

Os avanços em nível gerencial na SulAmérica me levaram a começar a frequentar reuniões no âmbito da CNseg. Pela sua atuação nacional, existem vários grupos estudando e discutindo agendas temáticas no âmbito da confederação. O meu chefe, na época, um profissional de referência, era representante de um desses grupos e muitas vezes foi preciso participar das discussões no lugar dele. Ele nos impulsionava nesses desafios de dialogar com o mercado e dividir o que a empresa estava realizando.

Foi a partir das interações nas reuniões e eventos dos quais passei a participar que recebi um convite para trabalhar na CNseg. Mais uma vez enfrentei uma transição que, a princípio, me deixou insegura, mas depois aceitei o desafio. A proposta foi encantadora e o processo foi muito respeitoso, com diálogo entre dirigentes da confederação e a minha chefia na empresa. Ter contado com o apoio de vários executivos com quem me aconselhei foi fundamental para encarar essa mudança profissional paradigmática. Assim, saí de uma grande corporação para uma instituição com uma pequena equipe, mas com uma atuação de grande importância nacional, onde passei a ter a possibilidade de ver o cenário inteiro, atuando com gestão de risco e outras temáticas apaixonantes da área atuarial. Passei a apoiar o setor como um todo e não mais apenas a minha antiga empresa.

O trabalho na CNseg me permite dialogar com pessoas de diferentes posições e áreas de atuação. O aprendizado é diário. Lá, a gente discute sobre todas as questões que impactam o setor. Esse é o papel da instituição e da minha área. Como eu vinha de uma dinâmica intensa na empresa onde atuei por quase uma década, me integrei totalmente aos debates promovidos sobre temas muito diversificados. Justamente por essa visão ampliada em anos de dedicação ao setor, pouco mais de dois anos depois de me juntar à equipe, fui convidada a assumir a superintendência, onde estou há oito anos, tendo ocupado o lugar do meu chefe, que foi promovido a outra função de liderança. Eu estava de licença-maternidade quando soube da novidade. A princípio fiquei preocupada, pois estava com um bebê prematuro em casa. Mas fui tranquilizada de que a promoção ocorreria somente quando eu tivesse cumprido todo o período de licença-maternidade. A parceria do meu chefe foi fundamental em mais essa transição.

Mais uma vez aceitei o desafio, tendo a oportunidade de dar mais um salto profissional, que tem sido de muito aprendizado em um ambiente de trabalho colaborativo, dinâmico e instigante. Como partes gratificantes dessa atuação, destaco a possibilidade de termos criado outras comissões e atividades para acompanhar as agendas que vão se multiplicando. Já temos nove comissões temáticas que debatem questões regulatórias e tributárias do setor que, com o nosso suporte técnico, serão posteriormente implementadas pelas empresas. É como se estas fossem uma grande engrenagem e a gente ficasse o tempo inteiro fazendo essa roda girar.

Assim, a gente criou um projeto há três anos, no âmbito da confederação, para ajudar as empresas a implementarem o *Open Insurance*, uma novidade regulatória não só no Brasil, como no mundo. Tornamos o Brasil e a CNseg uma referência no tema. Às vezes até brincamos que somos sobreviventes. Em um ambiente de grande rotatividade de profissionais, eu e minha equipe nos mantemos firmes a cada desafio.

No final de 2023, fui indicada como profissional do ano de *Open Insurance*. Embora eu não tenha ganhado a premiação, me senti muito gratificada por ter sido reconhecida pelas iniciativas que venho liderando, ao lado de uma equipe extremamente presente e colaborativa. Da mesma forma, me senti profundamente gratificada por poder compartilhar a minha trajetória profissional nesta publicação, ao lado de mulheres brilhantes que são referências em Ciências Atuariais. Eu tenho muito orgulho de poder atuar em apoio à atuação delas.

Neste capítulo, ao compartilhar fragmentos da minha jornada, vejo claramente que a coragem é o elo que conecta cada experiência e desafio. Cada passo, da infância à carreira profissional, foi marcado pela determinação de enfrentar o desconhecido e abraçar oportunidades. Olhando para o futuro, mantenho viva a chama dessa coragem, ciente de que novos capítulos aguardam, repletos de desafios a serem superados e conquistas a serem alcançadas. Que esta narrativa inspire outros a abraçarem suas próprias jornadas com resiliência e ousadia, pois é na coragem para seguir em frente que encontramos a verdadeira força para moldar nosso destino.

Do sonho de ser professora à Atuária...

Lara Facchini

LINKEDIN

Atuária, formada pela PUC-SP, pós-graduada em Gestão Atuarial e Financeira pela Fipecafi/USP e membro do Instituto Brasileiro de Atuária, possui mais de 35 anos de experiência no mercado segurador, dos quais 25 anos de atuação na área atuarial. Atualmente é superintendente Técnica e Atuarial da Seguros Unimed, responsável por subscrição, provisões e precificação dos segmentos Saúde, Odonto, Vida, Previdência e Ramos Elementares, além da gestão de Resseguros e Licitações. Casada, mãe de um menino lindo, adora viajar e estar com a família.

O sonho...

Sou paulistana, criada em Itaquera, na zona leste de São Paulo, filha de migrantes alagoanos. Meu pai era metalúrgico e minha mãe cuidava da casa e dos seus seis filhos. Sou uma "filha do meio", a quarta de seis irmãos e, como dizem as teorias sobre "filhos do meio", desde criança temos que nos esforçar muito mais que os "mais velhos" e os "caçulas" para sermos percebidos e particularmente creio que isto nos torna guerreiros desde criança. Confesso que ser notada era minha meta, portanto, naturalmente era comunicativa, simpática e presente. Embora nossa família não tivesse muitos recursos financeiros, tivemos uma infância feliz!

Desde muito cedo, na pré-escola, quando a professora faltava e não havia substituta, a diretora, pela minha desenvoltura, pedia para eu ficar com a sala, organizar a fila, passar atividade, levar para o lanche... E eu adorava! Já na escola, eu sempre queria ser a assistente da professora, carregar o material, distribuir atividades, passar lição na lousa... Mesmo que me custasse ter que copiar tudo novamente no caderno. Eles eram meus heróis, com poder de transformar, ensinar e nos preparar para a vida. Eu também queria fazer diferença na vida das pessoas e estava decidida, seria professora!

Focada no meu objetivo, trabalhando desde a 8.ª série, consegui pagar o Colégio Técnico em Magistério e recebi o tão sonhado diploma de professor de 1.ª à 4.ª série.

A realidade...

Algumas coisas mudaram com o tempo. Embora tenha sido delicioso aprender tanto sobre Educação Infantil, o que me ajudaria muito no futuro para a educação do meu próprio filho e na gestão de pessoas, da pré-escola até aqui haviam se passado 12 anos e, infelizmente, eu pude ver no estágio que o respeito e a valorização do professor já não eram mais os mesmos. Eles não eram vistos como heróis da forma que eu os via e, como já estava no mercado de trabalho há cinco anos, trilhando uma carreira em seguros e que estava ganhando meu coração, migrar para o magistério traria perdas salariais que eu não poderia me dar ao luxo de ter e, como dizem e concordo, quem entra no mundo de seguros dificilmente sai, e foi assim comigo também. Guardei meu sonho e me dediquei à realidade que me batia à porta.

Aprendi que precisamos estar prontos e preparados para saber e aceitar os momentos de mudanças de rota na nossa vida. E foi vivendo esta nova realidade que cheguei, depois de uma longa jornada, na Atuária.

A jornada...

Trabalhando desde os 14 anos, entrei no mercado segurador aos 16, em uma corretora de seguros, como recepcionista. A corretora não tinha grande movimento e o tempo ocioso me incomodava e me levou a buscar com o gerente algo mais que eu pudesse fazer. Ele me deu uma aula básica de subscrição e me passou um lote de cartões proposta de averbação de caminhão para subscrever. Ao final do expediente, com o movimento da recepção maior do que o normal, eu só tinha conseguido avaliar "n" cartões, não me recordo do número exato, mas, para minha surpresa, o gerente confidenciou que eu havia feito mais do que os colaboradores que só faziam aquele trabalho. E, em menos de um mês, eu estava trabalhando na área técnica, na qual viria a me desenvolver em subscrição de ramos elementares pelos próximos três anos.

Buscando novos desafios e melhor salário, no início dos anos 90, fui contratada pela Unimed Corretora, como técnica de seguros ramos elementares. Após dois anos a Corretora deixou de atuar no mercado e seus funcionários foram absorvidos pela Unimed Seguradora, onde iniciei, aos 21 anos, como chefe do setor de controle e administração de produção e é nesta empresa que tenho o prazer e a sorte de permanecer 32 anos depois.

Conhecia e fazia muito bem meu trabalho e era reconhecida por isso. Embora fizesse todos os cursos técnicos possíveis, sabia que para continuar crescendo eu precisaria fazer faculdade. Assim, aos 24 anos iniciei o curso de Administração de Empresas na UniCastelo, em Itaquera. Conseguia acompanhar grande parte das matérias, mas sofria demais com a matemática, o que era de se esperar para quem tinha feito colégio técnico em Magistério. O que para a turma era revisão eu estava vendo pela primeira vez. Nas primeiras aulas eu chegava em casa aos pranto, porque não tinha bagagem para acompanhar aquela turma e desistir não era uma opção, afinal era o meu futuro que estava em jogo. Busquei ajuda de irmãos, amigos, livros de matemática básica e fui seguindo, aos trancos e barrancos, mas acompanhando cada dia mais a turma e, ao final, fui aprovada naquele ano!

Enquanto isso, na Unimed, foi criada uma unidade especializada em Previdência e foi contratado um atuário exclusivo para aquela operação, Saulo Lacerda, meu primeiro amigo atuário! Foi ele quem despertou em mim o interesse pela ciência atuarial, me explicando sobre a profissão, cuja formação em São Paulo existia apenas na PUC (Pontifícia Universidade Católica), os desafios e as oportunidades de trabalho desse profissional tão pouco conhecido fora do mercado segurador à época.

Considerando minha base escolar na escola pública, o segundo grau técnico em Magistério e todas as dificuldades que estava tendo nas matérias de exatas do primeiro ano de Administração na UniCastelo, achava simplesmente impossível passar na renomada PUC, no curso de Ciências Atuariais, ou seja, muita matemática e estatística, e com dois outros agravantes: se conseguisse passar, o valor da mensalidade consumiria mais da metade do meu salário por no mínimo cinco anos, período regular do curso, e a distância da faculdade, que está situada em Perdizes, bairro nobre da Zona Oeste, até minha casa, no extremo da Zona Leste, consumiria com muita sorte e dando tudo certo no mínimo 1h30, ou seja, três vezes o tempo que levava da UniCastelo.

Não era uma decisão fácil, pois envolvia muitos sacrifícios: financeiros, de tempo e esforço para acompanhar as muitas matérias de exatas que viriam, mas de novo dependia só de mim e de mais ninguém. Para quem já trabalhava com seguros e buscava uma carreira profissional, este era o momento de me desafiar mais uma vez, e no final desse mesmo ano prestei o vestibular e fui aprovada para cursar Ciências Atuariais na PUC/SP.

Como havia estudado muita matemática no ano anterior, ingenuamente me sentia mais confiante e preparada, no entanto, a PUC estava em outro nível de ensino e, novamente, as revisões passaram a ser, para mim, matéria nova e mais uma vez recorri aos livros, colegas de classe, amigos e familiares.

Primeiro semestre de faculdade sofrido, mas concluído com sucesso! Segundo semestre reprovada em Matemática II, por um motivo difícil de aceitar e acreditar, porque, às 17h, no dia da prova ocorreu o sepultamento do meu pai e recebi nota zero por não ter comparecido, sem direito a fazer prova substitutiva, pois, segundo a professora, pelas regras da faculdade ela só abonaria uma ausência por falecimento do próprio aluno.

Além de toda a dor e dificuldades que o fato por si só trazia, precisei lidar com a falta de empatia e justiça. Isso me atingiu de muitas formas, fiquei com raiva do mundo, mas não podia deixar me derrubar. Mais do que nunca estava decidida a concluir aquela faculdade e daria orgulho ao meu pai.

Enquanto isso, na Seguros Unimed, a área atuarial, que era composta por um gerente, uma atuária e um estatístico que contavam também com o apoio da Ícone Consultoria, teve baixas sucessivas de colaboradores, e, antes que pudessem repor um ou outro, os três haviam saído e a área, um belo dia, acordou sem ninguém. Mas, bem ali na área vizinha, tinha uma estudante de Atuária cursando o terceiro ano e ávida por uma oportunidade.

Bingo! Em agosto de 1998, assumi o cargo de assistente atuarial sênior e passei a ser a mais nova e única colaboradora da área atuarial, por pouco tempo, é claro, logo a equipe foi reconstruída e, agora, eu fazia parte dela!

Tudo estava fluindo muito bem, já estava no quarto ano da faculdade, meu primeiro amigo atuário, Saulo, agora era meu chefe, estávamos aprendendo e entregando muito a cada dia e, para deixar tudo ainda mais especial, descobri que estava grávida. A felicidade não cabia mais em mim, transbordava.

Assim, o ano de 2000, virada do século em que muitos acreditavam que seria o fim do mundo, foi o ano de uma nova virada da minha vida. Casei, me tornei mãe de um menino lindo, fui promovida a atuária e, dos 30 alunos que ingressaram no curso de Ciências Atuariais de 1996, somente cinco conseguiram concluir no período regular de cinco anos e eu estava entre eles, assim como havia prometido quando meu pai faleceu. E tudo isso aconteceu depois de eu ter dado à luz ao meu filho em meio às provas do penúltimo semestre, e voltado à rotina normal de aulas presenciais após dois meses do seu nascimento e tirando leite no intervalo da aula para manter o estoque para o meu bebê.

Segui crescendo na carreira e, no final de 2001, assumi a Gerência Técnica e Atuarial, lugar deixado pelo Saulo que foi promovido a superintendente, até que em 2003 ele passou a superintendente executivo deixando o seu lugar vago, o que poderia se tornar uma nova oportunidade para mim. No entanto, eu sempre fui muito honesta comigo e com a empresa, por mais que houvesse aprendido muito nos últimos anos, não me sentia preparada e sabia que não tinha tamanho para ocupar a cadeira deixada por ele. E ainda, a diretoria desejava ter nesta posição um atuário "tipo 3", especializado em gestão financeira e modelos estocásticos para avaliação de riscos. Sabia que a minha experiência de três anos de formada não me qualificava para o cargo e, desejando sorte na busca, me coloquei à disposição para apoiá-los no que fosse preciso.

Logo foi iniciado um processo de contratação que finalizou com quatro candidatos, no entanto, considerando que o mercado atuarial era muito pequeno, eu conhecia os quatro, alguns inclusive tinham feito algumas matérias comigo, e sabia que eles também não eram atuários tipo 3, todos sem dúvida tinham competência e condições para tal, mas também não estavam prontos, o que me colocava no jogo novamente.

Assim, muito motivada pelo Saulo, pela equipe e por amigos voltei à diretoria e me candidatei à vaga. A resposta veio no mesmo momento, lembro como se fosse hoje: "se você é candidata, a vaga é sua!" O processo foi encerrado e a empresa preparou um programa de desenvolvimento focado em liderança e gestão, *assessment* e *coaching* para me preparar para o cargo de executiva e, quanto ao conhecimento técnico, iniciei a Pós-graduação em Gestão Atuarial e Financeira da USP e começamos a estudar modelos mais robustos e estocásticos de provisão técnica, muito apoiado pelo Prof. Antonio Westenberger, da Ícone.

Tudo que estava ao meu alcance eu fiz e, nove meses após eu ter assumido como interina, em 01/09/2004 fui promovida a superintendente Atuarial e me tornei a primeira superintendente mulher e a mais jovem da história da Seguros Unimed. Para tornar este momento ainda mais especial, depois de 15 dias representei a equipe no evento de premiação da Academia Nacional de

Seguros e Previdência (ANSP), onde vencemos com o case "IBNR sob a ótica estocástica". Estávamos chegando lá, atuários tipo 3!

Neste momento, é impossível não olhar para trás, lembrar de onde vim e aonde cheguei, lembrar das conversas com o Saulo que me abriram o mundo atuarial, dos amigos que me aconselhavam e me motivavam a buscar sempre mais, do meu marido, que nunca havia segurado uma criança no colo e ficava sozinho com o nosso filho recém-nascido para eu não perder aula, e da família técnica e atuarial que sempre me apoiou e remou junto. Impossível não dizer o quanto valeu a pena, o quanto me dediquei e o quanto tive sorte de contar com pessoas maravilhosas ao meu lado!

Mas não foi fácil! Compor o grupo de superintendentes sendo a mais jovem, única e primeira mulher no cargo, me fazer ouvir e respeitar, alisar o cabelo para parecer mais séria, lidar com a solidão que o cargo traz sem ter uma colega com quem dividir, perder horas de convivência com o meu filho por trabalhar até tarde, porque eu precisava fazer dar certo, por mim, pelo meu filho, pela minha família e por todos que acreditaram e me apoiaram!

Em outubro deste ano, 2024, completarei 20 anos na Superintendência Técnica e Atuarial e, em março, comemorei 32 anos na Seguros Unimed. Embora muitos não compreendam, são 32 anos de Seguros Unimed, mas não da mesma empresa. Durante este período, a empresa cresceu muito e se transformou diversas vezes e de muitas formas, passamos por cinco presidências e cinco diretorias diferentes e, em cada uma delas, se inicia um novo ciclo e é preciso se adaptar à estratégia e gestão, se provar novamente e criar novas relações de confiança. As mudanças regulatórias, entrada de novos ramos de produtos e o avanço tecnológico que trazem novos aprendizados e desafios.

Durante toda esta trajetória me inspirei e agi com base em frases e conselhos que recebi, em momentos distintos da vida, mas que sempre serviram de norte e me guiaram:

1 - Busque se relacionar com pessoas melhores ou iguais a você!

2 - Deus dá os sinais! Aprenda a percebê-los.

3 - Cavalo selado só passa uma vez! Ou você agarra as oportunidades e enfrenta os desafios ou as deixa passar.

4 - Beba da fonte de conhecimento e experiência que as pessoas com mais idade possuem, pode encurtar caminhos tortuosos da sua jornada.

5 - Conhecimento bom é aquele compartilhado, esteja sempre disposto a dividir o que sabe, seja colaborativo.

A Atuária mudou minha vida e minha história, abriu portas e me fez chegar em lugares em que jamais pensei estar, inclusive neste momento especial, de participar deste projeto e compartilhar com você a minha história.

Mas, e o meu sonho inicial de ser professora?

Depois de toda essa trajetória, que ainda tem muitos caminhos a serem percorridos, eu posso dizer que foi realizado de um jeito diferente. Ao longo da minha carreira, assim como fizeram comigo, eu pude contribuir para a formação de novos atuários, estatísticos, técnicos e subscritores que se lançaram ao mercado, abrindo portas e transformando a profissão que abracei.

Foi esse sonho que sempre me impulsionou lá atrás, nos anos 90, e que hoje continua a me inspirar na gestão e formação de pessoas, e, mais recentemente, como mentora. Retomando o que escrevi, assim como os professores, eu também queria fazer diferença na vida das pessoas. Eu consegui e tenho muito orgulho daquela filha do meio, cheia de simpatia, empatia e alegria. É por ela que quero, cada vez mais, contribuir para que outras mulheres também possam continuar sonhando e realizando.

"VOCÊ É SUA MELHOR APOSTA, ACREDITE EM VOCÊ!"

Transformando matemática em proteção

Leticia Doherty

LINKEDIN

Está como Diretora de Riscos & Controles Internos na CNP Seguros Holding Brasil, e ao todo são quase 30 anos de experiência em funções atuariais, trabalhando em várias áreas e segmentos, passando por consultorias, seguradoras e resseguradores. Ela também trabalhou em empresas relevantes no Brasil e no mundo: Unimed, IRB, RGA, MetLife, Generali, Prudential, Bradesco, Towers Perrin, Golden Cross e Icatu Hartford. Graduada como bacharel em Ciências Atuariais pela UFRJ; Membro do IBA; pós-graduada em Seguros e Gestão Estratégica pela UVA; pós-graduanda em ESG pela Faculdade Unimed, e com várias certificações de dentro e fora do país. Esteve como diretora do IBA por seis anos, como presidente por quatro, e está como membro do Comitê LATAM da Society of Actuaries (SOA).

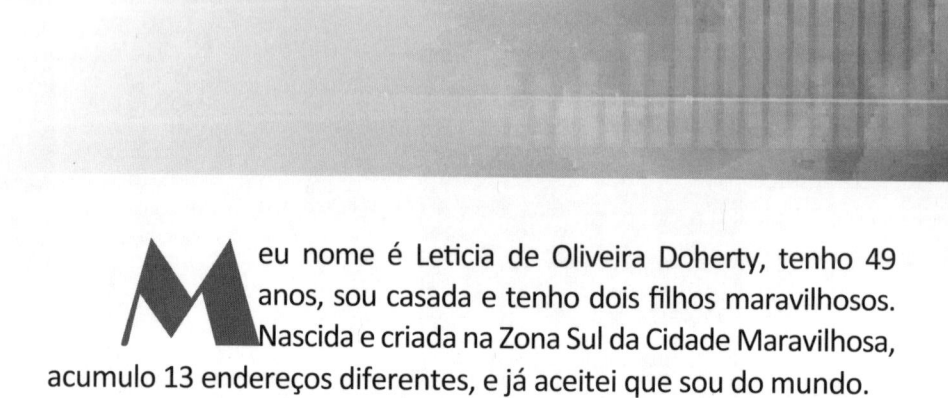

Meu nome é Leticia de Oliveira Doherty, tenho 49 anos, sou casada e tenho dois filhos maravilhosos. Nascida e criada na Zona Sul da Cidade Maravilhosa, acumulo 13 endereços diferentes, e já aceitei que sou do mundo.

A terceira de quatro filhos, tenho um casal de irmãos mais velhos e uma irmã mais nova. Tinha exemplos a seguir com os mais velhos, e alguém para proteger e ensinar, em se tratando da mais nova. Mas, com o tempo, entendi que estamos juntos nessa jornada para ensinar e aprender com cada um, independentemente da idade.

Da infância à determinação

Como bisneta, neta, filha e irmã sempre fui muito amada e busco eternizar o legado dos meus entes queridos trazendo suas memórias, histórias e vivências para meu marido e filhos, nas conversas de família.

Sobre religião, minha família estava dividida entre a católica e a espírita, mas é na católica que me sinto mais completa e em paz. Adoro as missas de domingo e as opções carismáticas são as que melhor se encaixam no meu eu, que adora dançar e cantar.

O estudo e a atividade física sempre estiveram presentes na minha vida. Aos cinco anos, eu mesma me inscrevi na Ginástica

Olímpica (nome antigo da modalidade Ginástica Artística), sendo minha mãe informada apenas no dia do pagamento da primeira mensalidade. Sim, essa era e sou eu.

Ainda na infância, apareceu o sonho de ser professora de matemática, única matéria que eu não precisava estudar. E, de vez em quando, transformava meu quarto numa sala de aula, compartilhando meus humildes conhecimentos de matemática e de inglês com meus amigos do condomínio.

Calma, eu também brincava de boneca, subia em árvore, andava de bicicleta e de patins. Uma infância divertida e, posso até dizer, rica. Até o dia que meu pai sofreu um acidente de carro e veio a falecer. Eu só tinha 11 anos, mas posso garantir que tenho muito dele em mim, até os dias de hoje.

O divisor de águas

Certamente, essa tragédia foi um divisor de águas na minha vida. Daí para frente, os estudos tomaram uma relevância absurda no meu dia a dia e passei a ter preocupações de adulto. Os problemas financeiros foram superados com o apoio da família, pois meu pai não teve a chance de entender mais sobre seguro de vida, quando se é o mantenedor de uma família. Já os problemas psicológicos precisaram de terapia, e foram relativamente resolvidos. De vez em quando aparece uma ponta solta, mas meu terapeuta me ajuda a ajustar.

Minha avó paterna ajudou a segurar essa barra, e se manteve uma fortaleza, mesmo tendo perdido um filho. Ela era uma avó à frente dos tempos, contadora quando todas as avós eram professoras ou do lar. Foi exigente e acompanhou minhas madrugadas de estudo. O trauma me fez uma mulher forte, resiliente e com a missão de fazer essa existência dar certo.

A jornada universitária

Passei para todas as faculdades públicas nas quais prestei vestibular e acabei escolhendo a UFRJ (Universidade Federal do Rio de Janeiro) e o curso de Bacharelado em Matemática.

Nessa época, eu já tinha pessoas próximas falando sobre a Atuária, mas preferi seguir o meu sonho. Mais ou menos no meio da faculdade, um professor incrível, que deixou este plano de forma prematura, ao me ver ministrando uma aula de monitoria de estatística, me convenceu a fazer uma disciplina eletiva de Atuária para eu entender melhor sobre ela e decidir se queria mesmo ser professora de matemática. Viu potencial para eu ser mais, dada a situação difícil dos professores no nosso país.

Por essas coincidências da vida, ele acabou sendo o professor da disciplina escolhida, no período seguinte, e foi paixão à primeira vista. Tive amigos que já estavam cursando Atuária desde o início, que também me incentivaram a dar esse passo e, por fim, mudar de curso.

Logo no início, entendi que passaria a vida explicando minha formação, mas da mesma forma que buscava trazer a magia da matemática para a vida dos meus amigos, só teria que me esforçar um pouco mais para que entendessem minha nova escolha.

Uma vez de curso alterado, era chegada a hora de me esmerar na Ciência Atuarial, como a base estatística do bacharelado em matemática era bem robusta, o caminho até a formatura se mostrara mais tranquilo.

A busca pelo estágio foi da forma tradicional para a época, como diziam os mais experientes, através de muita sola de sapato gasta, ou seja, caminhando muito, de empresa em empresa. Uma pausa para as novas gerações, uma vez que atualmente os currículos são enviados por e-mail ou cadastrados nos sites corporativos. Logo, é importante mencionar que entregávamos currículos indo, de forma presencial, a cada empresa. Sei que parece estranho, mas era assim.

Ah, e a parte estranha continua, pois para conhecermos os endereços das empresas tínhamos que entrar na portaria de cada prédio comercial, ler o nome das empresas no painel dos andares e descobrir se ali tinha alguma com potencial para empregar atuários.

Lembro-me, como se fosse hoje, que as entregas de currículos ocorreram ao longo de quase dois meses, sem pensar muito para qual empresa estava aplicando. O importante era conseguir um estágio para aprender a aplicar a Atuária na prática, no dia a dia de uma seguradora, de um ressegurador, de um banco ou qualquer outra empresa que estivesse disposta a investir tempo e dinheiro numa jovem estudante.

Então, na bela manhã ensolarada, do dia 12 de março de 1996, dia do meu 21º aniversário, comentei com minha mãe que estava cansada, com preguiça de entregar currículos e que estava com vontade de passar aquele dia em casa. Então, a conversa tomou um rumo meio mandatório, do tipo: "Filha, quem quer, tem que fazer acontecer. Não adianta ficar descansando, enquanto você ainda não tem um estágio. Deixa para descansar quando sua meta for atingida. Coloque uma boa roupa e vá seguir seu objetivo".

O Início na Atuária

Através de uma notícia de que uma seguradora multinacional estaria chegando no Rio de Janeiro, decidi seguir o conselho materno e fui entregar mais alguns currículos. No dia seguinte, fui chamada para o tal processo seletivo, e no dia 1º de abril de 1996 comecei a escrever minha história na Atuária do Brasil.

Minha trajetória foi sendo trilhada pouco a pouco, entre empresas locais e multinacionais. Muito aprendizado, muita troca. Líderes incríveis e colegas de trabalho inesquecíveis, a maioria dos quais se tornou amigo pessoal. Tenho sido muito grata pelas oportunidades ao longo da minha carreira, principalmente, por ter passado por diversas áreas do Atuarial, nos mercados de Seguros, Resseguros e Consultivos. Navegando nos segmentos de Vida, Previdência, Saúde, Odonto, Ramos Elementares e, mais recentemente, de Habitacional. Sempre muito feliz na área atuarial e, agora, seguindo feliz na área de riscos e controles internos.

Em meio a tudo isso, eu tenho uma vida paralela de voluntariado pela profissão. Ser membro do Instituto Brasileiro de Atuária (IBA) não era suficiente para quem queria fazer mais pela área. Logo, me candidatei para ser membro da diretoria do IBA e, não só fui eleita, como permaneci dez anos por lá, sendo os últimos quatro como presidente. Foi incrível acompanhar a evolução do instituto, de dentro, e poder liderar um time de voluntários a cada ano mais imbuído do espírito de tornar a Ciência Atuarial relevante no nosso país.

Outro voluntariado, que trago com carinho na minha experiência de vida, é ser membro do Comitê da América Latina da Society of Actuaries (SOA). Estar próxima desta entidade, gigante por natureza, e proporcionar conexões internacionais para nossos atuários brasileiros aquece o coração.

Ainda no contexto atuarial, participar das inúmeras comissões do mercado complementou e muito minha experiência, me trazendo uma característica multidisciplinar de atuação no nosso mercado.

O Propósito Realizado

Em abril de 2024, completei 28 anos nesse mercado apaixonante, e tenho orgulho de dizer que em todas as minhas posições eu conseguia enxergar que estava transformando a matemática em proteção. E, de alguma forma, pela facilidade que tenho de explicar sobre o tema, virei uma espécie de professora dentro das empresas. Até a metade da carreira de gestora, com foco na técnica atuarial em si, e após alguns *assessments* realizados por psicólogos de alto padrão, através de diversos métodos e teorias, me especializei em pessoas e me tornei uma atuária de pessoas, habilidade que sigo aprimorando.

Ser gestora me trouxe muitas alegrias e inúmeros desafios. Dividir para multiplicar e a arte de delegar para desenvolver pessoas e a si mesmo. Tive grandes mentores nesses ensinamentos e busquei aprimorar minhas técnicas com leituras e mentorias. Meus pupilos se mostraram e se mostram profissionais diferenciados e com grande potencial. E o mais importante, com capacidade de se tornarem gestores do bem, sem contar aqueles que já se tornaram.

Bom, mas não cheguei aonde cheguei sozinha. Devo muito à minha rede de apoio, começando pela minha mãe, que foi incondicional nessa tarefa, pois não tinha tempo ruim, ainda na vida de solteira, e depois na vida de casada e com filhos. Minhas irmãs e meus sogros também fizeram a diferença. E o mais paciente e apoiador da minha carreira e das minhas idas e vindas, entre países e empregos, é ele, meu marido. Foi ele, inclusive, que deu nome ao meu propósito de vida, quando intrigado, buscava o motivo de eu trabalhar feliz, mesmo no limite da exaustão, o que explico abaixo.

Como profunda conhecedora do *gap* de proteção que temos no nosso país, no que tange à aquisição de seguros pelas famílias, trabalhar como atuária, direta ou indiretamente, impacta de forma positiva a vida do cliente final, não importando, no meu ponto de vista, a posição ocupada ou o tipo de trabalho feito. Logo, a felicidade vem do fato de que meu trabalho, no final das contas, ajuda a proteger famílias do infortúnio ocorrido com a minha. É como se eu estivesse devolvendo para a sociedade o dom que me foi dado por Deus. Antes de entender meu propósito de vida, eu já estava nessa missão de forma inconsciente.

Se eu pudesse confessar uma coisa e dar um conselho, seriam os seguintes:

a) confesso que dediquei a maior parte da minha vida, até aqui, ao trabalho. Não faltava a eventos familiares, mas chegava em cima da hora, "balançando as tranças", como diz minha mãe, tentando trazer um pouco de humor para o meu corre-corre. Ainda busco, mas não consegui encontrar o equilíbrio entre vida profissional e vida pessoal, dificilmente relaxo, pois estou sempre buscando uma tarefa para fazer; e

b) aconselho o cuidado com a saúde mental. Cuido com carinho da minha, para evitar os males deste século. Meditação, respiração e terapia me ajudam demais a manter a calma e a seguir firme e forte na missão de fazer esta existência dar certo.

Por fim, eu não poderia terminar sem agradecer a oportunidade que a Série Mulheres® está oferecendo para mim e para minhas colegas e amigas de profissão. Certamente, estou diante de uma situação ímpar, que representa mais uma forma de espalhar o meu legado e a importância do seguro na vida das famílias brasileiras.

Use a sua calça jeans!

Luciana Bastos

LINKEDIN

Graduada em Ciências Atuariais pela UFRJ e em Administração de Empresas pela UFF, com 24 anos de experiência no mercado de seguros de pessoas e fundos de pensão. Membro do Instituto Brasileiro de Atuária, foi eleita ao cargo de diretora por cinco mandatos consecutivos, sendo um na posição de presidente. Diretora da Icatu Seguros, com passagens pelas áreas de previdência aberta e fechada, atuarial e seguros de vida. Presidente do Conselho Deliberativo do Icatu Fundo Multipatrocinado. Entusiasta em trabalhar pelo propósito social em que a profissão do atuário está inserida, com a missão de levar proteção financeira a milhares de brasileiros, democratizando o acesso e trazendo dignidade nos diferentes momentos da vida.

Minha maior inspiração e exemplo de resiliência sempre foi minha mãe. Ela era professora do Estado e meu pai médico perito federal, ambos funcionários públicos. Como muitos da minha geração, cresci ouvindo que ser funcionário público deveria ser minha escolha pela estabilidade financeira que teria na vida, além de um emprego fixo e com o benefício da aposentadoria integral. Sempre fui estimulada a ter minha independência financeira e a não depender de ninguém para me sustentar. Minha mãe, filha de pai português, a quem devo minha cidadania, foi uma mulher disruptiva. Na sua família, mulher não trabalhava e caso optasse pela formação de nível superior deveria ser pelo curso normal, que formava professores. Além disso, naquela época, mulher não podia usar calça jeans, pois era considerada vulgar. Dentre 15 netos, a minha mãe, que era uma das mais novas, foi a primeira a se formar no curso superior normal e também a primeira a usar calça jeans, sendo elogiada pelo seu avô, quando todos esperavam que ela teria alguma punição ao tamanho desrespeito. O que aconteceu com ela, no ano de 1965, tem muitos adjetivos na vida atual, como inovação, disrupção, resiliência, protagonismo, liderança funcional, além de uma lista infinita de palavras e expressões da moda. A grande verdade é que nossa história é escrita e definida a partir das nossas atitudes e não dos planos que foram colocados de lado e que viraram um grande muro de lamentação na narrativa de muitos.

Estudar em uma faculdade pública foi uma condição imposta pelos meus pais desde que eu tinha 16 anos, e de preferência na UFF (Universidade Federal Fluminense), que tinha sido onde ambos se formaram e também por ser em Niterói, onde nós morávamos. Na estrada da minha criação existiam muitos padrões que eu deveria seguir. Nossas férias de janeiro sempre foram em Guarapari, no Espírito Santo, onde minha família tinha casa e nosso meio de locomoção sempre foi o carro. Às vezes me questiono se o fato ter tido uma vida tão binária me fez ter na matemática uma zona de conforto, algo que me trazia familiaridade. Padrões de "0" e "1", ocultos em tantas coisas do dia a dia e que são desconhecidos por muitos, mas para mim não era. Quando minha mãe já tinha planos de se separar do meu pai, por ter uma situação financeira inferior, cada centavo contava para a compra de um apartamento menor, porém no mesmo bairro em que fui nascida e criada, em Icaraí. Planejamento muito bem-sucedido!

Como aterrissei no curso de Ciências "o quê"? A tua área?

Ser aprovada no vestibular de Ciências Atuariais na UFRJ (Universidade Federal do Rio de Janeiro) foi algo não planejado. Era a minha segunda opção por influência de um amigo de colégio que falou para marcar no papel de inscrição – a primeira opção era Informática. Passei para todas faculdades em que prestei vestibular, tendo me candidatado em algumas universidades para Informática e em outras para Administração. Na época, acompanhávamos as nossas aprovações através de jornal impresso e algumas pessoas faziam fila na banca de jornal às 6 horas da manhã ansiosas pelo resultado! Algum dia, no final do ano de 1995, uma amiga me ligou dizendo: "Lu, você passou para aquele curso de nome esquisito em quarto lugar e são apenas 20 vagas. Parabéns!". O desconhecido gera insegurança e medo, mas Deus escreve certo por linhas tortas. Não existia uma ferramenta de busca para digitar "Ciências Atuariais" de tal forma a descobrir se era de comer ou de passar no cabelo! Tampouco era usual ter computador em casa! Minha mãe, parceira da vida, começou a ligar para amigas que eram casadas com pessoas que tinham algum envolvimento com a área de exatas, principalmente dentro de universidades. Em algumas semanas comecei a receber recortes de jornais, impressos técnicos do IBA (Instituto Brasileiro de Atuária), do qual anos depois me tornei membro e parte da Diretoria por dez anos, sendo que um dos mandatos de dois anos foi como presidente.

Decisões conscientes

Decisão tomada! Me inscrevi e cursei duas universidades federais. Meus pais me exigiram um e entreguei dois diplomas. Cursei concomitantemente Administração na UFF e Ciências Atuariais na UFRJ. Já se passaram 28 anos desta tomada de decisão, em que enfrentei momentos de alegria, descobertas, medo, novas amizades fora de Niterói que duram até hoje, tendo inclusive o prazer de compartilhar o espaço aqui com algumas dessas amigas.

A todo momento precisamos ter a consciência de que tomamos decisões, sejam elas complexas ou simples e em um contexto de mundo em constante movimento. Verdades absolutas se tornam obsoletas em uma curva exponencial invertida. Estar aberto a revisitar as nossas crenças que são formadas a partir da nossa criação, ambiente, relações e nossas próprias características genéticas nos faz estar um passo à frente em qualquer ramo de atuação. O conceito de *life long learning* está em alta, mas sempre existiu. Precisamos ter uma postura humilde para estar sempre abertos a novos aprendizados e praticar a escuta ativa.

No primeiro ano da faculdade de Atuária, eu estava decidida a trancar o curso. Não conseguia me encaixar no contexto de nada que eu encontrei na UFRJ. Uma carona aleatória que peguei com uma diretora da COPPEAD e uma ponte Rio-Niterói engarrafada me fizeram mudar de ideia. Naquele mesmo dia, tinha tentado protocolar o pedido de trancamento de matrícula e a secretaria da Matemática tinha fechado antes do horário normal. Destino? Deus? Alinhamento de planetas? Algumas pessoas entram e saem de nossas vidas como anjos e até hoje me lembro das palavras dela naquela ponte em que o trânsito não andava: "Você irá fazer a maior besteira da sua vida se desistir e estará escolhendo o caminho mais fácil, que é ficar perto de casa em um curso que não deverá te desafiar tanto".

Carreira

Ao longo da minha carreira me cerquei de pessoas fora da minha área de atuação. Acredito muito na complementariedade que advém da diversidade. As pessoas de exatas tendem a se juntar com pessoas de exatas por uma questão de pensamento lógico e prático, mas as competências relacionais têm se mostrado cada vez mais valorizadas no ambiente profissional, seja ele empresarial ou acadêmico. Essa compreensão eu obtive a partir do curso de Administração, que me trouxe competências relacionais em função da necessidade de participação em debates, trabalhos em grupo e aulas que me obrigavam a refletir.

Certamente, as escolhas que me guiaram até os dias de hoje derivam do fato de estar sempre aberta a conhecer o desconhecido. Desde que participei de um programa de *coach* pude compreender o significado de tomar a carreira nas mãos. Não existe outro responsável, a não ser nós, pelo rumo que damos na vida, seja ele pessoal ou profissional. Tenho o hábito de dizer que a empresa é um CNPJ e que sem pessoas é um prédio vazio. A prática do diálogo sincero e acolhedor com pessoas é um exercício diário e mandar e-mail/WhatsApp/chat não garante a comunicação. Nada substitui o diálogo e os nós não precisam ser desatados de uma única vez. É preciso respirar e dormir uma noite em cima de uma situação problema.

Comecei minha carreira como estagiária na Generali Seguros, onde amava aprender a teoria na aula de matemática atuarial do professor Montello e no mesmo dia ver a formulação técnica de um produto no Excel com suas diversas macros. Poderia ficar horas olhando para as planilhas e não via o tempo passar investigando todas as "predecessões" das fórmulas com o caderno aberto. Se a sensação é boa, então o caminho parece estar certo!

A notícia de que a empresa iria para São Paulo me deixou sem chão e a minha coordenadora orientou que procurasse outras oportunidades para não ficar sem estágio. Foi então que entrei para a Towers Perrin, atual Willis Towers Watson, onde cinco anos pareceram dez devido à intensidade demandada nos períodos que chamavam de "alta" na execução das avaliações atuariais para fundos de pensão. Uma experiência enriquecedora, principalmente devido às pessoas acolhedoras que ali encontrei com elevado nível de conhecimento técnico e amizades que trago comigo até hoje.

Fui efetivada na Towers aos 21 anos, logo que me formei em Ciências Atuariais. Guardo com muito carinho a mensagem que o saudoso professor e depois de alguns anos colega de diretoria do IBA, Ricardo Frishtack, trouxe em seu discurso no dia da nossa colação: "Amigos atuários, nunca se esqueçam que por trás dos números existem pessoas". Naquela mesma época, quando recebi meu primeiro salário de atuária, iniciei a minha previdência privada em uma seguradora pela qual eu já tinha simpatia, a Icatu Seguros.

Após quatro anos, comecei a ter sentimentos mistos, pois passei a ter vontade de conhecer outras coisas. Mas por outro lado, não entendia aquele sentimento, dado que eu gostava muito do que fazia e, principalmente, com quem fazia. Uma vez que não entendia, fui atrás de entender e comecei a me candidatar a vagas que apareciam. Talvez precisasse me conectar com outras realidades. Talvez apenas passar por um processo seleção poderia me ajudar a entender que ali onde estava era mesmo o meu lugar. Sempre fui uma pessoa inquieta e com o tempo aprendi a acreditar no meu instinto

Como quem procura acha, encontrei a minha segunda casa, que é a Icatu Seguros, onde trabalho há 21 anos e atualmente ocupo a posição de diretora de Produtos de Vida. Fui promovida a diretora quando estava grávida de oito meses da minha filha que atualmente tem seis anos! Ao longo dessas duas décadas, tive a oportunidade de viver diversas empresas dentro de uma. E tenho certeza que esse dinamismo inerente ao mercado segurador, aliado ao propósito social da previdência, seja ela aberta ou fechada e do seguro de vida me movem no dia a dia.

A mulher, mãe e esposa

Faço parte dessa estatística de mulheres que ocupam cargos de liderança no mercado segurador. Segundo o 4º Estudo Mulheres no Mercado de Seguros no Brasil, em 2012, a proporção de homens em relação a mulheres em cargos executivos era de 4 para 1 e dez anos depois caiu para quase a metade (2,2 para 1). Apesar de entender que ainda existe muita desigualdade de gênero, sou fã da meritocracia. As mulheres precisam acreditar e contar para as pessoas o seu repertório, que vem guiado por uma narrativa consistente. A força interior está dentro de cada um de nós e não existe quem tem mais ou menos. E, sim, aquele que não quer expô-la ao mundo.

Gosto de frases como: "o não eu já tenho"; "se não tentarmos, nunca vamos saber se dará certo"; "o ótimo é inimigo do bom".

Falo para meus filhos, Gabriel (15 anos) e Juliana (seis anos), que acredito muito na evolução da espécie. E toda vez que eles me ensinam algo que não sei fico feliz, porque vejo a minha crença na prática. Quando amigos e familiares comentam que algum deles agiu ou disse algo igual a mim, penso que em mangueira só dá manga! Nunca me senti culpada de trabalhar o dia inteiro fora, não sofri na volta das duas licenças-maternidade e gosto do exemplo que trago para eles. Aprendi que quantidade não é qualidade. Meu marido, Eduardo, por sua vez, amante de esportes outdoor, triatleta amador, me inspira a sair do mundo binário que é onde encontro meu refúgio. Ele costuma dizer que eu penso de trás para frente e um dia vou entender o que isso significa, mas deve ser bom ou no mínimo autêntico.

Minha mãe nunca irá saber o que teria acontecido se não tivesse vestido a calça jeans, mas acredito que a sua coragem e atitude inspiraram as mulheres da sua família, tendo a certeza de que esse acontecimento, tão usual nos dias de hoje, deve seguir inspirando gerações da nossa família. Usar a calça jeans é soltar a força interior que reside dentro de cada uma de nós!

Uma carreira internacional

Luisa Simão Nicolas

LINKEDIN

Profissional de recursos humanos com mais de 20 anos de experiência internacional em quatro países, trabalhando com empresas multinacionais no desenvolvimento e gestão de políticas e serviços de recursos humanos a nível global, incluindo remuneração e benefícios, fusões e aquisições, mobilidade internacional e planos de compra de ações. Atuária de formação pela Universidade Federal do Rio de Janeiro (UFRJ), e pós-graduada em Finanças pela Fundação Getulio Vargas (FGV), é atualmente baseada em Paris e trabalhou anteriormente em Nova Iorque, Vancouver e Rio de Janeiro.

A ideia

A ideia de construir uma carreira internacional vem da minha vontade de viajar o mundo, de conhecer novos lugares, países e culturas. Eu nunca tive muito dinheiro para viagens, então essa curiosidade de conhecer e descobrir o mundo cresceu inconscientemente em mim. Eu não tinha imaginado que seria possível para mim ter uma carreira internacional.

A primeira vez que me conscientizei que tinha essa possibilidade foi em 1998, durante uma entrevista para uma multinacional. O diretor que estava me entrevistando era canadense. Os representantes da empresa já tinham me falado de um programa de intercâmbio em que, a cada ano, um funcionário era enviado para o exterior para uma experiência de trabalho de quatro meses. Na entrevista, eu fiz a clássica pergunta sobre as perspectivas de evolução de carreira na empresa. A resposta que ele me deu ficou gravada em mim. Ele falou que minha carreira não tinha limites, que poderia construí-la como eu achasse melhor.

Os meus pais tinham uma butique e eu cresci com a lógica de empreendedor. É o seu trabalho que faz o resultado. A atitude empreendedora é importante na carreira internacional, na qual vida profissional e pessoal se misturam em um investimento intenso, que propicia oportunidades extraordinárias.

A entrevista

Já era a terceira vez que eu fazia entrevista nessa mesma empresa. A vida tem decepções, mas às vezes faz parte do sucesso ou de um caminho de construção. A primeira vez foi para uma vaga de estágio bastante concorrida.

Entretanto, eu não fui selecionada para essa vaga. Foi uma grande decepção, mas eles gostaram da minha participação, e disseram que, caso houvesse uma nova oportunidade, entrariam em contato. Dois anos depois, e em seguida um ano e meio depois, me contataram. E foi na terceira ocasião que eu tive a conversa sobre a experiência internacional.

A empresa multinacional

Eu já entrei com o objetivo de participar do intercâmbio internacional. Mas, como quase todo mundo gostaria de ter essa oportunidade, a minha forma de me destacar foi superar os objetivos. No início, eu não tinha muita noção do que era melhor, porém com o tempo fui compreendendo o que era esperado. Eu tenho sede de aprender, de sentir que me desenvolvi de um ano para o outro. Tem uma frase de José Saramago que diz: "Não te permitas nunca ser menos do que aquilo que és". Eu ainda estou me tornando o que sou. Não foi fácil, nem rápido, contudo, a oportunidade chegou.

A preparação

Muitos estrangeiros vinham trabalhar no escritório; alguns por quatro meses e outros durante dois ou três anos. Conhecê-los era uma forma de compreender melhor a cultura, a maneira de agir, falar e pensar. Fiz amizades que tenho até hoje. Uma das maiores dificuldades quando você está em um país que não é o seu é de refazer o círculo de amizades.

No ano de 2003, um canadense do escritório de Vancouver veio fazer o intercâmbio no Rio de Janeiro. Tive sorte porque já haviam outros canadenses trabalhando no escritório que se tornaram meus amigos. Assim, organizamos saídas no fim de semana, com outros amigos e colegas de trabalho. Nesse meio-tempo, fui selecionada para o intercâmbio em Vancouver. Então eu já sabia um pouco o que esperar.

Vancouver

As pessoas foram muito generosas comigo em Vancouver. É uma das melhores cidades para se viver no mundo. Pude passar fins de semana com as famílias de colegas: um cujos pais tinham uma cabana em uma vila de pescadores; outro com quem tive um momento inesquecível remando de caiaque no mar ao lado de uma foca. Aprendi a fazer uma panqueca com mirtilos deliciosa. Esses exemplos ilustram a gratificação pessoal que a experiência internacional pode proporcionar.

O trabalho abriu novas perspectivas. Os sistemas utilizados pela empresa eram os mesmos no mundo todo, e a base matemática da Atuária é a mesma. Foi uma grande descoberta, porque me senti operacional e útil, mas com um mundo de coisas novas para aprender.

No início eu tentava fazer uma correlação com as coisas que eu já tinha visto, até que compreendi que precisava conceber um novo parâmetro. Acho que essa necessidade de criar um novo parâmetro foi o mais difícil, mas também o mais enriquecedor.

As conexões que tinha feito com as pessoas me ajudaram bastante, mas outras coisas também foram importantes na integração. O meu namorado na época, atual marido, foi para Vancouver nas férias. Ele é um excelente cozinheiro, e teve a ideia de fazer uma feijoada e convidar todo o pessoal do escritório. A feijoada carioca foi adaptada com peperoni, mas ficou ótima, teve laranja, couve e caipirinha também. Quando você chega em um lugar novo, é você que precisa se abrir para buscar e conhecer as pessoas.

Volta ao Brasil

Quando voltei para o Brasil, fiquei desapontada, porque eu tinha adorado a sensação de estar em um país que não é o meu, e ter essa experiência de aprender o tempo todo. O fato de estar em outro país faz com que você aprenda de forma ininterrupta e isso é sensacional.

Desde o retorno, comecei a discutir com a minha supervisora a possibilidade de uma transferência internacional definitiva. Ela me respondeu que eu tinha acabado de voltar de uma experiência no exterior, e que teria que esperar.

New York, New York

Alguns anos depois, em 2007, depois de muita persistência, tive a oportunidade de participar de um processo de seleção para uma transferência internacional. Quando a gente continua insistindo, e continua procurando novas soluções, uma hora acontece. Minha forma de insistir era acompanhada dos melhores resultados possíveis. Assim, tive uma recomendação do presidente da empresa no Brasil, e a oportunidade de escolher entre Nova Iorque, Chicago e São Francisco.

A chegada em Nova Iorque foi o início de uma nova vida. Os quatro primeiros meses foram difíceis, porque o meu marido ainda não tinha a autorização de trabalho. Mas, no dia em que a recebeu, ele já tinha uma entrevista marcada na qual obteve uma proposta de trabalho.

Um ritmo diferente se impôs. Em Nova Iorque, a concorrência é enorme e ao mesmo tempo rica. Um e-mail enviado deve ser respondido no mesmo dia. Cada questão deve ser tratada com uma abordagem racional e técnica, uma resposta incompleta não é aceitável. Aprendi a trabalhar de forma diferente, mais direta, e expandi a minha área de atuação a um nível global.

Trabalhava em uma equipe internacional com colegas da Irlanda, Escócia, Inglaterra, Canadá, Holanda, Austrália, Filipinas, Índia, Malásia e Japão. O ritmo de trabalho é intenso e não tem esse conceito de férias desconectadas. Os meus cinco anos em Nova Iorque estão entre os melhores da minha vida, eu adorei e me identifiquei muito com a cidade e o modo de vida.

Estabelecemo-nos nos Estados Unidos e estávamos muito felizes. Minha filha nasceu em 2010 e isso mudou a nossa vida. Negociei uma licença-maternidade sem vencimentos, porque a licença legal é só de algumas semanas. A minha filha foi para a creche com sete meses, quando voltei a trabalhar. Ela aprendia inglês na creche e português em casa.

Apesar dos anos complicados com a crise financeira de 2008, com os consequentes impactos na economia e na taxa de desemprego, estávamos estabilizados nos respectivos trabalhos e com boas perspectivas de evolução de carreira.

Porém, uma questão me preocupava. Minha mãe quase não pôde viajar para acompanhar o nascimento da minha filha por causa de problemas com o visto. Depois do nascimento, essa preocupação aumentou. Juntou-se a isso a entrada na fase de terceira idade da minha mãe. Eu tive um irmão que infelizmente não faz mais parte deste mundo, e o meu pai faleceu ainda quando eu era adolescente. Então, ficamos só eu e ela da família na qual eu cresci. Uma internação de emergência no Brasil foi como um eletrochoque. Se existe alguma coisa que você não se perdoaria caso acontecesse, e que você tem a opção de mudá-la, então...

A mudança para Paris

Em 2012, já chegando em Paris de mudança, fomos em

uma loja de pronta entrega de móveis muito conhecida na Europa e nos Estados Unidos. Na hora de passar no caixa, falamos que havíamos acabado de nos mudar de Nova Iorque para Paris. A atendente nos olhou espantadíssima e disse: "Vocês decidiram sair de Nova Iorque? Para viver em Paris?" Naquele momento não entendemos muito bem a reação dela, mas com o tempo tudo fez sentido...

Alguns anos antes, ainda nos Estados Unidos, tínhamos feito uma viagem como turistas a Paris. O charme da cidade, a história, a arquitetura, a língua, a gastronomia me deixaram encantada, e eu disse para mim mesma naquela época (e para o meu marido) que, um dia, ainda iria morar em Paris.

Eu não queria voltar para o Brasil, porque já tinha tido a experiência de desapontamento na volta do Canadá. Como o meu pai era português, tenho a dupla nacionalidade, brasileira e portuguesa, então trabalhar na Europa era uma possibilidade.

Quando comecei a procurar emprego na Europa, a condição do meu marido era que os dois pudessem achar trabalho; ele não deixaria o dele uma segunda vez para me acompanhar. Então, precisavam ser centros financeiros europeus. Comecei por Londres, na Inglaterra, pela facilidade da língua, mas ele vetou pelo mau tempo (ou simplesmente pela falta de vontade de mudar), e em seguida Genebra, na Suíça, pelos altos salários e baixos impostos (mesmo com elevado custo de vida).

Foi quando apareceu uma oportunidade de trasferência interna para Paris, na França. Como o meu marido já trabalhava em um banco francês nos Estados Unidos, pareceu ser a oportunidade ideal. Viemos de Nova Iorque para Paris, os dois transferidos, cada um pelo seu empregador.

Tudo parecia ótimo no papel, mas o meu erro foi subestimar a dificuldade da língua. Eu já tinha passado por dois países, então pensei que o terceiro seria mais fácil. Não foi. Ainda mais, fui promovida em Nova Iorque depois de ter recebido a proposta de Paris, e o escritório de Paris se recusou a rever a oferta para considerar a minha promoção. Como todas as estrelas já tinham se alinhado para o que parecia no início impossível – uma transferência internacional simultânea – eu decidi abandonar a minha promoção em Nova Iorque.

Lembro-me de estar atravessando a rua Saint Didier no Trocadéro em Paris, em maio de 2012, de volta à nossa primeira residência temporária que ocupávamos há duas semanas. A minha filha, que tinha dois anos e meio na época, perguntou: "Mamãe, estou gostando muito daqui, mas quando voltamos para casa?" E como eu ia explicar que não tínhamos mais casa?

Os nossos móveis estavam vindo de navio e iriam demorar para chegar. Os itens mais importantes tinham vindo no avião, mas a nossa casa como ela conheceu desde o seu nascimento não existia mais. Eu fiz um *scrapbook* com fotos, sobre o porquê da mudança, e recontei a história para ela. Mas a sensação de desenraizamento ficou latente porque, anos depois, quando ela tinha cinco anos e nos mudamos de apartamento, ela me perguntou: "Mamãe, eu posso viver aqui para o resto da minha vida?" Eu respondi que sim, "porque esse apartamento é próprio, mas acho que você não vai querer isso daqui a alguns anos".

No trabalho, desde o início havia uma pressão enorme para que eu aprendesse francês o mais rápido possível. Os franceses em geral não gostam de falar inglês e, fora do circuito turístico, a língua francesa é fundamental.

Um exame médico de admissão é obrigatório na França, então fui ver o médico do trabalho. Como eu não tinha ainda vocabulário suficiente, perguntei se poderia responder às perguntas em inglês. O médico respondeu: "*Vous êtes en France, vous parlez français*", o que significa "você está na França, você fala francês". Até hoje não sei bem o que respondi, mas o médico colocou um ponto de exclamação vermelho no meu dossiê...

Mais um exemplo dessa fase de adaptação difícil foi a

transferência da minha carteira de motorista. Tive que ir sete vezes à prefeitura para conseguir renová-la. Mesmo tendo me cerficicado que tinha todos os itens listados, a cada vez novos documentos eram solicitados. Enfim, consegui, quase no vencimento do prazo de um ano para transfêrencia.

A vida na França

Com o tempo, você acaba ficando mais confortável, porque, mesmo que a experiência o tire da sua zona de conforto, depois de um certo período de adaptação, a vivência o faz progredir e criar conforto em uma nova área. Citando Albert Einstein, *"we have to learn to think in a new way"*. Você precisa evoluir, se adaptar. As coisas melhoraram depois de três anos. Hoje, adoro viver aqui.

Após muitos anos na mesma empresa, comecei a pensar em mudar. Não pretendia ir para um outro país, e mesmo tendo recuperado a minha promoção, a ideia de expandir os horizontes foi ficando mais forte. Mudei de empresa duas vezes aqui na França, mas o último processo foi o mais interessante.

Em 2018, eu estava em férias no Brasil e recebi uma mensagem no LinkedIn de uma *headhunder*. Era para uma oportunidade em uma das maiores multinacionais da França, mas não necessariamente na minha área de especialidade. Ainda assim aceitei participar, porque a oportunidade valia a pena. Depois de várias entrevistas com executivos da empresa e um *case study*, a resposta foi negativa. Fiquei decepcionada. Mas uma das pessoas que encontrei nas entrevistas havia trabalhado com alguém da minha empresa atual, e indicou o meu perfil. Em duas semanas, fiz entrevistas e recebi uma proposta.

A carreira de uma pessoa é de sua responsabilidade. As experiências profissionais que ela vai procurar e o caminho que vai construir determinam a sua evolução e a manutenção da sua relevância no mercado de trabalho. Um dos maiores desafios é conjugar os códigos e exigências atuais da vida profissional com as aspirações da vida pessoal. É um grande quebra-cabeças e não existe uma resposta padrão; cada caminho é único e trará experiências diferenciadas para cada pessoa. Em resumo, a minha recomendação é acreditar nas suas capacidades independentemente de todos, se esforçar, se preparar, e seguir as suas intuições tomando as iniciativas sem esperar.

Como mensagem final, compartilho uma parábola de Franz Kafka, escritor nascido em Praga, Républica Checa, em 1883. Diante da porta da Lei, que representa o acesso à Justiça, tem uma sentinela. Um homem do campo vem solicitar permissão para entrar. A sentinela responde que é possível, mas não agora. O homem do campo tenta então ver o que se passa através da grande porta aberta. A sentinela diz que ele poderia tentar entrar sem permissão, mas que inúmeros obstáculos assustadores o aguardam. O homem do campo não esperava tantas dificuldades, ele pensava que a Lei deveria ser acessível a todos em todos os momentos. Ele resolve esperar, observando a sentinela dias e anos. Finalmente, já no fim da vida, o homem do campo pergunta por que nenhuma outra pessoa veio tentar passar por essa porta. A sentinela responde: "Essa porta era destinada a você, e só você poderia passar por ela. Agora eu vou partir e fechá-la". Não espere permissão, atravesse todas as suas portas.

Analista de risco:
profissional, mulher, mãe, filha.
Atuária em qualquer papel

Máris Caroline Gosmann

INSTAGRAM

Atuária (2005). Professora e pesquisadora UFRGS (2010); Mestre em Atuária (PUC-Rio) e Doutora (UFRJ). Vice-presidente e diretora do IBA 2021 – 2022. Produz conteúdo em redes sociais no Network Atuarial com cursos on-line. Graduada em Atuária pela UFRGS (2005), especialista em Finanças e Economia UFRGS (2011); graduada em Economia UFRGS (2013), e em Nutrição UFCSPA (2010). Atua em pesquisas de Seguros, Previdência, Atuária, Modelagem e Gestão. Publicou o livro "Políticas de Emprego, Trabalho e Previdência", de 2014, capítulos em sobrevivência e artigos em educação, Atuária, Economia e Contabilidade.

Convido você para três reflexões atuariais. Será que fazem sentido para você?

Em 2024 completei 40 anos e durante três dessas décadas eu já dizia que seria atuária, por isso, a escolha de três aprendizados. São 19 anos como atuária, desde meus 21, embora esse não seja, naturalmente, o único papel que desempenho. Escrevo este capítulo para agregar na sua vida com recortes da minha trajetória, mas sabendo que ainda tenho mais uns 80 anos de vida pela frente. Ou seja, talvez tenha vivido até hoje apenas um terço da vida que terei, considerando que chegue aos 120 anos.

A **primeira reflexão** que compartilho para aprendermos com a ciência atuarial é sobre a longevidade: <u>**você já pensou que pode viver até 120 anos e que isso não é um completo absurdo?**</u>

Esse raciocínio fez parte do primeiro discurso que fiz como paraninfa dos formandos de Ciências Atuariais na UFRGS, aos 27 anos. Pensa comigo. Se eu contasse para minha bisavó em 1920, quando ela tinha 20 anos, quando a expectativa de vida no Brasil era de 35 anos, que ela viveria até os 94, ela jamais acreditaria! Esse cenário estava fora das possibilidades imaginárias para ela em 1920, no interior do Rio Grande do Sul, em Roca Sales, mesma cidade em que eu nasci muitos anos mais tarde. Mas foi o que aconteceu, ela viveu até os 94 anos, e em 1994, aos meus dez anos de Idade eu aInda tinha minha bisavó viva, lúcida!

Por esse raciocínio, ou por cálculos atuariais, podemos projetar um aumento da expectativa de vida e majorar a possibilidade de atingir idades mais avançadas, como estou supondo de imaginarmos chegarmos aos 120 anos. Não estamos falando que todos chegaremos aos 120, de maneira alguma. Estou falando que algumas pessoas chegarão lá! E se for eu? E se for você? Você imagina que viverá até atingir qual idade?

No meu caso, no ano 2104 eu ainda estarei viva! E você, consegue conceber a possibilidade de estar viva no próximo século? **Consegue perceber que esta será a primeira geração que estará viva nesta Terra, ao longo de três séculos diferentes:** séculos XX, XXI e XXII? Para isto acontecer, basta ter nascido em 1984 e viver até 2104, como propus neste raciocínio.

Independentemente de você conceber esse cenário hipotético, **a atuária nos mostra que estamos adicionando mais anos à nossa vida** e **mais vida aos anos que vivemos**, com qualidade. Esse raciocínio me encanta tanto quanto a possibilidade de ser bem remunerada trabalhando com matemática me encantou quando eu ainda era criança.

A escolha da Atuária

Aos sete anos pensei pela primeira vez que poderia ser atuária. Foi durante uma conversa com o pai de uma amiga que me falou da profissão: a necessidade de habilidades em matemática e as oportunidades financeiras que haveria. Naquela idade, sabia que gostava de matemática, mas não queria ser professora, pois tinha a impressão de que 'professor ganha mal'. Ironias da vida, hoje sou professora universitária de Ciências Atuariais na UFRGS, dedicando-me exclusivamente a essa missão há 15 anos. E não foi por falta de escolhas, inclusive a retirada de condição de dedicação exclusiva à universidade está em avaliação no momento em que escrevo este capítulo. Essa reviravolta só reforça a ideia de que o destino muitas vezes nos leva por caminhos inesperados, mas igualmente gratificantes. Viver até os 120 anos, como estamos supondo, favorece as reviravoltas.

Seja pelo aumento da expectativa de vida, pela necessidade de precificar os planos de saúde, pela possibilidade de modelar planos de aposentadoria, ou pelos raciocínios de gestão de riscos associados ao cotidiano que demonstram necessitar de seguros patrimoniais, eu me apaixonei pela atuária e decidi, no auge dos meus dez anos de idade, gostando muito de matemática, em 1994, no ano de falecimento da minha bisavó Álide Gugel, que faria faculdade de Ciências Atuariais. E assim foi.

Oportunidades agraciadas

Ao longo da jornada, reconheço oportunidades que moldaram o percurso e enriqueceram a trajetória. Sou filha única de pais maravilhosos. Pude morar no Chile por intercâmbio durante o ensino médio. Estudei Atuária na UFRGS, ao mesmo tempo que cursei nutrição na UFCSPA durante cinco anos. Fiz estágio na saúde suplementar, que foi uma oportunidade valiosa para adquirir experiência prática e conhecimento específico. Pude trabalhar em um projeto de seguro de vida para diabéticos, pela primeira vez sendo feito no Brasil, que foi uma forma de conjugar a formação de atuária e a nutrição.

O mestrado em Atuária na PUC-Rio e morar no Rio para cursá-lo foi um ponto de inflexão e determinou que anos depois eu retornasse à mesma cidade para cursar o doutorado na UFRJ e construir a família que tenho hoje. O mestrado me possibilitou, mediante concurso público, assumir o papel de professora em Atuária. Era o momento de retribuir à instituição aquilo que havia aprendido. Junto à docência passei a desenvolver um papel nas redes sociais através de conteúdo em gestão de risco. Tenho propósito de conhecimento compartilhado no *network* atuarial, no Youtube, no Instagram, no LinkedIn e demais redes sociais. A atuação é feita para ampliar possibilidades de entendimento de conteúdo atuarial que permite criar conexões para solucionar gargalos sociais, empresariais e tecnológicos.

Para mim, "ser atuário é ser um especialista em cálculo de risco considerando desequilíbrios dinâmicos. Estes são a flutuação inerente à busca pelo equilíbrio entre pontos móveis e reavaliáveis dos cenários de risco das pessoas físicas e jurídicas, por isso, em constante mutação e desequilíbrio. O atuário vislumbra os diversos cenários resultantes das projeções de eventos futuros, incertos e possíveis, aos quais associa uma probabilidade e sugere uma forma de restabelecer o equilíbrio financeiro perturbado, isto é, elabora, explicita, argumenta e estuda os cálculos e teorias para gestão de riscos". GOSMANN (2018). Como consequência dessa reflexão surge o atuário tipo 6, para o qual faço convite para conhecerem nas redes sociais.

Ainda sobre as oportunidades agraciadas e dentro dessa busca de enaltecer a atuária, trabalhei como voluntária no IBA – Instituto Brasileiro de Atuária, no período de 2019-2020 como diretora, e de 2021-2022 como vice-presidente. Nos comitês técnicos, nos grupos de trabalho e nas comissões do IBA é possível trocar conhecimento com profissionais que nos precederam e profissionais que nos sucedem.

A **segunda reflexão** é sobre a máxima probabilidade de viver. **Você já pensou em que momentos da vida você pode ser considerado imortal?**

Não somente na vida profissional utilizo os conceitos de gestão de risco. Sou mãe de quatro filhos. Assumir o papel de pais e mães é mais do que apenas criar e educar nossos filhos; é sermos bons 'analistas de risco'. Significa não tomar decisões de forma automática, mas sim avaliar cuidadosamente cada situação e escolher o melhor caminho para o desenvolvimento saudável e consistente de nossos filhos. Estamos o tempo inteiro tomando decisões que levam em consideração diferentes riscos associados à vida deles.

Em uma tábua de mortalidade, instrumento de trabalho de um atuário, a menor probabilidade de morte em uma idade é aos sete anos. Já viram uma criança de sete anos se desafiando? Ela parece achar que é imortal e, atuarialmente falando, ela é provavelmente imortal mesmo, porque é o ano da vida dela em que existe o menor qx da vida, a menor probabilidade de morrer.

Além da aventura a que as crianças se propõem, podemos avaliar o risco de criar um filho só. Dois é 'mais fácil' que um. Quando você tem um filho só, ele fica, naturalmente, mais mimado. Partindo do princípio de que a vida não para, sempre temos que sair de casa, trabalhar, fazer as coisas, é mais otimizado os pais fazerem as atividades diárias pelo filho como: amarrar um sapato, arrumar os brinquedos, lavar a louça deles do que parar para ensinar cada uma dessas coisas. Quando você tem dois filhos, ou mais, é mais otimizado você parar para ensinar e empreender esforços para que eles tenham disciplina e fazer o que tem de ser feito, as próprias coisas, do que fazer por eles. Isso faz a diferença na criação deles. A convivência entre eles ensina sobre comunidade na realidade de casa.

O casamento

Pensando na ilusão de imortalidade de uma criança ou na visão real de mortalidade que temos, penso que a escolha de um parceiro, para o casamento, seja uma das mais importantes e mais arriscadas decisões da vida. Encontrar alguém que esteja verdadeiramente ao seu lado, na instabilidade da vida, torna-se essencial. 'Quem está na trincheira? E isso importa? Mais do que a própria guerra', como diria Hemingway. É mais do que simplesmente ter alguém ao seu lado; é sobre ter um companheiro que esteja comprometido com você e com a família que estão construindo juntos. Isso eu tenho no meu marido, Ian Behring, que não é atuário, mas ensina sobre prevenção de riscos, análise de risco e segurança. Ele carrega o legado de uma família reconhecida mundialmente e dedicada ao jiu-jitsu e à defesa pessoal.

Um casamento não é para trazer felicidade. Um casamento é para trazer estabilidade, para poder viver momentos felizes (e tristes). Estabilidade de estar junto apesar das mudanças de nós como pessoas que viverão muitos e muitos anos, quiçá 120 ou 140 anos.

A **terceira reflexão** que proponho através da Atuária é sobre a **importância da adaptação e da resiliência diante das incertezas da vida. <u>O que você faz quando tudo dá errado?</u>**

Assim como nos cálculos atuariais, onde lidamos com que temos variáveis que se alteram, a jornada pessoal e profissional também está sujeita a imprevistos e desafios inesperados. Nesse sentido, é fundamental cultivar a capacidade de adaptação e resiliência para enfrentar os altos e baixos com determinação.

No desenvolvimento da vida não tem equilíbrio, eu nunca tive. Tenho o ímpeto de estar sempre resolvendo problemas e estudando. Sou uma mulher atuária que tem rotina. E rotina não é ter todos os dias iguais. Rotina é ter a capacidade de prever todos os compromissos. Prever o que pode dar errado e saber adaptar quando algo der errado. Se você perguntar o que vou fazer semana/mês/semestre que vem, eu tenho tudo alinhado, tudo previsto em uma agenda. Junto da rotina vem a disciplina, que é a capacidade de executar o que está proposto, de cumprir as atividades. A disciplina é responsável por trazer segurança nos resultados.

Entre as coisas que podem dar errado na rotina está o desejo das coisas prazerosas, a troca do que deve ser feito pelo que se gostaria de fazer. **A pergunta que surge é: como lidar com o desejo por prazeres momentâneos?** É sobre o "mas eu posso morrer amanhã". A Atuária nos auxilia racionalmente com isso. **A chance de você morrer amanhã é muito pequena, muito mesmo,** então você deve **escolher, racionalmente e atuarialmente, fazer o que deve ser feito prevendo que você não vai morrer amanhã.**

Nessa linha, a minha motivação para seguir carreira vem da paixão por resolver problemas complexos e contribuir para decisões fundamentadas em dados. E percebo que vai além disso, as decisões precisam ser embasadas na experiência real, na realidade concreta. Isso ocorre porque a ciência atuarial traz a noção de aplicação real quando se classifica como uma ciência social aplicada e não como uma ciência da matemática pura.

O legado

Os alunos, as pessoas, os produtos on-line, o compartilhamento de conteúdo, o primeiro livro escrito e as pesquisas conduzidas são meus legados concretos. A família é a extensão de todas as vivências e o legado consistente. Pergunto: qual a beleza você é capaz de ver quando tudo dá certo? É possível avaliar as decisões? Arrisco afirmar que sim.

Risco é a ciência da opção, da tomada de decisão. O núcleo matemático do conceito de risco é a teoria das probabilidades. A concepção do controle, da administração, da transferência e do domínio do risco através da possibilidade de conceber os mais diversos cenários constitui uma das ideias centrais que distinguem os tempos atuais dos tempos mais antigos. O risco não precisa ser hoje tão temido, porque administrá-lo tornou-se sinônimo de oportunidade. E esse é o objeto de trabalho do atuário: o risco. Mesmo para ocorrência que esse fosse altamente improvável. Olha que lindo, chance que tende a 100% de se apaixonar por essa atuação profissional.

O que está por vir

Atuar como auditora no Tribunal de Contas é uma das possibilidades que está para se concretizar em breve. A auditoria atuarial em Regimes Próprios de Previdência Social (RPPS) é um elemento crucial para garantir a solidez de sistemas previdenciários. Ao aplicar métodos atuariais avançados, tais como projeções de longo prazo, simulações de cenários e análises de sensibilidade, podem-se tomar decisões para buscar a sustentabilidade financeira e a eficiência dos RPPS. A auditoria atuarial pode orientar estratégias de gestão de risco e de aproveitamento de oportunidades, contribuindo assim para a sustentabilidade dos slstemas previdenciários. Além desse desafio, tenho certeza de que existem outros inúmeros que estão por vir nos próximos 80 ou 100 anos que estão pela frente.

Vou deixar a indicação de dois livros. O primeiro é "Desafio aos Deuses – A Fascinante História do Risco". Nele, Peter L. Bernstein oferece uma perspectiva envolvente e informativa sobre o conceito de risco ao longo da história. Ele explora desde as primeiras civilizações até os dias atuais, mostrando como o risco moldou o curso da humanidade e como as pessoas têm enfrentado e lidado com o risco em diversas áreas, como finanças, saúde, tecnologia e meio ambiente. Os leitores podem ter apreciação profunda das decisões que enfrentam e como podem gerenciar os desafios.

O segundo é "Outlive: A arte e a ciência de viver mais e melhor", de Peter Attia, que traz uma abordagem abrangente e fundamentada sobre envelhecimento, saúde e longevidade. Ao explorar o impacto das doenças crônicas e fornecer estratégias práticas para prolongar a vida com qualidade, o livro traz ferramentas para tomar decisões sobre seu bem-estar e estilo de vida. Além disso, as abordagens baseadas em evidências e as sugestões práticas tornam a leitura útil para pessoas de diferentes idades e condições de saúde, o conteúdo é relevante para todos os interessados em viver uma vida mais longa e saudável.

As três reflexões nos convidaram a olhar para nossa vida sob a perspectiva da ciência atuarial, reconhecendo a importância de planejar, gerenciar riscos e cultivar uma mentalidade de crescimento contínuo. Que esses ensinamentos nos guiem em nossa jornada, nos ajudando a viver de forma mais consciente, plena e realizada. O que me move é o impacto na evolução de todos nós como seres sociais e humanos com o conhecimento de um conjunto de técnicas, de ciência e de habilidades em gestão de risco. **"Ser mulher é ser uma analista de risco, o que é a essência da Atuária, seja como profissional, mãe, filha, amiga, esposa."** Desejo que você faça mais tirando proveito da sua própria trajetória.

Trajetória de coragem e determinação: a jornada de Melissa

Melissa Garrido Cabral

INSTAGRAM

É auditora do Tribunal de Contas do Município do Rio de Janeiro – TCMRJ e, atualmente, presidente do Instituto de Previdência e Assistência do Município do Rio de Janeiro – PREVI-RIO, e membro do Comitê Gestor do Plano de Previdência Complementar dos servidores do município do Rio de Janeiro – CARIOCAPREV. Mestre em Matemática Aplicada a Finanças pelo Instituto de Matemática Pura e Aplicada – IMPA, possui especialização em Controladoria Pública pela Faculdade de Administração e Finanças da UERJ, graduação em Ciências Atuariais pela UFRJ e certificação em nível Avançado pelo Instituto TOTUM como dirigente de entidade gestora de RPPS.

Apenas prossiga, com determinação e coragem, enfrentando os desafios e desbravando os caminhos inesperados da vida.

Ao receber aquela chamada que me fez o convite para coautoria deste livro, uma onda de pensamentos invadiu minha mente: "Eu? Escrevendo um livro? Quem se interessaria por uma narrativa repleta de somatórios, integrais e f(x)?" Pedi um tempo para pensar e, então, poder dar a resposta à coordenadora do projeto.

Ao relembrar esse momento, agora que me encontro redigindo as primeiras ideias, percebo quão curioso foi o episódio. Após conhecer a proposta da Série Mulheres®, encorajar outras mulheres a buscarem o melhor de si mesmas, realizando seus sonhos e se afirmando em suas áreas de atuação, me encantei com o projeto e não demorei mais que cinco minutos para decidir que sim, eu aceitaria o desafio.

Superado o choque inicial do convite, que para mim era inusitado, já que todos que me conhecem sabem o quanto sou pragmática e ligada às exatas, não hesitei em aceitar. Jamais recusaria um desafio por receio do desconhecido, ou por pensar que não teria a capacidade necessária. Pelo contrário, isso me trouxe vida, entusiasmo. Era algo que exigiria superar minhas próprias barreiras: escrever sobre algo tão íntimo e subjetivo como a história da minha vida.

Além de desafiador, esse convite teve um impacto considerável, fazendo-me sentir extraordinariamente lisonjeada, me inspirando a revisitar meu passado, refletir e escrever, de forma autêntica, a trajetória que moldou quem sou hoje.

Tenho a impressão de que liguei o acelerador aos 17 anos, quando concluí o ensino médio e desde então não parei mais. Uma retrospectiva se desenhou diante de mim.

Raízes na Tijuca

Morei até os 29 anos na Tijuca, na cidade do Rio de Janeiro. Em uma casa onde éramos três filhos – duas meninas e um menino – com uma diferença máxima de cinco anos de idade, eu, que ocupava o posto de caçula, observava o esforço que minha mãe despendia para fazer com que meu irmão estudasse, enquanto eu seguia em direção contrária, sendo estudiosa e independente, buscava poupar minha mãe de preocupações comigo.

Nossa rotina girava em torno do colégio dirigido por freiras. Tivemos uma educação rígida se comparada aos dias de hoje. Obediência, respeito e preocupação com o próximo eram a regra na nossa casa. Minha mãe era dona de casa; parou de estudar aos 19 anos para casar-se com meu pai, que se graduou em Engenharia. O casamento deles era o retrato daqueles pactos matrimoniais em que a esposa cuida da casa e o marido trabalha para prover o sustento financeiro da família. Tínhamos uma vida simples, mas nunca nos faltou zelo e afeto.

Aos oito anos de idade, me vi diante da separação dos meus pais. Daí em diante, acompanhei o aumento das restrições financeiras da família. Realidade que me fez amadurecer mais cedo e valorizar cada oportunidade recebida.

Se por um lado meu pai tinha uma vida profissional promissora, por outro, não cuidava da própria saúde. Presenciamos alguns infartos dele no auge de sua carreira numa empresa estatal na época em que estava em processo de privatização. Enquanto minha mãe se queixava de sua dependência econômica e repetia diariamente que não deveríamos depender de ninguém na vida.

Somente agora, ao narrar os capítulos da minha vida, percebo como o exemplo dos meus pais foi tão determinante nas escolhas que eu faria no desenrolar da minha história.

A paixão pelos números

Desde minha infância, a matemática tornou-se minha aliada constante. Era uma matéria que eu não apenas compreendia facilmente, mas também adorava. Resolver os problemas propostos pelos professores era desafiador e foi aos poucos revelando traços marcantes da minha personalidade: persistência e dedicação. Não bastava ter a solução, mas entender a sua lógica. Fascinava-me descobrir o processo pelo qual o professor conduzia o desenvolvimento até alcançar uma fórmula simplificada.

Até mesmo quando já estava na faculdade, e a maioria dos alunos apreciava a permissão para usar calculadoras científicas, eu resistia. Minha preferência era realizar todo o desenvolvimento teórico, deixando as contas devidamente indicadas. Era um mundo à parte para mim, um momento de desafio e, ao mesmo tempo, de prazer. Nisso, percebo claramente a influência do meu pai. Engenheiro, compartilhávamos essa paixão por símbolos e esquemas lógicos para chegar a conclusões. Recordo-me com saudades dos momentos em que a matemática nos unia. Isso se revelou como a maior e melhor herança que meu pai me deixou: a paixão pela matemática.

A conclusão da escola. E agora?

Ao concluir o terceiro ano do ensino médio, duas certezas permeavam meu horizonte: a inclinação para cursos de ciências exatas e a determinação de ingressar em uma faculdade pública.

De certa forma, o fato de ter estudado em uma escola simples que não disponibilizava oportunidades diferenciais de aprendizagem e a impossibilidade de realizar cursos complementares fez com que esse período fosse tranquilo para mim. Não havia expectativas, ao menos declaradas, quanto ao meu desempenho, era sabido que eu faria o melhor com o mínimo de investimento.

No entanto, ainda não havia decidido qual curso escolher. Cresci ouvindo que a busca pela independência financeira era crucial. Assim, a escolha não podia se pautar apenas na vocação, mas também nas perspectivas de emprego. Então, naquela época (1996), com o crescimento da internet, decidi que tentaria Informática no vestibular. Quanto à faculdade, eu almejava a UFRJ, por considerá-la a melhor universidade pública de exatas no Rio. Entretanto, para minha surpresa, só era oferecido curso de Informática na UFRJ. Assim, dentro das minhas concepções, acabei optando por "Administração" nas demais faculdades, vislumbrando as possibilidades de emprego. Era uma opção que me levava para o campo das ciências humanas.

Quando os resultados do vestibular finalmente chegaram, minha indecisão atingiu seu auge. Na UFRJ, minha pontuação não era suficiente para ingressar no curso de Informática e fui convocada para a minha segunda opção: "Bacharelado em Matemática". Enquanto nas outras faculdades minha opção era Administração, que não era da área de exatas. Lembro-me vividamente do dilema que enfrentei naquele momento crucial. A UFRJ representava meu ideal acadêmico, mas se escolhesse Matemática achava que teria limitações em termos de mercado de trabalho. Por outro lado, Administração parecia uma carreira mais pragmática, embora não fosse dentro da minha área de vocação. Foi então que permiti que meu coração falasse mais alto, acreditando que se fosse verdadeiramente "boa" as portas se abririam para mim. Assim, decidi cursar o Bacharelado em Matemática na faculdade dos meus sonhos, a UFRJ. Era o início de uma jornada repleta de desafios, mas também de determinação e paixão pela minha escolha.

Percurso até a Atuária

Minha jornada acadêmica começou com o entusiasmo no Bacharelado em Matemática. E tudo se confirmava, tinha muita facilidade nas matérias. Não que fossem fáceis, muito pelo contrário, mas eu gostava tanto das aulas, dos professores, tudo me encantava. Não demorou para essa facilidade ser notada e, em pouco tempo, já participava de programa de iniciação científica, a convite dos professores. Contudo, embora estivesse amando o meu dia a dia na faculdade, permanecia com a preocupação de que carreira seguir.

E com um pouco menos de seis meses de faculdade, fui comunicada da minha vaga para cursar Informática a partir do 2º semestre. Meu coração "gelou". Precisava decidir por permanecer no curso de Matemática, que eu estava amando, ou arriscar uma mudança para Informática, guiada pela percepção de maiores oportunidades profissionais. A troca de curso não representava apenas uma mudança na grade curricular, mas uma redefinição de minha trajetória de vida. Foi necessário muita coragem para abraçar essa mudança, que, no final das contas, ajudou a moldar uma característica muito marcante em todo o meu caminho profissional: a capacidade de enfrentar, desbravar e corrigir o rumo.

Após cursar um ano de Informática e tendo tido a oportunidade de estagiar na área, a realidade começou a revelar-se de maneira não tão inesperada. Como eu temia, confirmou-se com clareza que eu não poderia abandonar a matemática. Foi nesse momento de inquietude que tomei conhecimento do curso de Ciências Atuariais. A decisão de mudar pela segunda vez de curso foi acompanhada por uma sensação de alívio, de que estava no rumo certo, moldando meu percurso de forma a equilibrar o fascínio pela matemática com a necessidade de aplicação prática profissional.

Trajetória profissional

Quando as aulas da faculdade não me ocupavam mais de

forma integral, decidi buscar um estágio. Participei de alguns processos seletivos, optando por uma vaga numa consultoria multinacional para trabalhar com previdência privada. Foram dez anos trabalhando na mesma empresa, onde tive a oportunidade de contar com diversos mentores, atuários, e consultores, pessoas que, ao realizarem suas atividades profissionais, apreciavam passar seus conhecimentos adiante. Durante esse período, participei de inúmeros cursos, treinamentos e viagens internacionais. Eu não deixava escapar nenhuma oportunidade de aprendizagem. Como reconhecimento de minha trajetória, a empresa patrocinou 50% do meu mestrado de Matemática Aplicada a Finanças no IMPA. Esses anos foram fundamentais, não apenas para o desenvolvimento da minha carreira, em termos das habilidades técnicas e comportamentais, mas também para o amadurecimento pessoal. No entanto, as diretrizes parametrizadas aplicadas globalmente, em empresas multinacionais, privilegiando a rápida execução e reduzindo as oportunidades de dedicação à pesquisa e desenvolvimentos metodológicos, despertaram em mim o desejo de mudança. Foi nesse momento que decidi ingressar na carreira pública.

A importância do aprendizado

Em 2008 matriculei-me em um curso básico para concursos. Muitas matérias eram completamente novas para mim, mas eu estava determinada e não representariam barreira para que eu alcançasse meus objetivos. A partir daí, minha rotina tornou-se uma verdadeira maratona de estudos. Entre cursos presenciais e on-line, conciliava meu tempo com o trabalho. Foi necessário abrir mão de muitos eventos, inclusive familiares, para que me mantivesse fiel ao planejamento diário de estudos.

Após alguns meses de dedicação, passei para o cargo de analista de planejamento e orçamento no IBGE. Reconhecia a importância da produção estatística e geográfica da instituição para o Brasil. Porém, logo percebi que a função que me foi atribuída estava essencialmente ligada à parte administrativa, não aproveitando minha experiência anterior e meus conhecimentos em Atuária e Finanças. Diante dessa constatação, continuei a busca por uma posição que me proporcionasse aplicar os conhecimentos adquiridos, sem perder de vista a necessidade de constante evolução profissional.

Foi nesse contexto que surgiu o concurso para Auditor de Controle Externo do Tribunal de Contas do Município do Rio de Janeiro. Atraiu-me imediatamente pela sua natureza multidisciplinar. Era fevereiro de 2011 e estava confiante em meu preparo para as provas. Quando me deparei com as questões de informática, percebi que apenas uma relacionava-se a programação. Lembrei-me do único cursinho de informática que meus pais conseguiram me proporcionar quando pequena. Graças a ele, eu sabia a resposta daquela questão de programação. E, de fato, fui aprovada nas primeiras colocações, tendo acertado apenas a referida questão na prova de informática. Quem poderia acreditar que aquele curso mudaria minha vida! Se tivesse errado, seria eliminada. Naquele momento, refleti sobre a lição que aquela experiência me ensinara: todo aprendizado na vida tem seu valor e nunca devemos subestimar o poder do conhecimento adquirido. Mesmo quando não percebemos sua relevância imediata, cada momento de estudo e dedicação pode contribuir para o sucesso futuro.

O reencontro com a Atuária

Tomei posse no TCMRJ em junho de 2011. Durante a entrevista para alocação dos novos servidores nas inspetorias especializadas, devido a minha experiência na área de previdência, fui imediatamente alocada com o objetivo de auditar o Regime Próprio de Previdência Social (RPPS) do município. Foi um retorno surpreendente à minha área de especialização, numa época em que a cidade acabava de adotar nova legislação relacionada ao RPPS, focada no equacionamento do déficit atuarial do Fundo. Assumi a responsabilidade com entusiasmo, desenvolvendo uma auditoria que focava na Avaliação Atuarial, sua importância e seus aspectos técnicos. O objetivo era disseminar um caminho que até então não era explorado, já que as auditorias do Fundo se concentravam mais em aspectos de arrecadação, com foco na conformidade e legalidade.

O reconhecimento

Em 2021, já atuando por dez anos no TCMRJ, fui indicada pelo órgão para o Poder Executivo, para assumir a Presidência do Instituto de Previdência do Município do Rio de Janeiro – PREVI-RIO. Buscava-se uma pessoa capaz de encarar a missão de direcionar os próximos passos do RPPS municipal considerando a conjuntura atual, extensiva à quase totalidade dos Regimes Próprios subnacionais.

O convite era uma honra, sem dúvida, mas a magnitude dos desafios que viriam pela frente fez-me refletir profundamente. Estava diante de um voo muito mais alto e desafiador do que qualquer outro que já havia enfrentado. Aceitei o desafio, movida pelo senso de dever e pela crença na capacidade de contribuir para a melhoria da gestão pública, impactando positivamente a vida de inúmeras pessoas. Era uma oportunidade de aplicar meu conhecimento e minha experiência acumulada em mais de 20 anos trabalhando com Previdência. Estava ciente de que o caminho seria repleto de obstáculos, mas igualmente rico em oportunidades para aprender, crescer e fazer a diferença.

Há três anos assumindo o papel de gestora, insisto em altos padrões éticos, de integridade e de legalidade em todas as iniciativas propostas, sendo esta jornada incrivelmente gratificante. O fato de minha trajetória ter sido heterogeneamente dividida entre o setor privado e o público, especialmente com foco em fiscalização, me proporcionou uma abordagem única e diferenciada para minha posição atual.

Desde o início, optei por uma abordagem de gestão participativa, baseada no exemplo, na colaboração e na proatividade da equipe. O foco sempre foi a busca pela eficiência, alta produtividade e a constante motivação dos colaboradores.

Refletindo sobre minha carreira até aqui, percebo que todos os momentos cruciais envolveram coragem para mudar o rumo, saindo da zona de conforto, e uma persistência incansável na busca não apenas pela estabilidade, um requisito importante para mim, mas principalmente pela realização profissional. O futuro ainda reserva inúmeras páginas a serem escritas, e permaneço comprometida e receptiva a novos desafios que possam surgir.

Além dos Números: o poder impulsionador da comunicação na carreira atuarial

Natalia Moreira de Paula

LINKEDIN

É graduada em Ciências Atuariais pela PUC Minas, especialista em previdência complementar pela UFRJ, máster em administração e gestão de planos e fundos de pensão pela Universidade de Alcalá/Espanha e certificada pela Anbima (CPA 20). Trabalhando no ramo atuarial há mais de 15 anos, consolidou sua experiência em grandes fundos de pensão, integrou comitês técnicos, de investimentos e previdência, e foi diretora de comunicação do Instituto Brasileiro de Atuária (IBA). É gerente atuarial da Vivest, coordena o Comitê Gestor do plano previdenciário da entidade, atua como perita atuarial, professora, palestrante, consultora e acredita no poder transformador do coletivo e da comunicação.

Nasci na periferia de Belo Horizonte, na "Vila Andi" do bairro São Paulo, onde cada esquina contava uma história de superação. Criada em um ambiente em que a determinação era a moeda mais valiosa, aprendi desde cedo a sonhar além dos limites impostos.

Por falar em transpor limites, minha mãe, Betinha, está vivendo seu grande sonho de morar fora do país. Com seu exemplo de vida, ela ensinou a mim e à minha irmã, Nádia Moreira, a sermos independentes e a não desistir do que realmente importa. Mamãe é muito engraçada e comunicativa. Dizem que as filhas também são, então, puxamos essas características dela.

Nádia, minha amiga e parceira, é inteligente e líder nata. Ela tem brilho próprio, nasceu para resolver e me coloca em movimento, me fazendo uma pessoa melhor, e minha caminhada na Terra muito mais leve.

Tivemos o privilégio de crescer num grande terreno arborizado, com muitos primos e bastante espaço para correr e brincar. Se fechar os olhos consigo ouvir o som dos bichos, do vento entre as folhas, o sabor das frutas colhidas no pé. Como era bom ser recebida da escola com a comida de vovó Bené, puxada no alho e muito afeto, além do abraço carinhoso de meu pai, Waldir de Paula.

Por sinal, foi observando a dinâmica dele que aprendi a importância de empreender. Guardo na memória a serralheria funcionando ao longo do dia e o bar à noite, este último negócio em sociedade com meus tios.

Ele partiu cedo, num acidente de carro, levando boa parte da nossa alegria de criança. Mamãe, embora desolada por perder seu grande parceiro de vida, buscou nos amparar da melhor forma. Nossa família nos envolveu em uma rede de cuidados que amenizou a dor e pela qual sou muito grata. Tia Regina estava sempre atenta, cuidando da gente desde lá até hoje.

Apesar do abalo emocional e das dificuldades financeiras que surgiram, a vida seguiu.

Do canto às contas

Desde que me lembro, a música sempre fez parte da nossa vida. Ouvíamos um pouco de tudo, mas o samba imperava quando a família toda se juntava. Até hoje é assim. Foi nesse ambiente, imerso em diferentes ritmos e sons, que minha paixão pela música floresceu.

No coral Julia Pardini aprendi com Elza do Val a importância da técnica vocal, da respiração e da disciplina, elementos essenciais para qualquer cantor e profissional. Assim me preparo para palestras e treinamentos, pois são muitas horas usando a voz.

Eu era cantora e secretária do coral. Como parte das minhas responsabilidades, administrava a presença dos cantores e um deles justificou a falta informando que teria aula no mesmo horário do ensaio. Foi nesta conversa que ouvi sobre Ciências Atuariais pela primeira vez. Fiquei simplesmente encantada pelo conceito da profissão.

E assim minha jornada na Atuária começou em 2004, quando ingressei na PUC Minas graças à matrícula paga pela "vaquinha" feita pela minha comunidade (o canudo é nosso!) e na condição de aluna bolsista. Percebi de pronto que conciliar o ritmo dos estudos com a agenda do coral ficaria inviável.

Durante o curso pensei em desistir várias vezes. Além de enfrentar ônibus lotado e já chegar na sala de aula cansada e atrasada, o ambiente da universidade era bastante hostil para mulheres, negras e de baixa renda como eu.

Mas durante os quatro anos seguintes foquei o meu grande objetivo e mergulhei com resiliência nos estudos de matemática, estatística e finanças, áreas essenciais para a formação de um atuário, sem repetir uma matéria sequer. Devo muita da minha permanência aos mestres Marcelo Soares, Otaviano Neves e Eduardo Alberti Carnevalli.

Atuária é um curso extremamente difícil, muitos desistem pelo caminho.

Por isso me sinto honrada em fazer parte do pequeno grupo de 13 que conseguiu se formar em 2007. Só lamento ter sido a única pessoa negra entre eles, mas orgulhosa de ser um bom fruto de políticas afirmativas, que são extremamente necessárias onde não há igualdade de condições, como no Brasil.

E não digo isso considerando minha experiência pessoal. Atuários se baseiam em dados concretos e as estatísticas oficiais brasileiras mostram as desigualdades e seus impactos.

Na PUC fiz bons amigos e minha paixão pelos números e pela análise de riscos consolidou-se nesse período, definindo o caminho que eu seguiria profissionalmente.

Planejar para evoluir

Em 2006 deixei o emprego de carteira assinada para estagiar na área contábil da Fundação Libertas, sob gestão do amigo Geraldo Assis. Parece loucura deixar a estabilidade, mas vislumbrei naquele momento uma oportunidade para entrar e vivenciar o sistema de previdência complementar, além de estar mais próxima a uma área atuarial.

E a estratégia deu certo! No ano seguinte, após me formar, passei no processo seletivo para atuário júnior e me integrei ao time, no qual tive o primeiro contato com o mundo atuarial daquele segmento. Pude acompanhar o saldamento dos planos vitalícios e a chegada dos planos na modalidade contribuição definida, presenciando as mudanças do segmento.

Muitos aprendizados, clima organizacional excelente, mas, apesar das entregas e *feedbacks* positivos, sentia falta dos reflexos na carreira. Comecei então um planejamento estudando o plano de cargos e salários, fiz a leitura da estrutura da empresa, conversei com minha liderança direta e com a área de gestão de pessoas para alinhar as expectativas para o futuro e concluí que a evolução da minha carreira demoraria mais do que eu estava imaginando.

Além do objetivo traçado, senti a necessidade de aprofundar os conhecimentos e iniciei uma especialização em previdência complementar pela UFRJ em parceria com o IDEAS, que ampliou minha visão e, principalmente, minha rede de contatos, o que me permitiu sondar e entender se havia oportunidades. Mercado restrito, decidi expandir os horizontes e enviar currículos para vagas de atuário PL em outras cidades.

Depois de investir minhas economias em diversos processos seletivos, meu sim chegou no nordeste do país.

Atenta às oportunidades de crescimento profissional, me mudei de mala e cuia para a terra do frevo e do maracatu.

Um novo horizonte em Recife

Estive em Recife apenas três vezes antes de morar lá: a primeira num bate e volta no dia da prova, outra vez para a entrevista com o presidente e diretoria e depois com mamãe para pesquisar moradia. Fora isso, não conhecia nada nem ninguém na cidade.

Tudo organizado, cheguei em setembro de 2010 com minha TV 14' de tubo e um colchão inflável. As incertezas da nova fase e a angústia ecoavam no apartamento vazio, porém, ninguém é triste numa cidade solar, pulsante de cultura e diversidade, como a Veneza brasileira. Embarquei na experiência e a adaptação veio rápido.

Os colegas do trabalho me receberam de braços abertos e agora, na assessoria técnica da presidência da Fachesf, encontrei desafios que me moldaram e oportunidades que me fizeram crescer além das expectativas.

Agora estava responsável pelo contato com clientes externos, como patrocinador, associação de participantes, e também com os órgãos estatutários. Passei a integrar o Comitê de Investimentos, onde eram tomadas as decisões sobre a aplicação dos recursos dos planos administrados, e pude coordenar o Comitê de Previdência, órgão consultivo que tinha como papel acompanhar a movimentação do sistema, os impactos das mudanças, pensar e propor estratégias à Diretoria Executiva.

Pude contribuir em projetos especiais dos quais destaco o estudo de viabilidade e criação do plano família da entidade.

Nessa época também fiz parte da Comissão Técnica Nacional de Atuária da Abrapp e, posteriormente, coordenei a Comissão Técnica Regional da mesma associação.

Tive a felicidade de dividir a assessoria com uma das pessoas mais inteligentes que conheci na vida, meu querido e saudoso amigo Hélio Almeida. Extremamente generoso e inclusivo, me apresentou sua família, me incentivava em todos os aspectos. E foi assim que em 2012 tomei coragem e fiz minha primeira viagem para Paris, na França, sozinha, sem falar inglês. Voltei cheia de experiências e novas ideias para compartilhar.

Estive na Europa novamente em 2014 quando fui apresentar o trabalho de conclusão de curso do Máster em Fundos de Pensão, uma pós-graduação oferecida pela Universidade de Alcalá da Espanha em parceria com a Organización Iberoamericana de la

Seguridad Social – OISS. Novamente pude ampliar o repertório quanto a outras culturas e me aprofundar no funcionamento da previdência de outros países. Recomendo experiências internacionais, pois o contato com outras realidades nos permite traçar paralelos e aplicar melhorias à nossa própria.

Em 2018 comecei a investir em lapidação pessoal através da terapia, o que mudou meu jogo! O processo me trouxe autoconhecimento, aprendi a focar o que realmente importava e, principalmente, tive reforçada a autoestima, pontos essenciais dentro e fora do mundo corporativo.

Em março/2020 veio a pandemia. O mundo teve que se adaptar ao isolamento social e as relações se tornaram virtuais. Nesta época eu já estava bastante atuante nas redes sociais, compartilhando conteúdo atuarial e de previdência. Numa dessas trocas, alguém perguntou minha opinião sobre os impactos da Covid-19 e para responder a esta questão ampla convidei dois expoentes da Atuária, os queridos amigos Paulo Pereira Ferreira e Luiz Fernando Vendramini, que aceitaram de pronto.

Influenciada pelas iniciativas dos amigos Máris e Naza, surgia então o projeto das *lives*, batizado de "Evolução Atuarial Contínua", no meu canal no Youtube, que durante todo o ano trouxe profissionais gabaritados do Brasil e do mundo para disseminar conteúdo para atuários e não atuários.

Além das *lives*, oferecemos um curso completo e gratuito de três dias sobre Perícia Atuarial, em parceria com os queridos atuários Tatiana Tavares e Gustavo Fidelis, compartilhando nossas experiências enquanto peritos e assistentes técnicos. Foi um sucesso!

O reconhecimento do projeto, principalmente pela comunidade atuarial, e a visibilidade sobre meu trabalho fizeram valer a pena todo o esforço para colocar as *lives* no ar. A comunicação se tornou minha marca registrada e me rendeu o título de "atuária digital influencer", dado pelos colegas, um diferencial no perfil da nossa profissão.

Fiz grandes amigos durante os 11 felizes anos que vivi em Pernambuco e sou grata a todos eles, principalmente aos queridos Andrea Souza, Renata Rodrigues, Kelma Sotero e Leandro Silva, que me apoiaram por todo este tempo e fizeram minha passagem por Recife colorida e reluzente, feito Caboclo de Lança.

Voltando ao planejamento profissional, já estava com a carreira consolidada, reconhecida pelo bom trabalho dentro e fora da empresa, vários alinhamentos e o tão sonhado cargo de assessora/gerente não se concretizava.

Acostumada a interpretar o movimento do sistema, tracei cenários, defini meu objetivo e, considerando as condições favoráveis que plantei, o próximo passo só dependia de uma decisão pessoal.

Como boa mineira, não perdi o trem da minha história. Agradecida e com a tranquilidade do dever cumprido dentro da mala, parti rumo a novos desafios na terra da garoa.

Entrando no ritmo da cidade que nunca dorme

Estar em Sampa me permite visitar minha família e minha casa de Umbanda com maior frequência. Esta proximidade me fazia muita falta.

Aqui também tenho experimentado um amor diferente com Valéria Araújo, uma mulher batalhadora, parceira, responsável e organizada, que com sua sensibilidade vem desconstruindo comigo as dores e descobrindo as delícias de um relacionamento leve e respeitoso.

Os novos colegas da Vivest são ótimos e me receberam extremamente bem. E qual não foi minha surpresa quando percebi que eles já me conheciam! A internet e o IBA nos apresentaram.

Aprender com gestoras tão competentes e generosas quanto Luciana Dalcanale, Marisa Ribeiro e Ane Conde tem sido um ponto alto desta nova fase. Sempre gostei de trabalhar com profissionais que admirasse e estou conseguindo experimentar essa maravilhosa sensação ao lado delas, que me empoderam e encorajam a cada projeto que a mim confiam.

Um mundo novo se abriu! Agora estava no maior Fundo de Pensão de capital privado do Brasil, em franca expansão, multipatrocinado, dezenas de planos e administrados, subplanos, contratos de dívida com regras diversas, retiradas de patrocínio, migrações, conversões de renda, transferência de gerenciamento, análises de viabilidade, entrada de novas patrocinadoras, planos novos, ufa! Ainda bem que me sinto preparada e estou aberta, tanto para agregar quanto para me aprimorar.

Hoje estou gerente de estudos atuariais da Vivest, com uma equipe excelente e coesa, e inspirada por muitas mulheres incríveis que estão ao meu redor, lidero com foco nas pessoas e com a convicção de quem sabe o valor da representatividade, diversidade e do diálogo.

Por incentivo de muitas referências minhas dentro da Atuária, como a querida Andrea Vanzillotta, me candidatei a diretora do Instituto Brasileiros de Atuária (IBA) e fui eleita com o maior número de votos. Agradeço à confiança da comunidade atuarial e atribuo este resultado ao trabalho como representante regional do instituto, participação em grupos técnicos e, principalmente, ao projeto das *lives* e protagonismo nas redes sociais. Me comunicar abriu esta e muitas outras portas.

Dividir a diretoria do IBA com grandes nomes da Atuária, como Letícia Doherty, Máris Gosmann, Glace Carvas, Raquel Marimon, Daniel Conde, Giancarlo Giani, Ivan Sant'Anna, Aline Rocha, Joel Garcia, Anderson Silva, Cristiane Correa, Tatiane Xavier e Paulo Roberto (Guri), foi uma das minhas maiores experiências profissionais. Dentre os vários feitos do grupo, destaco o 13º Congresso Brasileiro de Atuária em 2022. Acredito que o sucesso do evento coroou nossa gestão.

Neste meio-tempo, a convite da Uniabrapp, me tornei especialista da instituição e pude compartilhar meus conhecimentos no treinamento "Gestão Atuarial: Direto ao Ponto". Duas turmas, com excelente avaliação!

Lecionar e palestrar são atividades que gosto bastante de exercer. Devo às aulas muito do que domino tecnicamente, a boa comunicação, facilidade de argumentação e o "jogo de cintura", pois as trocas são extremamente ricas e por vezes desafiadoras.

Acredito que minha história seja um testemunho de que com planejamento, determinação e, principalmente, com apoio é possível conquistar o que se deseja.

Espero que minha jornada possa contribuir na construção da sua e que você também se aproprie das suas potencialidades, reconheça suas competências e celebre cada conquista.

Quando sua sorte chegar, que a(o) encontre pronta(o)! Te vejo nas redes sociais!!

O destino do rio é
correr para o mar

Natalie Haanwinckel Hurtado

LINKEDIN

Fundadora e CEO da *climate tech* Arteh. Especialista sênior de impacto ambiental da RACQ. Membro da ANSP e do IBA, de onde é ex-presidente. Bacharel em Atuária pelo Instituto de Matemática, Mestre em Ciências pela COPPE e Doutora em Administração com ênfase em Finanças pelo Coppead - todos da UFRJ. Mestre em Empreendedorismo e Inovação com ênfase em Sustentabilidade pela Univeristy of Queensland, selecionada para a Dean's Honour Roll como reconhecimento de sua notável performance acadêmica. Foi professora adjunta do Instituto de Matemática-UFRJ e professora convidada em cursos de MBA da FEA-USP, ENCE e Funenseg. Atuou como autoridade de supervisão de seguros da Susep, tendo ocupado o cargo de secretária-geral com envolvimento nas questões relacionadas à regulação do risco climático.

Cresci em uma família de classe média baixa num dos subúrbios do Rio de Janeiro. Filha única de pais emigrantes – minha mãe de Salvador (BA) e meu pai de Trinidad, vilarejo às margens da floresta amazônica boliviana. Minha mãe foi bancária e meu pai engenheiro eletricista. Meu pai emigrou para o Brasil selecionado por um programa de intercâmbio com países da América Latina para estudar Engenharia. Minha mãe, na época, trabalhava na biblioteca do Instituto de Matemática (IM) da UFRJ, onde se conheceram.

Raízes culturais e familiares: uma jornada de identidade

Estes fatos se tornaram relevantes na medida em que duas décadas mais tarde eu estudaria Atuária nesse mesmo IM, ao qual fui apresentada por minha mãe com apenas um ano de idade. Alguns anos depois da graduação, fiz meu curso de doutorado no Coppead, o qual ocupa desde os anos 70 o prédio que era o alojamento em que meu pai residiu por um período de seus estudos no final dos anos 60. Mais tarde, tornei-me professora de Atuária, ocupando um gabinete localizado no antigo espaço da biblioteca do IM, justamente aonde minha mãe trabalhou até os meus dois anos. Esses eventos marcam uma fascinante sincronicidade no espaço-tempo, que, vez ou outra, eu percebo existir em minha jornada.

Meus pais se divorciaram quando eu tinha cinco anos, tendo meu pai retornado à Bolívia e lá ficado até o final de seus dias, e minha mãe sendo pai e mãe por muitos anos. Meu tempo com meu pai foi curto, mas marcante o suficiente para imprimir em mim uma grande identificação com a cultura latino-americana. Aprendi minhas primeiras palavras em espanhol com ele e com muitos familiares bolivianos que passavam temporadas em minha casa.

Além de meus pais, grandes influências da minha infância foram meus avós maternos e meu segundo pai, o segundo marido de minha mãe. Eu o chamava "ábba", que significa pai em hebraico. Eles foram meu porto seguro até o final de seus dias, apoiando-me em cada passo do meu amadurecimento. Meus avós eram de Salvador e deles herdei a completa imersão e amor pela cultura afro-brasileira, desde a culinária, música e histórias, até a religiosidade. Ábba era judeu, engenheiro militar. Um homem dos livros, muito sóbrio e culto. Sobretudo, um ser humano de grande bondade e sabedoria. Meu primeiro e maior mentor. Nesse caldeirão cultural, foi em mim forjado um interesse e gosto por valores transcendentais, no sentido de tudo aquilo que vai além do comum. Sempre me interessei pelo diferente.

Aos 11 anos, passei no concurso do Colégio Pedro II. Fui uma aluna brilhante e, embora gostasse e fosse excelente em todas as matérias, tinha predileção por Matemática. Aos 13 anos, costumava dizer que seria professora dessa disciplina, o que de fato se tornou realidade. Aos 14 anos, isso quase mudou, pois tive meu primeiro contato com a Sociologia e me apaixonei. Essa dualidade entre ciências exatas e humanas sempre me acompanhou.

No ensino médio, fiz o curso técnico em Processamento de Dados na ENCE com o intuito de obter uma qualificação profissional antes da universidade. Era o início dos anos 90 e do *boom* da Computação. Eu não me encontrei nesse curso e logo percebi que a Informática não seria diretamente parte do meu futuro.

Nessa época, minha mãe se casou com o ábba e nos mudamos de Bonsucesso para a Ilha do Governador. Saí de um subúrbio muito árido e com seu rio Faria-Timbó completamente poluído, para uma ilha onde por toda parte se podia sentir uma brisa e um ar mais puro, embora suas águas também fossem impróprias para banho.

Desde bem pequena, eu tinha preocupação com a poluição e com o meio ambiente. Sentia-me muito triste no local de minha primeira residência pelo fato de não ver pássaros nem árvores, de ter um ar muito poluído pela fumaça de carros e fábricas, um clima muito quente e um rio praticamente morto. Lembro-me de passar as férias escolares lendo muito para transportar-me a outros mundos e literalmente escapar da minha realidade. De frente da janela do nosso pequeno apartamento, eu podia ver o Complexo do Alemão sem qualquer vegetação e separado de nós pela linha férrea. A mudança para a Ilha do Governador, portanto, significou uma imensa renovação em minha vida.

Ao terminar o curso técnico, a conselho do ábba, ingressei no IM/UFRJ em 1991 e foi ele quem me falou pela primeira vez da carreira de Atuária que eu poderia estudar ali. Foi um encontro perfeito. A Atuária me proporcionou estudar disciplinas das ciências exatas, prioritariamente, mas também humanas. Ocupando-se primordialmente de riscos que impactam adversamente a vida das pessoas, a Atuária tem uma vasta extensão e oportuniza a reflexão sobre temas socialmente importantes, tais como a distribuição de renda e riquezas e a proteção de direitos coletivos.

Da infância à descoberta do propósito: a influência dos primeiros anos

Após a graduação, entrei no mestrado da COPPE para especializar meus estudos em seguros e acabei desenvolvendo, paralelamente ao tema da dissertação, uma pesquisa com bolsa da Fundação Mapfre em riscos ambientais, uma certa novidade na época na área de seguros. Isso ocorreu em 1996-97 e os ecos da

Rio 92 ainda estavam latentes. A partir daí, iniciei meu interesse sobre o tema meio ambiente, mas ainda demoraria para que eu pudesse colocá-lo em prática.

Nos primeiros anos de minha carreira acadêmica, foquei temas relacionados à previdência social e privada; mais tarde, já como autoridade de supervisão de seguros, trabalhei, dentre outros temas, com seguros inclusivos e o papel da educação financeira como mecanismo de empoderamento de camadas mais vulneráveis. Só atualmente, como empreendedora e especialista, meu foco são, finalmente, os riscos ambientais.

Olhando em retrospectiva, observo que minha trajetória repleta de mudanças foi possibilitada também porque tive uma formação fundamentada em pesquisa, o que me fez sempre abraçar e até perseguir toda oportunidade de aprendizado.

Além da meta de aprender continuamente, um outro propósito sempre me guiou: o de trabalhar para servir a um bem maior e coletivo. Do ginásio ao doutorado, estudei em instituições públicas e me sentia com a responsabilidade de retornar à sociedade o benefício que recebi. Isso me fez crer, por muito tempo, que eu deveria trabalhar no governo para servir ao povo.

Tornei-me professora substituta do curso de Estatística na UERJ durante o mestrado e, ao terminá-lo, prestei concurso para o cargo de professora assistente do curso de Atuária da UFRJ em 1998. Após a conclusão do doutorado em Finanças no Coppead, em 2008, passei à posição de professora adjunta. Ao todo, minha carreira acadêmica perdurou 15 anos. Recebi homenagens como professora paraninfa de diversas turmas e eu realmente amava o que fazia.

Durante o período em que fui coordenadora do curso de Atuária, lancei aos alunos o projeto de conceber uma Semana da Atuária, anualmente. Queria promover neles o senso de reponsabilidade coletiva, de modo que se apropriassem do projeto, que seria transmitido de ano a ano a alunos de turmas mais novas, legado este que permanece até hoje.

Os trabalhos que unem pessoas em prol de objetivos evolutivos comuns sempre foi algo que me motivou. Com o passar do tempo, esse aspecto ganhou um peso maior nas minhas escolhas profissionais, tornando-se mesmo o seu cerne.

Entre os mais de dez anos que separam meu mestrado e doutorado, reencontrei meu pai após 20 anos sem nenhum contato, me casei e me tornei mãe. Com menos de um mês do nascimento de minha filha, tive um grave evento de saúde em decorrência do parto. Na mesa de cirurgia, tive uma experiência de quase-morte que causou muitas transformações em mim, algumas imediatas e físicas e outras mais sutis e emocionais.

Fiquei cerca de um ano de licença, pois precisei fazer outra cirurgia e de bastante tempo para me recuperar fisicamente. Foi o período em que comecei a questionar meus propósitos profissionais e a desejar trabalhar em questões que tivessem um maior e direto impacto.

A primeira mudança que veio daí foi minha eleição para presidente do Instituto Brasileiro de Atuária (IBA) na gestão 2008-10. Ao final da gestão, minhas inclinações pessoais me mostraram um gosto maior por um saber vivo e vivido do que pelos artigos acadêmicos que poucos leriam e aplicariam. A pequena política universitária em que eu estava então inserida foi o sinal decisivo para deixar o mundo acadêmico e fazer novo concurso público para a Superintendência de Seguros Privados (Susep).

Da academia ao serviço público: a busca por impacto social

Ingressei na Susep em 2010 e assumi o cargo de assessora da diretoria técnica, devido à minha experiência na UFRJ e no IBA. Com o tempo, fui aprofundando minha compreensão sobre o papel do órgão supervisor do mercado de seguros brasileiro junto ao mercado supervisionado; à sociedade; ao governo federal; a outros órgãos do Sistema Financeiro – Banco Central do Brasil (BCB), Comissão de Valores Mobiliários (CVM) e Agência Nacional de Previdência Complementar (Previc); e ao contexto geopolítico no cenário global de reguladores de seguros.

Tais credenciais me habilitaram a assumir o cargo de secretária-geral da Susep em 2014. Tive as maiores oportunidades de desenvolver projetos com minhas equipes que me trouxeram grande satisfação pelo caráter de engajamento social, em nível nacional e internacional. Destaco os projetos de educação financeira da Susep, que alcançaram mais de 3.000 alunos das redes pública e particular em várias cidades do país, e em conjunto com o BCB, CVM e Previc, por meio de políticas públicas; e os de sustentabilidade em seguros.

O ano de 2015 foi importantíssimo no que concerne aos temas das mudanças climáticas e do desenvolvimento sustentável. Tivemos a adoção do Acordo de Paris e da Agenda 2030 para os Objetivos do Desenvolvimento Sustentável pela quase totalidade dos países do mundo. Com isso, em 2016, a United Nations Environmental Program – Financial Initiative, sob o guarda-chuva da International Association of Insurance Supervisors convidou os reguladores de seguros interessados no tema a fundarem o Sustainable Insurance Forum (SIF) – uma rede de apoio e discussão para reguladores de seguros levarem às suas jurisdições as orientações para futuras legislações e regulações sobre risco climático e seus impactos nos mercados de seguros. Tive a honra de representar a Susep na fundação dos alicerces desse importante instrumento e iniciar com minha equipe o trabalho de avaliação de como os riscos climáticos estavam sendo geridos pelo mercado de seguros brasileiro.

Com o *impeachment* da Presidente Dilma e a troca de quase toda a diretoria da Susep, também fui exonerada do cargo de secretária-geral em 2017. A Susep havia sido sondada a assumir a vice-presidência do SIF nessa ocasião, revelando o papel estratégico que o Brasil tinha no fórum. Contudo, já não existia mais o apoio interno para assumir tal responsabilidade.

Essa situação causou-me uma grande reviravolta. Não pelo fato de ter sido dispensada do cargo que ocupava, coisa corriqueira no serviço público, mas por ver o tema com o qual eu quis trabalhar por tantos anos ser retirado de qualquer prioridade. Eu sabia que isso seria temporário, uma vez que a pressão internacional de alinhamento às questões climáticas voltaria a demandar ações do Brasil, e consequentemente da Susep, em algum momento. O "problema" é que eu não estava mais disposta a esperar.

Minha determinação em trabalhar na área de sustentabilidade e, mais especificamente, com mudanças climáticas, veio por três dimensões. Eu já havia feito a pesquisa em riscos ambientais em 1996-97 na época do mestrado, despertando em mim o fascínio sobre a conexão ser humano-natureza e como o setor de seguros poderia colaborar para termos um mundo mais justo. Este foi o despertar de minha consciência.

Em 2012, passei pela experiência da iniciação espiritual na tradição Yorubá, que, como em todas as tradições de povos tradicionais, também se fundamenta na conexão com a natureza. Neste período de profunda imersão pessoal, tive a clara mensagem de que deveria direcionar meu foco de trabalho às questões de sustentabilidade, porém ainda não sabia como.

Em 2013, fiz uma viagem com meu esposo e filha a Trinidad. Lá, passamos um tempo morando num barco no meio da floresta amazônica boliviana e tive a riquíssima oportunidade de visitar povos ribeirinhos e adentrar por igarapés do rio Mamoré. Senti-me emocionalmente conectada à floresta e aos seus habitantes e passei a desejar fortemente me engajar em atividades para a preservação da floresta e do modo de vida de seus guardiões.

Foi então que em 2015 houve o terrível desastre da mineradora Samarco, cujos dejetos de lama com rejeitos da mineração danosamente atingiram desde a bacia do rio Doce até o oceano Atlântico. Povos indígenas que viviam pelo espírito do rio foram psicologicamente afetados, para além da perda de seu modo cotidiano de vida, e cerca de 20 funcionários da empresa foram mortos. Diante de todo o horror, nem sequer o mínimo de ter cobertura adequada de seguro/resseguro para aquele risco de acidente a empresa tinha. As autoridades de fiscalização, em diversas instâncias, falharam. Evidentemente, senti a impotência do meu trabalho.

Consciência Ambiental e Compromisso Social: uma nova direção

Ao realizar que não poderia mais atuar nas decisões sobre a regulação dos riscos de sustentabilidade/climáticos para o mercado de seguros e de que trabalhar apenas com políticas públicas era insuficiente, decidi que seria o momento de buscar novamente um outro lugar, dessa vez fora do país. Eu precisava respirar outros ares e me imergir no tema que estava decidida a trabalhar. Pedi licença sem vencimentos da Susep e me mudei para Brisbane, Austrália, com minha família, no final de 2018.

Recentemente, conheci a filosofia japonesa Ikigai, a qual nos ajuda a achar o propósito profissional e trabalhar no estado de ação sem esforço, tornando assim nossa existência mais inteira. O Ikigai é a interseção de quatro perspectivas em uma única escolha profissional que nos direciona a trabalhar em algo:

1. no qual somos bons,
2. que amamos fazer,
3. que o mundo precise, e
4. pelo qual possamos ser pagos.

Trabalhar com algo em que somos bons e amamos é ter uma paixão. Fazer o que se ama e que seja algo que o mundo precise é o que se chama de missão. Escolher algo que possa gerar renda e que o mundo precise é encontrar uma vocação. Uma atividade que somos bons em desempenhar e que conseguimos obter a renda desejada é o que chamamos de profissão.

Separadamente, essas combinações não são Ikigai, porque deixam escapar algum aspecto. O Ikigai é justamente o encontro de todas essas dimensões, sendo ao mesmo tempo uma paixão, uma missão, uma vocação e uma profissão. Uma razão para existir.

Entrando em Ikigai: o propósito almejado

Desde que cheguei em Brisbane, fiz um mestrado na *University of Queensland Business School* em Empreendedorismo e Inovação com foco em mudanças climáticas e desenvolvimento comunitário; fundei e sou CEO da premiada *climate tech* Arteh; e, em paralelo, trabalho como especialista de impacto ambiental numa mútua de seguros. Venho, finalmente, realizando o sonho de aprender cada dia mais sobre a gestão dos riscos climáticos e, sobretudo, como trabalhar junto com povos indígenas em seus próprios projetos em suas comunidades.

Estou construindo meu estado de Ikigai. Para entrar nele, entendo, é preciso ter uma mentalidade de abundância em meio a um mundo de escassez de recursos, no qual o meu recurso mais restrito é o tempo. A mentalidade de abundância, para mim, está relacionada a criar e manter laços de afeto com todos e tudo à minha volta. Estar presente para as pessoas queridas e ser grata por toda a jornada, tanto aos que se juntam às minhas causas, tornando as lutas ou tarefas mais simples e prazerosas, quanto aos que se colocam como desafios no meu caminho.

Aliás, foi graças a esses que eu mais me mexi e fui me entendendo mais profundamente para desvendar quem realmente sou.

As oportunidades
são as alavancas
de sua trajetória

Noemia Vasquez

LINKEDIN

Graduada em Estatística e em Ciências Atuariais pela Universidade Federal do Rio de Janeiro – UFRJ, MBA em Fundos de Pensão – Engenharia de Planejamento pela COPPE/UFRJ e IAG da PUC-RJ (Pontifícia Universidade Católica), membro do Comitê de Certificação do IBA (Instituto Brasileiro de Atuária), coautora do livro "Gestão Estratégica", atualmente diretora de Seguridade da Previndus – Associação de Previdência Complementar.

Sinto-me muito honrada com o convite de participar deste livro que registra um pouco da trajetória de mulheres na área atuarial, poder contar nossos passos nesta linda profissão e contribuir com outras que estão no caminho ou ainda o irão trilhar. Acredito que seja uma homenagem às mulheres que trabalham, têm uma profissão e todos os dias estão contribuindo para o crescimento de nossa sociedade.

Ao iniciar fiquei pensando em quanto fiz e pretendo fazer. E, confesso, fiquei muito emocionada, pois na realidade acho ser um momento de reflexão para todas nós que estamos neste livro. Entretanto, é muito difícil colocar no papel emoções, alegrias, tristezas, relatar momentos e ainda lembrar de todos que estiveram na minha vida neste enorme mundo em que vivemos.

Nasci em Belo Horizonte, e vim para o Rio de Janeiro ainda criança, então me sinto "carioca da gema". Minha mãe era de família tradicional do sul de Minas e meu pai era carioca, em casa sempre tinha feijão preto. Aprendi muito com eles sobre retidão, ética e profissionalismo. Minha mãe, no início do século passado, teve que sair de sua cidade natal aos 18 anos para tentar trabalhar nos órgãos públicos na capital porque nas pequenas cidades havia um cartel religioso e político que norteava as nomeações. Esse ato de coragem e determinação me inspirou em diversos momentos. E optar por ser atuária, profissão até pouco tempo desconhecida, não foi diferente. Foi necessário determinação e coragem. Perdi a conta de quantas vezes tive que explicar o que fazia: o quê? O que é isto? Como assim? Mas o que significa? O que faz exatamente?

Sempre gostei de matemática. Optei por fazer o curso de estatística. Eu e meus colegas éramos a primeira turma da UFRJ (Universidade Federal do Rio de Janeiro), no Fundão. Curso com matérias do básico de Engenharia, enfrentar aulas de Física, sem nenhuma aplicação ao que almejávamos, foi difícil. Em contrapartida, tínhamos excelentes professores, alguns deles integrantes da Coppe – Pós-Graduação e Pesquisa de Engenharia da UFRJ.

Complicado até chegar para ter as aulas, momentos saudosos de pegar carona para entrar no Fundão e sair após assistir aulas em salas quentes, enormes... éramos todos felizes: turmas ecléticas, com pessoas de várias classes sociais e histórias. Meu esposo, à época namorado, fazia Engenharia e sempre estava presente nas horas vagas na nossa turma. Aprender a defender até se sua nota tinha sido lançada corretamente, buscar um CR (coeficiente de rendimento) bom porque abriria portas nos empregos futuros. E ir para o Núcleo de Computação rodar programas num IBM 1130 com 8 Kb de memória, isto mesmo 8 Kb. Hoje os celulares têm pelo menos 64 Gb. Enfim, momentos de faculdade sempre são maravilhosos e renderiam páginas e páginas.

Nessa mesma época trabalhei meio período em uma empresa americana que tinha um programa de verão para estudantes, e eu fui atuar na área de concessão de crédito, financiamento. Lá foi o meu primeiro contato com clientes, atendendo e tentando minimizar as suas dificuldades financeiras. Lembro-me sempre desses momentos quando estou criando um produto ou serviço, idealizando uma forma de melhor ajudar as pessoas no social.

E como fui parar na área atuarial? Tivemos um ciclo de palestras no terceiro ano com diversos profissionais e uma delas me atraiu bastante. Foi ministrada com muita energia, visão de futuro e empreendedorismo pelo atuário José Américo Péon de Sá. Naquele momento decidi que faria Atuária após terminar estatística. E nessa nova aventura, o ciclo profissional era na UFRJ da Urca à noite, lugar antigo, com vários insetos.

Lá conheci vários estudantes que hoje são colegas no mercado de trabalho e juntos divulgamos a profissão atuária. Cada um na sua área de atuação: seguro de vida, seguro de bens, entidades e atuação em órgãos governamentais. Afinal, éramos novos, em uma profissão antiga, mas que surgia como novidade na sociedade, até então com pouca preocupação preventiva de futuro.

Na busca por emprego passei pelo jornalismo da TV Globo, pela estatística no Sesc até chegar finalmente na Atuária na empresa do Prof. Rio Nogueira, que atuava na área de previdência complementar, criador da Petros muitos anos antes. Estávamos em um período de crescimento das entidades que propiciavam suplementação de aposentadoria, e assim entrei para o ramo de previdência complementar.

Nesse período dei continuidade ao mestrado iniciado na Coppe em Pesquisa Operacional na UFF (Universidade Federal Fluminense). Não defendi a tese, dificuldades no trabalho e logo depois tive a minha primeira filha. Enfim, jamais podemos dizer que não temos arrependimentos e passei a ter um dos poucos que tenho. Hoje, mais madura, penso que deveria ter me esforçado mais. Sempre que converso sobre desenvolvimento profissional cito esse exemplo. E oriento que, "vencida a etapa mais cansativa que são os créditos, aulas, não desanime, faça o possível para realizar o trabalho final, é oportunidade que não tem volta".

Anos depois fui trabalhar na Telos, entidade de previdência complementar fechada cuja patrocinadora principal era a Embratel. Grandes desafios! Muitas viagens país afora. Lá tive o prazer de trabalhar com Mizael Mattos Vaz, pessoa incentivadora, que colocava desafios a todo instante, permitia o crescimento dos funcionários e criava oportunidades. Cresci muito! Desenvolvemos muitos produtos novos que se perpetuam e serviram de exemplo.

Nossa, como tive chances nesta fase! E sempre cito uma frase: "o bonde passa e não volta". Então, precisamos agarrar e valorizar o que nos é oferecido.

Atuei em vários setores da empresa e ganhei muita experiência. Foi como uma terceira faculdade.

Descobri que ser atuária exige diversos conhecimentos para além das fórmulas matemáticas e estatísticas. É necessário saber sobre Finanças, Comunicação, Direito e muito mais!

Hoje considero importante conhecer o lado social de nossa profissão, saber que todo dia estamos fazendo algo para melhorar a vida das pessoas. Em especial, ajudando-as a se preparar para a aposentadoria, tendo qualidade de vida com seus familiares e amigos.

Nesse período, como atividade paralela, ministrei vários cursos na Abrapp (Associação Brasileira das Entidades de Previdência Privada), cujos temas englobavam previdência privada aberta, benefícios da Previdência Oficial, comunicação, atendimento e também nas entidades: Ancep (Associação Nacional dos Contabilistas das Entidades de Previdência), IBA (Instituto Brasileiro de Atuária), ENS (Escola Nacional de Seguros) e outras, compartilhando os conhecimentos adquiridos. E nunca expliquei tanto o que era Atuária como nessa época!

Fora do âmbito de empresa privada, exerci a função de Atuária na extinta Secretaria de Estatística e Atuária do Ministério do Trabalho e Previdência, no Rio de Janeiro. Ao trabalhar em órgão público aprendi muito e passei a entender que a visão do profissional nestes organismos é diferente porque ele tem a chance de ver diversos ângulos, até o que não se imagina, o que acaba resultando em legislações, exigências, que nos parecem incoerentes, mas necessárias para evitar absurdos e proteger a sociedade.

Orgulho-me de ter participado de dois momentos especiais no mercado de previdência complementar, um deles foi a coordenação da Comissão de Atuária e de Contabilidade da Abrapp, única vez em que as duas áreas se uniram, apresentando dois projetos no Congresso, em um deles a proposta de plano de contas que é a base do que temos hoje. E o outro foi desenvolver juntamente com um grupo de vários atuários do país e do exterior os primeiros passos para implantar no mercado brasileiro o plano de contribuição definida, no qual o cálculo da aposentadoria é baseado no montante das contribuições realizadas e rentabilizadas. Hoje é o tipo de plano mais utilizado no país.

Foram momentos de crescimento, que me deram desenvoltura, capacidade de gerenciamento e de condução de projetos. São estes projetos paralelos que nos fazem crescer na vida real. Não existe este ensinamento na faculdade.

E tive minha segunda filha, temporona! Tive de recomeçar 11 anos depois.

Hoje posso dizer que tenho uma família maravilhosa, todos se ajudam em qualquer momento crítico, seja de trabalho, seja pessoal, inclusive na revisão deste texto. Esta convivência se constrói no dia a dia, todos os dias!

Iniciei na diretoria do IBA e permaneci por diversos mandatos. Todos deveriam pensar em exercer um papel que contribua para a sociedade, para o coletivo. Este sentimento é especial, nem todos têm, mas é possível se desenvolver e é prazeroso.

Durante este período, procurei juntar atuários com a comunidade contábil que no passado não se adoravam profissionalmente – todos precisam uns dos outros –, aproximar mais o IBA dos órgãos governamentais, melhorar a comunicação. E, nos últimos mandatos, tive o prazer de estar junto com Daniela Mendonça, que foi a primeira presidente mulher do IBA. Aprendi com ela a ter coragem e força para passar por adversidades em cargos executivos.

Esta atuação me rendeu um prêmio na categoria de Dirigente Institucional da Ancep, instituição presidida pelo Roque, amigo de sempre e que também busca constantemente a união de contadores, atuários e advogados.

Continuo participando do IBA em diversas comissões e sou membro do Comitê de Certificação de atuários, o qual valoriza a profissão de atuária.

Após anos me vi rompendo laços com a Telos, por uma nova oportunidade. Foi penoso, afinal, tínhamos todos uma cumplicidade, éramos jovens, saíamos no fim do dia para *happy hour*, vivíamos os desafios de cada um, crescendo juntos tanto no lado profissional como no pessoal.

Ao sair recebi um cartão com uma frase do meu diretor, Luiz Carlos Junqueira, alguém que me inspirava muito, em que ele disse que eu sabia aliar competência técnica com dedicação às pessoas. E tento conservar esta habilidade comigo até hoje.

O novo desafio que surgiu foi assumir a diretoria de seguridade da Previndus, também na área de previdência complementar. Entidade multipatrocinada, por Sesi, Firjan, Senai, Senac e Sesc no Rio de Janeiro.

Lá comecei novamente!

Definir o objetivo da empresa, seu propósito e consequentemente sua estratégia. Quais são os rumos diante de tantas crises econômicas, adversidades, ambiente regulatório e fiscalizador. Fazer a empresa crescer neste mundo tecnológico e digital em que vivemos. A importância de ver a empresa como um todo.

Diante da atual conjuntura dos últimos anos, a Previdência Oficial vem enfrentando diversas crises, e os fundos de pensão passaram a despertar maior interesse da população. Hoje o brasileiro tem mais consciência da importância de se preparar para o futuro, poupa mais, é preocupado com a aposentadoria, com o futuro para, se possível, não depender de filhos e netos para sobreviver.

Mas este número de pessoas atentas ao que vem pela frente ainda precisa crescer!

Com o aumento da longevidade, fica a questão: afinal, o que vale viver muito se for sem saúde, com dificuldades para manter o aluguel ou sem recursos para o lazer? É preciso envelhecer com dignidade.

O atuário é chamado hoje de "artesão do risco". Em função da característica de sua formação de obter resultados técnicos, o atuário é convocado a opinar tecnicamente em vários segmentos, para propor soluções matemáticas ou alertar sobre os riscos envolvidos. Por isso, passou a ter uma visão total da entidade com o compromisso de manter o equilíbrio financeiro atuarial, garantindo sua solvência hoje e amanhã.

Neste contexto, mergulhei na empresa, com coração, atuando em vários segmentos, procurando torná-la uma entidade fiel aos seus propósitos, com qualidade e excelência para os seus participantes e patrocinadoras. É importante a capacidade de criar, gerar relacionamento com os clientes e postura de empreendedorismo. Afinal, o cliente de hoje cobra competência, modernidade, transparência, atuação no social e na comunidade.

Destaco duas experiências interessantes. Longe da minha zona de conforto, fui desafiada a desenvolver um projeto que necessitava de atuação de marketing, de convencimento de pessoas. Contratei a empresa Nós da Comunicação para me assistir nessa empreitada e acabamos finalistas do Prêmio Aberj, na categoria Campanha de Comunicação de Marketing. Descobri que tenho um gosto pela comunicação.

A segunda foi bem peculiar, a construção de arquivo de pasta dos participantes com indexação numérica por número de matrícula que antes era em ordem alfabética. Parecia simples, mas exigiu bastante trabalho. Após arrumado, ficou lindo. A matrícula com algarismos coloridos facilitou a visualização da sequência numérica e sua localização. Ninguém levava fé que daria certo. Simplificou o dia a dia, funcionou durante anos. Seria um legado humilde se a tecnologia de digitalização de documentos não o fizesse ficar obsoleto e fosse eliminado. Ficou somente na lembrança tal curiosa contribuição.

Trago este exemplo aqui porque o importante é mostrar como um projeto singelo pode ajudar no andamento dos processos em uma empresa. Nem sempre é necessário ser grandioso para fazer a diferença.

Eis que, de repente, fui convidada pelo Devanir da Silva, superintendente da Abrapp, para ser coautora do livro "Gestão Estratégica". Nossa, como fiquei feliz com este feito. E agora, novamente, cá estou escrevendo mais um capítulo, desta vez sobre minha trajetória profissional, esperando inspirar.

Com o passar do tempo percebemos que não estamos mais em um ambiente em que o importante era só oferta/demanda, produto, qualidade e TI. Estamos na era da inteligência artificial! E o que mais virá?

Dessa forma, toda ação deve ter em mente as evoluções que estão ocorrendo e que virão numa velocidade muito maior. Gestão, governança, ética, estratégia, digital, redes sociais, ESG, LGPD, equidade, gerenciamento de riscos, marketing e tantas outras são hoje palavras do nosso cotidiano, mas até há algum tempo, não muito distante, eram desconhecidas ou consideradas não importantes.

Voltando à Previndus, com a entrada da diretora Luciana de Sá, economista, com uma boa visão de longo prazo, e muito comprometida formamos uma diretoria predominantemente feminina, buscando sintonia entre as várias áreas de atuação, monitorando as atividades e fazendo com que quaisquer ações a serem implementadas atinjam o interesse coletivo.

Procuramos fazer o melhor para atender os nossos clientes, acompanhar o turbilhão de novas legislações e a evolução tecnológica que voa como um avião a jato. Não existe a metodologia perfeita, mas é importante refletir sobre os acontecimentos, optando por ações que minimizem riscos e que nos impeçam de desviar dos propósitos da entidade, inovando, criando caminhos, a fim de garantir a sustentabilidade da empresa e consequentemente de nossos clientes, que são pessoas que esperam uma vida melhor no futuro.

Afinal, trabalhar com previdência é saber que você faz diferença na vida das pessoas!

Plagiando uma colaboradora, "mata-se um leão por dia". É verdade, mas tenho a sorte de liderar uma equipe comprometida e disposta a enfrentar os desafios ao meu lado. E posso dizer que sou muito feliz no que faço. Nada é mais gratificante do que trabalhar com o que gostamos, nos sentirmos valorizados e o melhor, orgulhosos.

Gostaria de finalizar enfatizando que as mulheres, por serem dedicadas, exigentes, meticulosas, capazes de atuar em vários projetos simultaneamente e, ainda, se seguirem seu instinto feminino, têm todos os ingredientes para serem poderosas e galgarem cada vez mais espaço no mercado de trabalho.

"A vida é feita de oportunidades e as pessoas são pontes."

É só o início
de uma história

Priscila Portal

LINKEDIN

Atuária e Contadora, formada pela Universidade Federal do Rio Grande do Sul (UFRGS). Especialista em Gestão da Previdência Complementar. Membra do Instituto Brasileiro de Atuária e do Conselho Federal de Contabilidade. Perita Judicial há mais de dez anos, sendo uma das primeiras atuárias a atuar como perita em todo o território nacional. Certificada no Instituto Brasileiro de Atuária (IBA) em Previdência Fechada Complementar. No IBA, foi representante regional no Rio Grande do Sul de 2020 a 2022, conselheira Fiscal em 2021 e em 2022, coordenadora do Comitê de Perícia Atuarial em 2022, diretora na gestão 2023/2024. Consultora, palestrante e professora.

Raízes e Essência

Eu sou a Priscila. Alguns me chamam de Pri, outros de Portal e outros de Guriazinha. Talvez eu seja a atuária mais jovem deste livro e assim foi em muitos momentos da minha vida, isto pode explicar este último apelido.

Fui criada em Santo Antônio da Patrulha, uma cidade pequena da região metropolitana de Porto Alegre, que fica a 70 quilômetros da capital e possui cerca de 40 mil habitantes. Filha do Olavo e da Elita, dois empreendedores que sempre atuaram e atuam na área de esquadrias e movelaria e que, desde muito cedo, mostraram a mim e ao meu irmão mais novo lições de gestão, liderança e empreendedorismo. Muitas foram as tardes que, por vontade própria, na nossa infância, ficávamos no escritório assistindo ao trabalho deles, atendendo telefonemas e digitando orçamentos.

Quando criança, meus brinquedos favoritos sempre foram caderno, papel e lápis. Por muito tempo, fiz meu irmão e minhas primas de meus alunos de matemática. Tive uma infância muito feliz, rodeada de muitos primos. Aos finais de semana nos encontrávamos na casa dos meus avós e durante as férias passávamos bom tempo juntos.

Até meus quatro anos, meu maior medo era ter que ir para

a escola. Lembro muito bem o dia em que um amigo dos meus pais me perguntou quando começaria minha vida escolar e eu saí correndo para o quarto chorando, porque me amedrontava saber que logo teria que ir para a aula. Quando atingi a idade para entrar na pré-escola, o medo foi embora e conto nos dedos os dias em que faltei.

Dos meus cinco até os 17 anos, estudei em colégio de freiras e, desde muito cedo, era a líder da turma e já carregava as responsabilidades de representar meus colegas no que a escola demandava. Sempre me envolvi em todos os projetos que eram propostos: fiz o papel de Maria nas apresentações de Natal, escrevi e declamei pessoalmente uma poesia para o Moacir Scliar, por várias vezes escrevi em uma coluna do jornal da cidade, divulgava os eventos do colégio nas outras escolas, entre tantas outras coisas. No Ensino Médio, tive a oportunidade de ser tesoureira no grêmio estudantil e em outros eventos propostos pela minha turma, cuidava de toda a administração e contabilidade. Apesar de ser a "queridinha" das irmãs e professores e ser uma das alunas com as melhores notas, eu também era da turma do fundão, o que me fez fazer muitos amigos, os quais ainda cultivo e se fazem presentes na minha vida até hoje. Foi em uma tarde despretensiosa com estes colegas que, ao ler o Guia do Estudante de um jornal do estado, encontrei o curso de Ciências Atuariais. Nesta época, eu descobri que não só eu, mas quase ninguém, conhecia este curso. Ao ser chamada para receber o diploma do Ensino Médio com "vem aí a nossa futura atuária", percebi os olhares curiosos de todos que estavam sentados na plateia. Isto me motivou ainda mais! Esta é a minha primeira lição: **fazer o que o motiva de verdade**!

Caminhando com as próprias pernas

Mesmo gostando de números e estar sempre com o caderno da contabilidade da minha turma debaixo do braço, Ciências Contábeis não era minha primeira opção de carreira e, por falta de ofertas nas universidades, me inscrevi em vários vestibulares para Economia e na Universidade Federal do Rio Grande do Sul (UFRGS) para Ciências Atuariais, única universidade do sul do país que oferece o curso até hoje.

Apesar de ganhar diversas bolsas para cursar Economia e ter passado na Universidade Federal de Santa Maria, a vontade de fazer um curso totalmente diferente venceu. Naquele ano, a UFRGS implementava cotas no seu concurso e, com a pontuação que eu fiz, não sendo cotista, eu precisava de uma única desistência. Nenhuma pessoa desistiu e tive que esperar mais um ano para entrar na faculdade. Aqui eu agradeço fortemente a meus pais, que nunca questionaram minhas escolhas, pelo contrário, me motivaram a ir atrás dos meus sonhos. Eles realmente são a minha base de tudo.

Em 2009, aos 18 anos, me mudei sozinha para Porto Alegre, capital do Rio Grande do Sul. Eu sempre fui uma pessoa reservada e poucas eram as vezes em que dormia fora de casa. Mudar-me para outra cidade tão jovem tornou o ano o mais desafiador da minha vida.

Nada é por acaso

Já na faculdade, tudo era muito novo e, como a maioria dos atuários, fui descobrir o que realmente fazia um atuário somente no segundo ano de curso. A rotina na faculdade nos dois primeiros anos era bastante exaustiva, com aulas pela manhã, tarde e noite em diversos campi. Foi só no fim do quarto semestre que entrei no meu primeiro estágio em uma Entidade Aberta de Previdência Complementar (EAPC).

Meu principal trabalho neste estágio era me dirigir até o jurídico todos os dias, escolher uns cinco processos dos mais de mil, voltar para minha mesa e lê-los inteiros para mensurar o risco financeiro que a entidade possuía caso perdesse. Esta atividade tinha por finalidade o provisionamento judicial, já que a

Superintendência de Seguros Privados – Susep, começava a iniciar um trabalho de fiscalização nesta parte. Como nunca tinha tido contato algum com processos judiciais, eu lia absolutamente tudo que continha neles, até mesmo procurações e atestados de óbito. Encaro esta fase como o meu maior trunfo em aprender tanto sobre Direito. **Tudo tem um porquê!** Foi lendo os processos judiciais que descobri o trabalho pericial. Dentro dos autos eu encontrava muitas perícias, algumas delas de pessoas que eu já começava a admirar desde esta época e, assim, iniciando o terceiro ano de faculdade, descobri o que eu gostava de verdade.

Ainda na faculdade, estagiei em uma consultoria onde fazia o trabalho de perita assistente para uma Entidade Fechada de Previdência Complementar (EFPC) e, quando estava quase me formando, fui para outra EAPC, onde permaneci por mais de oito anos. Nesta última, eu fui a primeira atuária contratada da empresa e, também, uma das colaboradoras mais jovens, eu tinha apenas 22 anos. Foi ali que tive uma experiência, com grande amplitude, em diversas áreas, mas foi o jurídico que falou mais alto e por muitos anos coordenei uma área atuarial dentro da área jurídica, reestruturando processos e sistemas de provisionamento, mensurando riscos, juntando Direito e Atuária nas defesas, palestrando para advogados, sendo a perita assistente da entidade, gerindo outros colegas neste mundo que foge um pouco do tradicional.

Prudência e Cautela

Quando finalizei o curso de atuariais, em 2013, eu já sabia que queria ser perita judicial. O trabalho pericial me encantava por ter seu aspecto social à medida que tu te tornas um parceiro do juízo, contribuindo para que a justiça seja realizada de forma ética, protegendo, através da técnica, o direito das partes.

Embora na faculdade não termos visto absolutamente nada de perícia, a minha vivência dos últimos dois anos e meio tinha sido nesse tema. Lembro como se fosse hoje, no último dia de aula, fui até o professor do curso e perguntei aonde eu poderia fazer um curso de perícia atuarial. A resposta foi de que este curso não existia. Naquele momento eu percebi que muito ainda precisava ser feito pela nossa profissão.

Isso não foi empecilho para eu desistir, logo pensei que a melhor forma de aprender algo mais concreto, além da minha experiência, seria cursando Ciências Contábeis. Além disso, como uma boa atuária, eu sempre fui prudente e mitigadora de riscos. Ter apenas uma profissão estava longe dos meus planos. Acredito que esta característica preventiva veio da minha mãe. Por muitos anos, nos meus aniversários de criança, em setembro chuvoso no Sul, ela comprava duas roupas para eu usar: uma se o tempo estivesse frio e outra se fizesse calor.

No início de 2014, quatro meses depois da minha formatura, prestei vestibular e cursei Ciências Contábeis, também na UFRGS. Aprendi muito como contadora, o que me fez, anos mais tarde, após fazer uma pós-graduação em Gestão da Previdência Complementar, assumir, durante dois anos e meio, a gerência atuarial e contábil em uma consultoria voltada às EFPCs e ser consultora em um escritório jurídico de recuperação judicial. Mas, com relação à disciplina de perícia, no meio do semestre que eu cursava, o professor faleceu e o aprendizado ficou restrito aos livros.

As escolhas fazem você reinventar

Já tendo bagagem e vivência como perita assistente, me aventurei como perita do Juízo. Digo aventurar porque é um grande processo até ser nomeada. Nesta época, então, o caminho era muito mais árduo. Em um primeiro momento, me cadastrei apenas no Tribunal de Justiça do Rio Grande do Sul. Como não conhecia nenhum juiz, tive que esperar até que viesse a primeira nomeação. Enquanto isso, nas minhas férias, eu visitava todas as cidades da redondeza para me apresentar, tomar um café (e eu nem gosto de café), falar sobre a profissão do atuário e entregar meu currículo.

Antes da pandemia, a maioria dos processos era física e, quando era nomeada fora da capital, tinha que ir buscar os autos. Novamente, agradeço a incansável disposição dos meus pais e do meu irmão que iam buscar os processos nas comarcas das cidades enquanto eu trabalhava. Pensando nesta logística e entendendo que muitos escritórios jurídicos trabalhavam com a figura do correspondente jurídico (advogado ou bacharel que se dispõe a atuar em nome de terceiros nos cartórios) comecei a me cadastrar em todos os tribunais do Brasil e a montar meu próprio banco de dados de correspondentes que buscavam e digitalizavam os processos para mim. Além disso, percebi que no cadastro do site do Instituto Brasileiro de Atuária (IBA) eu era a única perita que trabalhava em todo o Brasil e nos cadastros dos Tribunais de Justiça, naquela época, isto também era uma realidade. Assim, em pouco tempo eu estava sendo nomeada em diversos estados, em todas as regiões do país e sendo contatada por muitos advogados para fazer assistência técnica. **Sempre há algo novo a ser feito!**

Do aprendizado ao voluntariado

Em 2016 fui convidada para participar de um seleto grupo de atuários de Porto Alegre que estavam escrevendo um CPA sobre Provisões de Sinistros a Liquidar Judicial, em nome do IBA. Fazíamos nossas reuniões no centro da cidade no fim do dia. Eu era a única atuária mulher e, também, a mais jovem, meus colegas tinham de carreira o que eu tinha de idade. Muito mais do que contribuir, eu aprendi muito nesta época. Foi neste momento que despertei o sentimento de fazer mais pelo nosso instituto. Entretanto, estávamos muito longe da era das teleconferências e o IBA ficava muito distante em vários aspectos.

Três anos depois, em 2019, ao acessar o site do instituto, vi que estava sendo criado um grupo de trabalho para escrever o CPA de perícia atuarial e as reuniões poderiam ser feitas de forma remota em cada estado, pois o sistema aceitava apenas dez acessos. Imediatamente, me inscrevi. Nestas reuniões conheci grandes colegas que se tornaram ótimos amigos. Mesmo depois da entrega realizada, nós continuávamos nos reunindo, agora com mais facilidade, cada um conseguia acessar as reuniões de forma individual. Foi em meados de 2022 que se entendeu que o Grupo de Trabalho de Perícia deveria se tornar um Comitê Técnico de Perícia e, com muita alegria, eu aceitei o convite para ser a primeira coordenadora, além de ter sido convidada a palestrar sobre o tema no 13º Congresso Brasileiro de Atuária. Aquela menina que estagiava lendo os processos pulava de euforia dentro de mim.

Na minha passagem pelo IBA ainda tive outras responsabilidades, pois o voluntariado é uma responsabilidade, à medida que nos comprometemos a assumir as tarefas propostas. Atuei como Representante Regional do Rio Grande do Sul por dois anos e fui eleita conselheira Fiscal em 2021 e 2022. Para minha felicidade, em 2022, fui eleita diretora do IBA para os mandatos de 2023 e 2024. Lá estava eu, a atuária mais jovem dentre os diretores. Na Diretoria, tive a honra e a suprema satisfação de organizar, com o apoio de outros colegas, o primeiro encontro presencial de peritos atuários no Rio de Janeiro, bem como um curso de Rito Processual para os peritos. Aquele curso que eu tanto sonhava fazer quando eu saí da faculdade foi proporcionado para toda a comunidade de atuários.

Construindo caminhos

Eu sempre fui muito engajada naquilo que eu acredito. Quando percebi, depois de formada, que havia muito a ser feito pelo reconhecimento da nossa profissão, passei a aceitar com entusiasmo os convites que me eram feitos para realizar palestras sobre o tema. A chance de compartilhar meu conhecimento e experiência com outras pessoas é algo que me inspira e motiva profundamente. Foram inúmeras as vezes em que fui até as universidades, nos cursos de contábeis, falar sobre o trabalho atuarial nas disciplinas de Introdução à Atuária. Na UFRGS, minha segunda casa por muitos anos, porque além de contadora eu também me aventurei depois, por alguns bons semestres, na Engenharia Metalúrgica, sempre fiz questão de aceitar todos os convites: mentorias aos alunos, semanas acadêmicas, participação nas formaturas.

Como eu já disse, nada é por acaso, e, em 2023, depois de passar em um concurso, tive a oportunidade de lecionar na Universidade Federal do Rio Grande do Sul. Além das disciplinas de Atuária, introduzi o conteúdo de Perícia Atuarial. Ver os futuros colegas e até mesmo os colegas já formados que voltaram para a faculdade para assistir as minhas aulas, descobrindo este mundo novo, curiosos por algo que, até então, ninguém contou para eles, me fez perceber uma forma gratificante de contribuir para o crescimento e o desenvolvimento de outros profissionais.

Eu tenho muita sorte na minha trajetória profissional, porque desde muito cedo soube o que me fazia feliz e o que eu queria de verdade e pude focar minha energia nisto. O trabalho também é isso, é uma realização pessoal do que você faz e das escolhas que você toma. Encontrei profissionais no caminho que me fizeram agregar ainda mais conhecimento e autodesenvolvimento. Hoje, continuo aprendendo todos os dias. Sou uma eterna aprendiz em todas as reuniões que faço e conversas que tenho. **Somos o resultado de todo o nosso esforço.**

Acima das nuvens

Renata Gasparello de Almeida

LINKEDIN

Atuária pela UFRJ, com pós em Engenharia Econômica e Financeira e mestrado em Engenharia de Produção na UFF. Especialista em Regulação de Saúde Suplementar da ANS desde 2005 e, após mais de dez anos exercendo função atuarial, em 2016 passou a assessorar a diretoria responsável pelo desenvolvimento setorial atuando em projetos relacionados à indução da qualidade e implementação de modelos de remuneração baseados em valor. Autora do livro "O Capital Baseado em Risco – Uma Abordagem Para Operadoras de Planos de Saúde", Ed. Sicurezza. Foi professora substituta do Curso de Atuária da UERJ e atualmente é professora convidada no Instituto de Pesquisa Educação e Tecnologia (Ipetec) da Universidade Católica de Petrópolis (UCP). É membro do Instituto Brasileiro de Atuária (IBA) e do Instituto de Atuários Portugueses (IAP).

Recordar toda a minha trajetória como atuária até aqui me fez pensar em como a vida pode ser leve, na medida em que acreditamos no poder da superação e do amor.

Como muitos brasileiros, venho de uma família com antecedentes diversos. Meu pai, imigrante que desembarcou de um navio após mais de dez dias de viagem, veio em busca de uma vida melhor. Enviado por minha avó, ele nos contava que ela escondia os "mimos do lar" em um fundo falso abaixo do corte dos porcos para que os produtos não fossem levados pelos agentes do então regime instalado no país. Os mimos não alimentavam somente seu núcleo familiar, mas também alguns de seus sobrinhos e vizinhos próximos. Eram tempos difíceis e de muita escassez em Portugal.

A família da minha mãe é a típica mistura brasileira. Meu avô materno tinha sido tenente da Marinha, e ao se aposentar guardou um grampeador de ferro grande e pesado, que minha mãe sempre escondia de mim e meu sonho de estudante mirim era grampear minhas pesquisas escolares escritas em papel almaço com aquela relíquia. Minha avó materna, que tinha descendência indígena e portuguesa, com apenas quatro anos de idade perdeu seus pais e foi criada por uma tia em uma casa do subúrbio carioca. Ela morava na Ilha do Governador, para onde íamos, eu e minha irmã, sempre nas férias de verão. A Ilha do Governador nos parecia muito distante e cheia de aventuras. Íamos à praia e toda tarde, quando o padeiro passava, o resultado era sempre um "sonho" na conta dela.

Morávamos em uma casa na Zona Norte do Rio de Janeiro, e meus pais trabalhavam fora. Minha mãe era professora de uma escola pública na qual também estudei e sofri cobranças por notas boas. Meu pai era marceneiro e sócio em uma fábrica de móveis, onde eu adorava ficar. Lá eu atendia o telefone, organizava as fichas dos clientes, saía com ele de Kombi azul e todas as sextas-feiras ajudava a contar e separar em envelopes o pagamento dos empregados. Tenho certeza de que dessas tardes nasceram minhas habilidades com a matemática e minha visão organizacional. Era inspirada a mexer com contas. Meu pai, apesar de não ter muito estudo, adorava matemática, fazia contas de cabeça, me cobrava a tabuada e entendia um pouco de contabilidade.

Financeiramente, nossa família passou por alguns altos e baixos e meus pais sempre falavam que a maior herança a ser deixada seria o conhecimento e a educação. Algumas enciclopédias ajudavam a passar o tempo, nos momentos em que não estava na escola. Sempre gostei de matemática e geografia. Na matemática, participei de algumas maratonas obtendo boas colocações. Da geografia, adorava consultar o atlas, decorar nomes de cidades e hoje essa paixão se reflete em viagens e curiosidade por outras culturas.

Para me preparar melhor para o ingresso em uma universidade, fiz prova para um tradicional colégio particular do Méier – Zona Norte do Rio, que tinha turmas especiais para os melhores alunos e já no segundo ano ingressei em uma delas. Foi neste colégio que li pela primeira vez sobre a Ciência Atuarial em uma reportagem de um caderno de profissões de um jornal. Na época, a Informática era o sonho da maioria dos estudantes, juntamente com Direito e Medicina. A fase da adolescência trouxe também o peso de escolher uma carreira. Eu fiz minha escolha com apenas 15 anos e somente hoje tenho noção do quanto era imatura para isso. Meu sonho era estudar na UFRJ, desde quando pré-adolescente meu pai me levava nos finais de semana para andar de bicicleta na Ilha do Fundão. Eu ficava admirando aqueles prédios onde ficavam a reitoria e a Engenharia e acho que no fundo do meu coração sentia que ali algum dia seria minha casa.

Fiz grandes amigos na faculdade, que trago até hoje, 30 anos depois daquele primeiro trote recheado de farinha de trigo e ovo no gramado do Centro de Ciências da Matemática e da Natureza – CCMN. Dois desses amigos foram meus padrinhos de casamento e estamos juntos sempre que a rotina e a correria do dia a dia permitem. Foram muitos "perrengues" juntos, pois naquela época a Linha Amarela ainda não havia saído do papel e o acesso à Cidade Universitária era difícil. Além disso, o ingresso na universidade com apenas 16 anos me trouxe uma realidade totalmente diferente da que estava acostumada no colégio. O curso de Atuária na UFRJ é oferecido no Instituto de Matemática e no currículo as disciplinas eram junto com a matemática. No primeiro semestre tive aulas em auditórios lotados com alunos de Física e Astronomia. Esse choque inicial me trouxe muitas dúvidas e me questionava se estaria seguindo o caminho certo.

No ambiente familiar passávamos por um momento financeiramente muito difícil. Meu pai havia sofrido um golpe na sociedade que tinha e corríamos o risco de perder a casa onde morávamos. Meu terceiro período na UFRJ foi o mais difícil de todos, peguei poucas matérias e fui orientada por uma professora a puxar uma disciplina do profissional para sentir o que realmente seria a Atuária. A matéria escolhida foi Matemática Financeira e logo me apaixonei. Nunca me esquecerei da orientação recebida e do quanto um professor tem o poder de ajudar com consequências positivas para toda uma vida.

A procura por um estágio foi bem concorrida até ingressar na Susep como estagiária. Um novo mundo se abriu e tive a chance de conhecer seguros de pessoas, capitalização e saúde. Meu chefe era muito paciente, engraçado, ensinava e cobrava muito. Durante meu estágio à tarde no centro da cidade, estava concluindo as disciplinas da faculdade e tinha aulas de manhã no Fundão e à noite aulas no Campus Praia Vermelha. Foi um período bastante cansativo e a bolsa de estágio era ínfima, mas felizmente tinha o privilégio de fazer parte de um grupo de amigos unidos que se apoiavam e sonhavam juntos.

O estágio na Susep me trouxe visibilidade e em três meses já estava estagiando no coração atuarial de uma seguradora. Após três meses fui contratada como atuária júnior. Foi uma grande escola, onde tive uma diretora exigente e de difícil trato pessoal. A área atuarial era coordenada por uma atuária inteligente e que me inspirou muito (e ainda me inspira) tanto na vida profissional quanto pessoal. Foi nessa empresa que aprendi a postura necessária que o meio corporativo exige. A equipe também era formada por pessoas muito bacanas. Uma delas se tornou minha comadre e irmã de coração e a outra, uma amiga divertida, cuja filha aos 15 anos me elegeu como madrinha de coração. Além de grandes aprendizados, essa empresa também me trouxe uma segunda família.

Meu segundo emprego foi em uma empresa americana de seguros de vida e previdência que estava expandindo suas operações pelo mundo e um dos países escolhidos foi o Brasil. Na primeira semana já tive meu primeiro contato internacional com o atuário chefe global, que me apresentou o *pricing* de produtos, *break even point* e toda a política de subscrição que o Brasil deveria seguir. Lá expandi meus conhecimentos e percebi que como atuária não podia ficar limitada apenas a cálculos. Desenvolvi novas competências e interagia com outros departamentos. Apoiava o comercial com as cotações, participava na elaboração de novos produtos, atuava em conjunto com a contabilidade, financeiro, sinistros, auditoria e resseguros. Participei da comissão de mercado que elaborou o VGBL e realizei minha primeira avaliação atuarial. Tive contato com os primórdios das discussões do mercado de seguros para a implementação do Capital Baseado em Riscos no Brasil – em especial o risco de subscrição.

Infelizmente, neste período, a economia global e em especial a americana passava por um momento bastante conturbado e a empresa retirou suas operações do país. Foi um baque para todos e aprendi que apesar de toda a dedicação e paixão as empresas e profissionais estão sujeitos a reveses. O momento familiar também não era favorável, minha avó teve um câncer terminal. Apesar das excelentes oportunidades que apareciam para trabalhar em São Paulo, eu não queria sair do Rio. Foi quando me dei conta de que para ficar na minha cidade precisaria me reinventar. Nessa época, o mercado de saúde privado vinha crescendo e gerando muitas oportunidades, principalmente com a criação da ANS, precisando de um quadro próprio de servidores. Foi quando resolvi tentar o concurso, aprender um novo ramo e descobrir novas oportunidades como atuária.

Sempre gostei de estudar, queria fazer mestrado e me dedicar à vida acadêmica. Infelizmente a rotina puxada de uma empresa privada ainda não tinha me permitido. Além disso o salário no setor público era bem abaixo dos salários de mercado. Quando saiu o Edital da ANS, tive muito pouco tempo para me preparar, mas tive a grata surpresa de obter uma boa nota e de continuar na luta por uma das dez vagas de Atuário. Após a prova de títulos estava entre os cinco primeiros e pude ingressar no curso de formação, obtendo assim a minha vaga como Especialista em Regulação Atuária. A remuneração para o cargo correspondia à metade da que tinha e não havia benefícios, mas sentia que era o momento de envidar esforços em um novo ramo e de seguir em paralelo com o mestrado, mantendo minha residência próxima da família.

Já na ANS, meu perfil e experiência profissional me conduziram a uma área cujas atribuições tinham o foco econômico-financeiro. Era um departamento composto majoritariamente por homens, o que para mim foi muito difícil, pois era muito tímida e os papos eram bem masculinos.

Após algum tempo aprendendo sobre meu novo ramo de atuação e como já trazia algum conhecimento do mercado de seguros sobre as novas regras de Capital Baseadas em Risco, ingressei no mestrado em Engenharia de Produção da UFF com a proposta de elaborar uma dissertação sobre o tema. Voltar para a vida acadêmica foi revigorante, abri novos horizontes e fiz novos amigos. Paralelamente, no trabalho surgiu a discussão sobre a mudança do regime de solvência e com a vinda de um novo gestor com experiência no assunto me foi dada a oportunidade de integrar a equipe que começava a desenvolver o tema para a saúde suplementar. Participei de muitas reuniões, inclusive na apresentação como projeto piloto de análise de impacto regulatório na Casa Civil em Brasília e representando minha instituição em um comitê internacional. Foram trocas incríveis com grandes profissionais e em Brasília conheci uma pessoa que se tornaria uma amiga muito querida, apaixonada por poesia e que me mostrou a importância de apreciar a boa escrita além dos relatórios técnicos recheados de comutações atuariais.

A representação no comitê internacional me trouxe a oportunidade de viajar e conhecer atuários que atuavam na supervisão de seguros de diversas jurisdições. Tive a chance de me reunir com gestores de riscos em cidades como Tóquio, Sidney, São Francisco, Santiago, Bonn, Edimburgo e Cidade do Cabo. Os dias que antecediam as viagens eram sempre de muito estudo e preparação. Além de ser imprescindível ter total domínio sobre os assuntos técnicos e pautas das reuniões, era importante me inteirar dos hábitos e cultura dos países anfitriões. Meu gerente geral sempre me apoiava e alertava para o estigma de ser brasileira e ter pouca idade, logo, eu precisava superar todas as expectativas e obter o respeito necessário como representante de uma instituição e de um país em um fórum internacional de tamanha relevância.

Para além de todas as questões profissionais, um fato curioso ocorreria em uma dessas viagens internacionais, que mais tarde se revelaria como um grande momento em minha vida pessoal. Na segunda viagem que fiz, apresentei minha jurisdição em um auditório lotado. Eram profissionais de seguradoras que assistiam a um painel composto por mim, um representante da Índia e outro de Singapura. Ao final, a plateia foi convidada a fazer perguntas, e um rapaz alto, de óculos redondos e aparência de *nerd*, com seus cabelos cacheados, pediu a palavra. Ele já tinha me chamado a atenção desde o início, e me fez uma pergunta cuja resposta eu não tinha certeza. Naquele momento recorri à minha pouca habilidade de sair de "saias justas" em público e pude, de certa forma, responder ao colega que representava a Suíça.

Toda a minha dedicação à minha profissão e em especial a esse projeto, me trouxe validação pessoal e tive meu esforço reconhecido pela própria instituição internacional como membro integrante, sendo convidada a representá-los e palestrar em um seminário internacional no Equador.

Após um tempo de atuação nesse comitê e de alguns percalços e restrições orçamentárias deixei de viajar e de representar minha instituição. Mas continuei a estudar sobre o tema, concluí minha dissertação e posteriormente fui convidada a publicá-la em formato de livro por uma editora especializada em gestão de riscos. Em seguida, fui convidada a ingressar no meio acadêmico assumindo como professora substituta no curso de Ciências Atuariais da UERJ e atualmente leciono sobre Aspectos Atuariais e Concorrenciais em um curso de MBA.

Posteriormente, após mais de dez anos atuando na área de acompanhamento econômico-financeiro, foi nascendo em mim a necessidade de mudar de rumo novamente. Eu ansiava por conhecer mais sobre o setor que eu tinha abraçado e não queria ficar só na frieza dos números. Assim, fui convidada a ser assessora de um outro departamento e passei a lidar diretamente com médicos, dentistas, advogados e profissionais de outras formações.

Passei também por um período difícil para a saúde do meu pai e com essa experiência pessoal tive a oportunidade de perceber e sentir como era atribulada a sua jornada como paciente. Isso me fez refletir sobre o atuário na área da saúde e a necessidade de expandir sua atuação para além das distribuições estatísticas, precificação, caudas de *run-off*, variações de provisões técnicas e apuração de capital.

Nesta nova área, meu primeiro projeto foi integrar um grupo consultivo para a reformulação de um conjunto de indicadores para o setor, uma espécie de *ranking* setorial. Ali tive a chance de voltar a trabalhar com uma das atuárias mais divertidas, doces e de enorme coração que conheci. Também conheci uma nova chefe - médica que me permitiu explicar um pouco sobre matemática e gerenciamento de riscos. Comigo ela aprendeu que a constante π (PI) é muito mais que o valor 3,14... e consegui despertar em seu filho a curiosidade pela matemática.

Assim, voltei a integrar uma equipe composta por mais mulheres, competentes e conscientes do papel na sociedade e ratifiquei a sensação do quanto podemos ser brilhantes e respeitadas na vida profissional sem deixarmos de ser doces. Integrar essa nova equipe me possibilitou conhecer mais sobre saúde e perder a rigidez que adquiri após mais de uma década trabalhando em um ambiente majoritariamente masculino, competitivo e quase sem mulheres em cargos de gestão. Não deixei de ser atuária, pois pude trazer aspectos da Ciência Atuarial para outras áreas de uma instituição que lida com a gestão do risco que a assistência à saúde deve observar. Além disso, também consegui quebrar um pouco o receio dos profissionais da saúde da minha equipe com o tema e com as ferramentas que utilizamos e como exemplo cito a felicidade de um colega dentista ao conseguir fazer pela primeira vez um PROCV no Excel.

Ah, e quase concluindo... vocês se lembram daquele rapaz alto, de óculos redondos, cabelos cacheados, que havia me feito uma pergunta em uma palestra? Anos mais tarde nos reencontramos através das redes sociais e passamos a nos corresponder, não mais com perguntas sobre Atuária e sim com amenidades em uma amizade afetuosa. Assim, após muitas mensagens trocadas iniciamos um relacionamento à distância e passamos a fazer muitas viagens, "Acima das Nuvens", entre Brasil e Suíça. Foram muitas idas e vindas e uma delas permitiu que ele estivesse comigo no Brasil durante o momento mais difícil e triste da minha vida, quando meu pai faleceu.

Em 2020, veio a pandemia da Covid-19, fazendo com que ele ficasse por mais tempo comigo no Rio e em setembro de 2020 nos casamos. Ele também é atuário, e assim posso dizer que a Atuária, além de todas as minhas conquistas, também me permitiu conhecer o meu amado Thorsten.

Como mensagem, gostaria de dizer que com paciência, dedicação, amor e coragem sempre haverá espaço para mudar, alcançar novos desafios e alçar novos voos. Também é preciso ter em mente que não necessariamente o reconhecimento vem em forma de uma promoção profissional ou de um grande aumento salarial, mas através de pequenas mudanças que podemos influenciar e realizar no mundo ao nosso redor.

Por fim, o título "Acima das Nuvens" também foi escolhido pelo fato de que essas palavras foram escritas a mais de 35 mil pés de altitude em um voo transcontinental.

Desafios vêm para mostrar
o quanto somos fortes

Quando recebi o convite para participar do projeto, senti um misto de receio e frio na barriga. Fiquei bastante honrada. Em um mercado repleto de mulheres inspiradoras, ser escolhida para falar sobre minha história me deixou muito lisonjeada. No entanto, surgiu a autossabotagem: será que tenho história suficiente para um capítulo? Será que minha história irá inspirar outras mulheres?

Pensei em desistir, mas ao lembrar de tudo que passei para chegar até aqui, logo percebi que essa história não deveria ficar só comigo. Lutamos para sermos ouvidas e conquistarmos nossos próprios espaços, então eu não poderia perder essa oportunidade de falar sobre minhas experiências, que podem ser parecidas com as de várias outras mulheres.

Minhas origens

Venho de uma origem muito humilde. Meu pai, único filho homem entre quatro filhos, sendo ele e mais três irmãs, saiu do interior do estado de Pernambuco em busca da independência financeira na capital. Fez de tudo um pouco e acabou seguindo na profissão de vigilante. Minha mãe veio de uma família de 15 filhos e passou por muitas dificuldades, ela comenta que na infância chegou até a passar fome. Iniciou a carreira como auxiliar em enfermagem, porém continuou estudando e se especializando, atualmente é concursada do estado, mas tudo sempre veio através de muita luta e resistência, ela é e sempre foi um exemplo para mim sobre nunca desistir.

Meus pais a vida toda trabalharam muito, sempre em dois empregos, para que, apesar das dificuldades financeiras, a mim e aos meus dois irmãos não nos faltasse nada. Devido à necessidade de terem dois vínculos empregatícios, fomos criados pela minha "outra mãe", que na realidade é irmã da minha mãe, mas a consideramos como mãe. Ela não sabia ler nem escrever, mas nos educou de uma forma tão maravilhosa que nem muitas pessoas letradas conseguiriam fazer. Morávamos em uma comunidade chamada Moenda de Bronze, onde, com muito esforço, meus pais conseguiram comprar um terreno e construir nossa casa.

Fato marcante da infância

Mesmo com todas as dificuldades, meus pais sempre investiram na nossa educação. Até o ensino fundamental estudávamos em uma pequena escola particular. Sempre fui muito curiosa, proativa e me considerava esperta. Entre seis e sete anos, estudava pela manhã e à tarde fazia as atividades para conseguir brincar à noite. Como minha mãe trabalhava algumas noites, ela dormia à tarde, confiando que eu iria fazer as atividades. Porém, eu a esperava ir dormir e ia brincar na rua. E, antes dela acordar, voltava para casa e dizia que tinha feito toda a atividade.

Com isso, acumulei muitas, mais muitas atividades. É aí que entra na história minha tia, irmã do meu pai. Devo dizer que eu e ela temos muito em comum. Então ela decidiu olhar meus cadernos para ver como estavam as minhas lições. Não tinha para onde correr; ela analisou tudo e contou para minha mãe. Jurei que iria levar uma surra daquelas, mas, para minha sorte ou não, não levei. Minha mãe não trabalharia naquela noite, disse que eu só iria dormir quando tivesse finalizado todas as atividades que estavam acumuladas, além do santo sermão que escutei. Aquilo me doeu mais do que uma surra. Chorei muito, mas, como minha mãe comenta, foi a mudança da água para o vinho. Depois disso, passei a valorizar os estudos e nunca mais escondi as atividades. Ela comenta que daí surgiu o meu interesse e habilidade com a matemática.

A importância dos estudos

Entendi em algum momento da minha infância e levo isso até hoje: como mulher, negra, periférica e nordestina, a única coisa que poderia mudar meu futuro eram os estudos. Minha mãe sempre dizia: "Podem tirar tudo de você, menos o estudo". Então, sempre me dediquei e tentei dar o meu melhor. Quando terminei o ensino fundamental na escola particular, já sabia que precisaria ir para uma escola pública, mas com a mentalidade de que não poderia baixar a régua.

Fiz o primeiro ano do ensino médio em uma escola pública que, mesmo com todas as dificuldades, me trouxe boas lembranças. Tive bons professores e nada do que reclamar. Porém, uma escola técnica estadual estava prestes a abrir na minha cidade, e minha mãe me incentivou a fazer a prova e tentar entrar, pois ela entendia que seria melhor para mim. Não concordei de imediato e até a questionei, mas, quando a mãe fala, não há como não seguir. Fiz a prova, passei e, embora não tenha entrado muito feliz, iniciei novamente o primeiro ano do ensino médio.

Realizei o ensino médio nessa escola, juntamente com o curso técnico de redes de computadores. Continuei muito dedicada, mas irreverente — uma marca minha. Sempre fui popular e comunicativa, mas não deixava o foco de lado, pois sabia que no último ano teria que prestar vestibular. A universidade pública ou o Prouni eram minhas possibilidades para o ensino superior.

Enfim, concluí o ensino médio com a láurea acadêmica.

Eu e as Ciências Atuariais

Acho um pouco difícil encontrar alguém que sonhe em ser atuário(a). Comigo não foi diferente. Não sonhava em ser atuária; estava dividida entre duas opções: Ciências Contábeis e Economia. Na busca por decidir qual vestibular prestar, resolvi fazer um teste de carreira e foi aí que conheci Ciências Atuariais, devido ao meu interesse por números, cálculos e área financeira. A princípio, descartei a opção, mas fiz outro teste que também sugeriu Ciências Atuariais. Decidi, então, me aprofundar e pesquisar sobre o curso e a área.

Fiquei receosa por ser um curso recente na Universidade Federal de Pernambuco - UFPE, mas esperançosa, visto que o mercado contava com poucos profissionais e havia uma carência por mais atuários. Também pesquisei as médias salariais, para estimar se a profissão poderia me proporcionar uma boa qualidade de vida. Entre pesquisas e mais pesquisas, fui conhecendo as diversas áreas em que poderia atuar e isso me deixou bastante empolgada. Mensurar riscos parecia com algo que eu gostaria de fazer; sabia que não queria para o meu futuro a mesma condição que tinha no meu presente e tentava sempre encontrar um jeito de fazer diferente, de agregar valor.

Com tudo isso em mente, tomei uma decisão: falei para mim mesma que prestaria vestibular para Ciências Atuariais. O desafio seguinte foi comunicar essa decisão à minha família. Quando eu comentava, a reação era sempre a mesma: "Ciências o quê?". Eu explicava pacientemente, falava dos ramos, das áreas e das empresas onde poderia atuar. Alguns não me apoiaram, pois algo novo assusta. Mas os mais importantes, meus pais e meus irmãos, me apoiaram, e isso foi suficiente para mim.

Nesse meio-tempo, entre o resultado do vestibular e a finalização do ensino médio, procurei um emprego na agência de trabalho da minha cidade. Ficar parada definitivamente não era uma opção. Na primeira tentativa, consegui um emprego de jovem aprendiz em uma distribuidora de medicamentos, onde também fiz um curso de auxiliar administrativo. Trabalhei apenas alguns meses, porque, pouco depois, recebi a tão sonhada notícia da aprovação na UFPE. Até hoje não esqueço a emoção desse dia. Mais um passo dado e a certeza de que estudar estava valendo a pena. Fui a primeira da família da minha mãe a entrar em uma universidade pública, e depois vieram meu irmão e primos. Abrir essa porta foi muito importante.

Os primeiros períodos do curso eram integrais, manhã e tarde, mas isso não me desmotivava, entrei na universidade cheia de sonhos e muito alegre. No entanto, nos primeiros dias, senti a dificuldade do curso e os empecilhos de ter que passar o dia inteiro na universidade. Minha turma era majoritariamente masculina e creio que fui a única mulher negra, porém, nunca deixei isso me afetar. Muito pelo contrário, me dava mais força para continuar. Muitos desistiram logo no começo, mas eu permanecia firme, motivada pelo propósito de me formar. Cada dia era um desafio diferente, mesmo assim eu seguia em frente, sempre me esforçando para dar o meu melhor. Fiz amizades para a vida toda e encontrei meu companheiro de vida, que também é atuário.

Estagiei, entreguei meu TCC e, por fim, chegou a colação de grau. Estava lá, entre as cinco pessoas que se formaram, sendo a única mulher. Foi outro dia inesquecível, lembrando de onde vim e de onde estava chegando, com a sensação de dever cumprido. Enfim, me tornaria atuária.

Nem tudo foram flores

Acho que o primeiro pensamento após se formar é: "Agora vou conseguir um bom emprego e construir um futuro maravilhoso". Foi aí que começou uma das partes mais tristes da minha vida. Por tudo que me esforcei, me dediquei e fiz, imaginei que entraria rapidamente no mercado de trabalho, mas não foi isso que aconteceu. Lembrar de tudo para escrever aqui me fez ser ainda mais grata, pois foram dias que se transformaram em meses, e mais de um ano muito difícil.

Candidatava-me para várias vagas, fazia entrevistas e sempre recebia a velha resposta do RH: que fui muito bem, porém, não tinha o perfil adequado. Mas seguia tentando. Nesse meio tempo, a confiança já não era tão alta, no entanto, eu precisava tirar o registro profissional de atuária, conhecido como MIBA. Estudei, prestei o exame e fui aprovada com uma quantidade de acertos bem maior do que a necessária para a aprovação. Pensei que, com o MIBA, as portas se abririam, mas nada. Foram tempos muito difíceis. Coloquei minha capacidade à prova, achando que não era capaz, que tudo o que tinha feito tinha sido em vão. Acordava chorando e ia dormir chorando. Contudo, ainda restava em mim a fé.

Não era só um emprego que eu queria; queria de fato exercer minha profissão, aplicar o que tinha aprendido na universidade, seguir com a carreira que escolhi. Isso, porém, parecia muito longe, algo que eu corria atrás e não conseguia alcançar. Teve pessoas que sugeriram que eu tentasse outra coisa, e aquilo me doía ainda mais. Não por subestimar as coisas que indicaram, mas por não ser aquilo que tinha planejado para mim. Meu foco era um futuro diferente, e se eu desviasse, poderia me acomodar e ter no futuro uma continuação do meu presente e isso definitivamente não era o que eu queria para mim.

O tempo passava e nada da tão almejada vaga de emprego aparecer. Cada dia mais me afogava na tristeza, no arrependimento da profissão escolhida, do tempo gasto com estudos e mais estudos, daquela dedicação e força de vontade que sempre tive. Já não contava mais com a esperança e não conseguia pensar em como recalcular a rota, mas continuava a contar com a fé.

Foi aí que, em setembro de 2019, recebi a tão sonhada confirmação de uma vaga na minha área. O frio na barriga veio, não acreditei. Acho que tudo o que passei me fez desacreditar de mim mesma. Perguntei algumas vezes à moça do RH se a vaga era minha mesmo. Que alegria! Parecia que eu tinha tirado uma tonelada das costas. Eu chorava e tremia quando fui falar com minha mãe, e ela, chorando também, disse: "Eu sabia, filha, que sua hora iria chegar". Escrevo isso e choro do mesmo jeito que chorei naquele dia.

A vaga era de *trainee* na PwC, uma empresa de auditoria independente e consultoria e o escritório de alocação era em São Paulo. Então, a sensação de alegria se misturou com a tristeza da saudade. Mas não hesitei, aceitei ir para São Paulo. Recebi o apoio da minha família. Quem estava próximo via que eu não estava bem e, mesmo a vaga sendo em outro estado, era o melhor para mim.

Fingi ser forte, mas quando chegou a hora da despedida no portão de embarque do aeroporto pensei em desistir. Chorava como uma criança. Foi então que uma mulher que estava perto de mim puxou assunto e começamos a conversar. Contei a ela o que estava acontecendo, e ela disse: "Por que você está chorando e sofrendo? Não era essa a oportunidade que você tanto queria?". A partir daí, toda vez que penso em ficar triste, lembro-me dessas palavras. A vaga veio, porém longe dos meus. No entanto, fui, em São Paulo fiquei de favor na casa de parentes que não são de sangue, porém se tornaram minha família.

Minha carreira: desafios e conquistas

Quão grata sou ao gerente que me contratou. Acho que eu só precisava de uma oportunidade de demonstrar meu potencial, e ele acreditou em mim. Gratidão!

O entusiasmo pelo trabalho era irradiante, mas o medo do novo, em outro estado, me balançou um pouco. Contudo, eu lembrava de tudo aquilo que pedia a Deus e estava vivendo. Então fui. Que escola a PwC foi para mim, tanto profissionalmente quanto pessoalmente. Cresci muito. Como *trainee*, agarrei a oportunidade e fiz aquilo que sei fazer muito bem: dar o melhor de mim. Sempre disposta a aprender e ajudar, trabalhava o quanto fosse necessário. E, graças a Deus, entrei em uma equipe muito boa, onde todos se ajudavam.

Fui crescendo degrau por degrau, sem passar por cima de ninguém, sem prejudicar ninguém e sem ir contra os meus princípios. Em menos de quatro anos de empresa, saí de *trainee* de primeiro ano a Sênior Associate de último ano, ao todo cinco promoções. Como sempre comentava com a equipe: "Aqui, quando um sobe, outro sobe também, então vamos trabalhar da melhor forma. O reconhecimento vem, mas precisamos seguir pelo caminho certo. Nada de bajular; nada de puxar o tapete do colega. Se ele está evoluindo, comemore com ele, e faça a sua parte que sua hora vai chegar".

Lembro-me de uma vez que alguém me disse: "Mas, Renata, você ainda não é sênior? Como assim? Você executa as atividades de uma, é tão capaz quanto e ainda não é?" Apenas respondi: "Quando for minha hora, serei Sênior". E continuei a desenvolver meu trabalho.

Aprendi também a trabalhar com pessoas. Não é fácil liderar uma equipe em alguns projetos, tentava ser a líder que eu queria ter. Sempre muito descontraída, brincalhona, acho que amiga, mas nunca deixando de lado a responsabilidade. Poder ajudar quem estava começando era muito gratificante. Lembrava-me da Renata que chegava com muito medo e insegurança. Então fazia questão de recepcionar todos e fazer com que se sentissem em casa.

Recentemente decidir seguir um novo caminho. Diferente de toda a luta sofrida para entrar no mercado, fui notada por um dos maiores Fundos de Pensão do Brasil: a Vivest. E que experiência venho vivendo! O novo sempre traz um pouco de medo; deixar algo em que você está estabilizada parece loucura, mas ficar acomodada me assusta ainda mais. Os desafios me fazem crescer. O lado positivo das coisas novas me fascina. Hoje, na

Vivest, sou atuária sênior e sigo em aprendizado, sempre aprendo algo novo do mercado atuarial e suas nuances. Trabalho com uma equipe excepcional, composta por profissionais experientes que sempre admirei, dada a bagagem e conhecimento que eles carregam. Continuo a perpetuar a alegria e irreverência. Tenho em mente que trabalhar assim torna as coisas mais leves.

Lições e reflexões

Nesta reta final, olho para trás e percebo como aquele acontecimento ruim, que tanto me marcou, influenciou minha visão sobre mim mesma e o mundo ao meu redor. Por muito tempo, permiti que essa experiência definisse minha autoestima e minha interação com o mercado e o mundo, levando-me a querer passar despercebida.

No entanto, ao escrever esta autobiografia, percebo que essa postura não reflete a pessoa que eu sou e as barreiras que superei ao longo da minha jornada. Entendi que não devo me inibir diante das dificuldades. Ao contrário, cada desafio que enfrentei e superei me capacitou para ser a pessoa que sou hoje.

Portanto, encerro este capítulo enxergando melhor a profissional que me tornei. Com o coração cheio de gratidão por tudo que minha família fez por mim, pelo caminho que trilhei, pelas pessoas com quem pude contribuir e aquelas com quem pude aprender. Espero um futuro com mais mulheres negras no poder. Que as meninas da periferia tenham chances de conquistar seus sonhos e que as nordestinas conquistem o mundo.

Estudem e nunca desistam dos seus sonhos!

Trajetória de determinação:
superando desafios

Moldada pela fé e amor familiar

Ao ser convidada para participar como coautora desta inspiradora série, experimentei uma mistura de surpresa e profunda emoção. Considero uma verdadeira honra a oportunidade de compartilhar minha história e expressar gratidão pelas conquistas obtidas ao longo de uma jornada marcada pela dedicação incansável.

Sou a primogênita entre três irmãos em uma família de recursos modestos do interior de Santa Catarina, que logo após o meu nascimento mudou-se para Nova Aurora, interior do Paraná, onde residimos em uma humilde casa, desprovida de eletricidade e água encanada, porém, repleta de amor e fé.

Recordo-me das noites em que meu pai, após um longo dia de trabalho, se reunia conosco sob a luz do lampião. Ele revisava nossas lições escolares, complementando o auxílio dedicado de nossa mãe, a qual sempre enfatizava a inestimável importância do conhecimento e da educação em todas as circunstâncias. Esses momentos singelos e preciosos moldaram minha perspectiva do mundo e fortaleceram os laços familiares.

A jornada materna na minha vida é digna de admiração, marcada por sua notável força e resiliência, desempenhando o papel de educadora mesmo com suas limitações acadêmicas. A rotina era cuidadosamente planejada por nossos pais, com horários para estudos, lazer, tarefas domésticas e orações. Cada atividade contribuía para a edificação do nosso caráter, esculpido por suas mãos amorosas.

Enquanto meu pai garantia o sustento da família com amor inigualável e presente em todos os momentos, minha mãe administrava o lar com habilidade e mestria, cultivando alimentos no quintal e transformando nossa residência em um ambiente acolhedor, ensinando que o verdadeiro tesouro estava nos laços familiares que cultivamos.

Diante das escolhas cruciais da vida, enfrentei meu primeiro grande desafio, pois as encruzilhadas da vida se apresentavam diante de mim, assemelhando-se a um mapa com diversas opções a serem exploradas, assim, ponderava entre seguir o exemplo materno e dedicar-me ao casamento ou buscar minha independência. Apesar do evidente desejo de alcançar novos horizontes através da faculdade, reconhecia os desafios financeiros que essa jornada implicaria, então, comecei a entender que a realização pessoal exigia mais do que apenas desejos. As palavras de minha mãe sempre ecoavam em minha mente com uma força inabalável: "Tudo pode ser tirado de você, menos o estudo", e essa frase, simples e profunda, ressoava como um mantra que deveria ser seguido.

Prestes a completar 19 anos, convidei meu pai para uma conversa, momento em que expus minhas expectativas e os anseios de crescimento, bem como a minha intenção de mudar-me para Curitiba, a quase 600 quilômetros de distância. Meu pai, com sua sabedoria e experiência, alertou-me sobre a realidade financeira dessa decisão, porém, minha determinação permanecia inabalável.

Trilhando o futuro na solidão da cidade grande

Assim, há exatos 32 anos, desembarquei em uma cidade cuja população era 150 vezes maior do que aquela em que vivia. Confesso que foi uma experiência desafiadora, pois sentia-me perdida. Não havia familiares próximos, restavam apenas eu, minha coragem e Deus.

A partir deste momento, a responsabilidade de me sustentar recaía inteiramente sobre mim. E foi assim que em apenas três dias consegui um emprego em uma loja do shopping, e moradia numa pensão, onde dividia o quarto com pessoas desconhecidas. Apesar dos desafios, persistia certa de que cada passo era um investimento em meu futuro.

Trabalhar para custear o aluguel e as demais despesas era muitas vezes insuficiente. E acredito firmemente que Deus coloca verdadeiros anjos em nossas vidas, como minhas amigas e colegas de trabalho, Cleusa e Cindy, as quais certamente não fazem ideia de quão fundamentais foram em minha vida, já que muitas vezes compartilhavam suas marmitas comigo, quando eu não tinha o que comer.

Os primeiros anos foram os mais desafiadores, e ainda recordo das ligações para a minha família, nas quais minha mãe dizia: "Filha, volta para casa, aqui não lhe faltará nada". No entanto, com pouco mais de 20 anos, estava determinada a seguir em frente e superar cada obstáculo, um dia de cada vez.

Aos 23 anos, conheci aquele que viria a ser o pai da minha filha e, a partir desse momento, as coisas começaram a se tornar um pouco mais leves, pois deixei de me sentir tão sozinha. Apesar disso, permanecia o anseio e meu principal objetivo de vida, de obter um ensino superior. Contudo, o alto custo das universidades privadas e a barreira do vestibular para as instituições públicas pareciam intransponíveis.

Novamente minha amiga Cindy me encorajou a prestar vestibular e ingressar no curso de Administração, uma vez que a instituição era uma das mais acessíveis financeiramente. Naquela época, era possível inscrever-se em dois cursos e prestar apenas um vestibular, chamavam o segundo curso escolhido de segunda opção. Foi nesse exato momento que tomei conhecimento do curso de

Ciências Atuariais, cuja inscrição era feita presencialmente, e lá o atendente da instituição sugeriu a escolha do referido curso como a segunda opção devido à baixa concorrência.

Apesar de inicialmente desconfortável com a ideia de o curso não ser uma escolha, mas sim uma alternativa, procurei informar-me minuciosamente sobre ele, e foi assim que uma conexão inexplicável se formou, eu sabia que estava no caminho certo e, surpreendentemente, escolhi o curso de Ciências Atuariais como minha primeira opção no vestibular. Contudo, posso assegurar que, naquele exato momento, não fui eu quem escolheu o curso de graduação, foi ele que me escolheu.

Como desejado, fui aprovada e iniciei a tão almejada jornada universitária. Nos quatro anos seguintes enfrentei desafios intensos, trabalhando em shopping para sobreviver e pagar as mensalidades da faculdade, uma vez que na época também não dispunha de qualquer ajuda, como financiamento estudantil (Fies).

Apesar de todas as adversidades, Deus esteve presente em cada momento e, assim, com perseverança consegui concluir o curso dentro do prazo previsto, lembrando-me do primeiro dia de aula, quando a sala ainda estava lotada, porém no decorrer dos anos foi diminuindo até que restaram apenas 23 sobreviventes. Agradeço até hoje a Deus por não precisar realizar o trabalho de conclusão de curso ou estágio, já que a bolsa-auxílio universitária seria insuficiente para o meu sustento e manutenção do curso.

Após a conclusão da graduação, em exatos nove meses, fui abençoada com uma linda menina, cuja chegada trouxe um novo propósito aos meus dias, já que descobri uma força interior que desconhecia, e, naquela época, tudo parecia estar alinhado: um casamento, uma filha saudável, razão dos meus dias, um lar adquirido e um futuro a ser desvendado.

No entanto, a harmonia foi interrompida pela dolorosa revelação de uma traição, resultando no fracasso de meu casamento. Encontrei-me novamente enfrentando a solidão de uma cidade vasta, desempregada naquele momento e com uma filha de apenas um ano e dez meses, que dependia integralmente dos meus cuidados, inclusive financeiramente. Poucos dias após a separação, minha irmã, também estudante de Ciências Atuariais, trouxe a notícia que seu professor de Saúde Suplementar estava em busca de atuários formados para trabalhar em sua equipe. Sem hesitar, dirigi-me à empresa e candidatei-me à vaga e, em menos de uma semana, já estava integrada à equipe da CTS Consultoria Técnica e Atuarial.

Conquistando reconhecimento e realização profissional

Nesse momento, encontrava-me diante de mais um novo desafio, isto é, transformar o conhecimento teórico adquirido durante a faculdade em habilidades práticas e, além disso, precisava me adaptar à nova realidade de ser uma divorciada, assumindo o papel de provedora do lar. Posso assegurar que não foi uma tarefa simples, mas minha condição exigia que eu demonstrasse proficiência, e aquela era uma oportunidade que precisava ser agarrada com afinco para garantir o sustento da minha pequena Maria Eduarda. Cada desafio que enfrentamos é como uma trama complexa, tecida com fios de coragem, resiliência e determinação. Ao refletir sobre essas dificuldades, percebo que cada uma possui uma singular expressão, com um toque de intensidade e lições profundas.

Foi nesse contexto turbulento que dei início a minha carreira como atuária na CTS, assim, no ano de 2024, completo 22 anos de dedicação à empresa, um período marcado por constante aprendizado e superação. O Sr. Pedro Pereira, diretor da CTS, com seu espírito empreendedor destacando-o como um líder excepcional, com quem aprendi a ser atuária e gestora, pois ao longo dos anos não poupou esforços em desafiar-me e a ultrapassar meus próprios limites, através da busca de conhecimento incessantemente. Essa empatia é o alicerce que sustenta não apenas a CTS, mas também suas outras duas empresas, ao longo de mais de 25 anos.

Após ingressar na CTS, tive a oportunidade de liderar a criação de um departamento exclusivamente atuarial e, desse modo, dois anos mais tarde, fui incumbida de contribuir com outro departamento, dedicado exclusivamente para os cálculos dos Regimes Próprios de Previdência Social (RPPS). Esse momento representou uma virada significativa na minha vida profissional, e nem o Sr. Pedro sequer imaginava a magnitude do desafio que me impunha. E colocar em prática o que o saudoso Professor Osni Dacol havia ensinado na faculdade tornou-se desafiador, mas ao mesmo tempo extremamente gratificante.

Foram meses de estudos, simultaneamente às minhas atividades habituais, período que contei com a valiosa ajuda de uma atuária especialista contratada para me auxiliar nos cálculos previdenciários. A atuária Nadilene Smaha foi absolutamente excepcional, me auxiliou revendo cada fórmula do cálculo previdenciário, e muitas vezes nos finais de semana, junto com nossas filhas pequenas.

Chegada a hora de apresentar o resultado de meses de estudos, lá estava eu, diante de toda a equipe, não apenas apresentando um método de cálculo, mas sim seis métodos de financiamento. E, no momento em que concluí a apresentação, senti que estava no lugar certo, que por mais complexo que fosse o desafio imposto poderia superá-lo e surpreender aqueles que me desafiam e com convicção absoluta de que amava ser atuária.

Posso afirmar que, durante meus 22 anos de CTS, nem sempre foram momentos tranquilos, pensei em desistir, no entanto, os valores incutidos por meu pai ressoavam em minha mente: dar o melhor de si em todas as circunstâncias e mantendo a humildade e integridade, dedicando além do máximo todos os dias, sem prejudicar ninguém. Essa ética moldou minha jornada profissional.

Novos desafios surgiram, e foi no ano de 2011 que o diretor Pedro Pereira tomou a ousada decisão de transferir toda a equipe atuarial para o regime *home office*. Essa abordagem inovadora resultou em uma equipe composta por mulheres altamente qualificadas e eficientes que permanece até hoje, mesmo sem interações pessoais por longos períodos.

Durante toda a minha jornada, além de buscar incansavelmente competência na área atuarial, infelizmente me deparei com manifestações de machismo e não me refiro a eventos distantes no tempo, mas sim episódios recentes em que muitas vezes fui submetida a brincadeiras de mau gosto, bem como de situações constrangedoras. Apesar disso, mantive-me focada em superar tais obstáculos com a mesma competência que demonstro em meu local de trabalho todos os dias. Essas experiências destacam a persistência do machismo na sociedade e reforçam a importância da contínua luta pela igualdade e reconhecimento.

Outro fato interessante é que ainda ocupo o cargo de gerente atuarial e responsável técnica na CTS desde 2007, e meu trabalho é pautado pelo amor ao que faço, e a cada dia absorvo novos conhecimentos com as mudanças e inovações do mercado, atendendo clientes em todo o Brasil; adicionalmente ao fato, tornei-me membro titular da Comissão de Saúde do Instituto Brasileiro de Atuária.

Sororidade, inovação e sonhos realizados

Impossível esquecer meu primeiro contato com as atuárias Raquel Marimon, coordenadora deste livro, e Andréa Cardoso, na ocasião a diretora da comissão de saúde do Instituto Brasileiro de Atuária, em cuja reunião de que participei encontrava-me apenas como uma ouvinte tímida, receosa de contribuir verbalmente. No entanto, ambas foram extremamente generosas, proporcionando-me um ambiente acolhedor e estimulante, de forma que essa experiência reforçou a importância da sororidade e da colaboração entre mulheres em nossa área de atuação.

Nesse contexto de colaboração, no ano de 2019, uma ligação alterou drasticamente o curso da minha trajetória profissional, pois a Magali R. Zeller, colega atuária e diretora da AT Service Atuarial, comunicando que teria sido indicada para fazer parte da Academia Nacional de Seguros e Previdência (ANSP).

O impacto dessa notícia foi surpreendente, porque ser indicada para a ANSP foi a concretização dos sonhos mais audaciosos, compreendi que toda a minha jornada, com os desafios e obstáculos enfrentados, havia me conduzido ao ápice de uma carreira profissional, pois aquele momento marcado pelos aplausos na noite de gala de posse permanecerá eternamente gravado na minha memória.

Mas a história não parou por aí, já que logo após a posse também fui nomeada como vice-coordenadora da Cátedra de Atuária, e esse novo patamar ultrapassa qualquer expectativa que eu pudesse ter, dado que a sensação é indescritível. Mas a lição que fica é que, por mais tortuosos que sejam os caminhos, sempre há espaço para voos ainda maiores.

Minha admissão na ANSP marcou o início de uma nova fase em minha carreira, abrindo horizontes e proporcionando reconhecimento. A partir desse marco, passei a ser reconhecida pela minha competência, o que resultou em novos convites para compartilhar os conhecimentos adquiridos ao longo da minha jornada.

Em 2024, tive a honra de ser nomeada como gestora geral executiva na CTS Consultoria, um momento que não apenas representa um marco significativo, mas também uma nova oportunidade de crescimento e aprendizado. Dedico-me com grande amor a tudo que sempre fiz e ainda posso fazer, expressando gratidão ao Sr. Pedro Pereira e à Sra. Graciela Pereira pela confiança depositada ao longo dos anos.

As palavras dos meus pais ecoam constantemente em minha mente, lembrando-me da importância da humildade, do caráter e do conhecimento como os maiores tesouros, algo de que ninguém pode nos privar. Com determinação continuo a trilhar meu caminho, inspirada por cada desafio superado e cada conquista alcançada.

Minha profunda gratidão a Deus, cuja presença inabalável me sustenta em todos os momentos, à minha amada família, que compartilha comigo a jornada da vida e cuja fé é um farol de esperança. Aos diretores da CTS, cujo apoio e confiança foram pilares fundamentais em minha trajetória profissional. A Magali Zeller, minha madrinha na ANSP, que me incentivou a alcançar novos horizontes. E, acima de tudo, à minha filha, Maria Eduarda, minha fonte inesgotável de força, inspiração e determinação e quem me impulsiona a nunca desistir, mesmo diante dos maiores desafios.

Todos os caminhos aos quais a Atuária pode levar você

Gratidão, essa é a palavra que define meu sentimento pela Atuária, que, além de ser uma profissão, se tornou a minha paixão. Espero que você também se apaixone por essa profissão, que é desafiadora, mas tem o poder de mudar a vida de muitas pessoas, afinal, quem não deseja ter um plano de saúde, uma previdência privada para garantir uma aposentadoria mais tranquila ou um seguro para garantir todos os tipos de riscos que corremos diariamente? Esses são apenas alguns exemplos do campo de atuação de um atuário, pois esse é o profissional preparado para mensurar qualquer risco que envolva uma probabilidade de perda financeira.

Sou mineira, nascida no interior de Minas Gerais, e sempre tive a certeza de que trabalharia no mundo das ciências exatas, mas acredito que o sonho de nenhuma criança, pelo menos daquelas que nasceram na minha época, era se tornar uma atuária, afinal, que profissão é essa?

Comigo não foi muito diferente, e, em breve, você saberá o porquê da minha escolha. Mas, primeiro, quero lhe apresentar um pouco mais sobre a minha trajetória, das escolhas e dos caminhos que me levaram até as Ciências Atuariais.

A primeira parte da minha vida

Sou a primeira filha dos meus pais, que tiveram um casamento breve e, mesmo separados, sempre se fizeram presentes na minha vida com muito amor e respeito. Ainda menina fui morar em Belo Horizonte com a minha mãe, uma mulher que desde criança teve fibra para lidar com as adversidades que a vida apresentou, para mim, exemplo de força, generosidade e amor. Ela foi e sempre será a minha primeira inspiração, meu primeiro exemplo de grande mulher!

O mundo era pequeno demais para o brilho que ela possuía e aos 30 anos, mãe de quatro filhos, ela nos deixou. Mas sua marca permanece viva em nossas vidas, e o seu amor se dividiu em quatro pedaços que carregamos com orgulho. Além dos meus irmãos maternos, tenho a sorte e o privilégio de ter duas irmãs paternas que completam a minha vida.

Aprendi desde sempre que precisamos correr atrás dos nossos sonhos, e, por maior que seja o apoio que você receba, ninguém poderá fazer escolhas por você, a iniciativa, o trabalho e a vontade têm que partir de dentro.

Aos 18 anos fui morar sozinha, pois entendi que estava pronta para ter meu espaço e seguir em busca dos meus objetivos. Sempre sonhei em ser uma mulher independente e com uma carreira sólida. Esse era o meu sonho de menina, ter uma profissão, ser respeitada e formar uma família. Naquele momento, não sabia se seria possível alcançar esses objetivos.

Por que Ciências Atuariais?

Desde muito jovem aprendi a lidar com situações complexas, que me ensinaram a resolver conflitos e a vislumbrar a melhor forma de solucioná-los. Amante da matemática, não tinha dúvidas de que seguiria a vida profissional nessa área. Assistindo a palestras sobre possíveis cursos de graduação ouvia pela primeira vez sobre aquela que seria um amor para toda a vida, as Ciências Atuariais.

A decisão de qual destino seguir deve ser nossa, mas ouvir a opinião daqueles que amamos e ter o apoio deles é encorajador. Pessoalmente, sempre que me deparo com uma opinião contrária ao que eu acredito ser o melhor, paro para refletir e enxergar outros caminhos. No meu entendimento, as opiniões contrárias nos desafiam a pensar se a nossa escolha é realmente a melhor.

Hoje não tenho dúvidas de que fui escolhida pelas Ciências Atuariais, lidar com desafios diários, conhecer problemas e ter a oportunidade de propor soluções é apaixonante, e essa é a rotina de um atuário, avaliar riscos, propor formas de mitigá-los e oferecer ao mercado a possibilidade de mensurar seus riscos, de forma que a tomada de decisão de um gestor seja embasada, e não apenas uma decisão largada ao acaso.

Aqui cabe a citação de um livro que eu indico para os amantes da teoria da probabilidade e dos números, chamado "Desafio aos Deuses – A fascinante história do risco", de Petter L. Bernstein. Em uma passagem do seu livro ele cita o seguinte: *"Sem números, não há vantagens nem possibilidades, sem vantagens e probabilidades, o único meio de lidar com o risco é apelar aos deuses e ao destino. Sem números, o risco é uma questão de pura coragem"*. E aqui fica a dica: seja qual for o seu papel no mercado, sempre avalie o impacto de suas decisões em todos os aspectos possíveis, pois tomar uma decisão em prol de um único interesse pode afetar consideravelmente todo o sistema, e essa afirmação vale para todos os ramos de atividade. Esse é um dos princípios das Ciências Atuariais, o mutualismo.

Ainda para os amantes dos números, recomendo o estudo da "Teoria dos Jogos", desenvolvida por John Nash, que, de forma muito simplista, propõe que as decisões estratégicas sejam sempre avaliadas de forma racional, considerando uma convergência entre as escolhas de todos os envolvidos em um determinado sistema, de forma que as escolhas individuais reflitam o melhor resultado para todos os envolvidos, e não considerando somente as ações que poderão trazer o melhor resultado para um único agente, pois isso poderá ser benéfico em um primeiro momento, mas não apresentará resultado favorável a longo prazo. Essa também é uma máxima que podemos levar, não apenas para nossa rotina dos trabalhos atuariais, mas também para nossa vida pessoal.

A teoria dos jogos é fascinante, e apresenta grandes fundamentos das Ciências Atuariais.

A atuária transformando a vida das pessoas

Tenho a honra de trabalhar em uma consultoria atuarial, a Rodarte Nogueira, na qual hoje sou sócia-diretora. É uma empresa que valoriza a capacidade das mulheres sem fazer nenhuma distinção, esse é um dos motivos de a minha carreira na empresa ter mais de 15 anos.

Além disso, tenho o privilégio da liberdade de expressar minha opinião técnica e conseguimos sempre construir a melhor solução para os nossos clientes. Desejo que todos possam ter uma experiência profissional como a que eu tive, isso nos fortalece, nos dá prazer no trabalho, e nos motiva a tentar ser melhor a cada dia.

Você já parou para pensar em como o cálculo atuarial pode fazer diferença na vida das pessoas? Quando me perguntam o que é Ciências Atuariais, ou o que eu faço no meu trabalho, na correria da rotina tenho o hábito de responder de forma muito simplista: mensuro riscos financeiros, faço precificação de plano de saúde, e por aí vai.

Mas na essência, na minha paixão, a minha profissão vai muito além disso. Trabalho no setor de saúde desde que me formei, e durantes todos esses anos procuro, de forma justa e correta, precificar os planos de saúde e mensurar os reajustes, pensando sempre que, por trás daqueles números, estamos apurando a capacidade de uma família em preservar o seu plano de saúde, desejo quase universal da população brasileira. Imagine que um erro de cálculo pode demonstrar um valor de mensalidade superior ao necessário, e fazer com que as pessoas não tenham condições de arcar com o plano, ou ainda, que um erro de cálculo, demonstrando um valor menor do que o necessário, pode quebrar uma operadora de plano de saúde, deixando milhares de beneficiários sem acesso àquela cobertura, pessoas desempregadas, e, dependendo do porte da operadora, causar o colapso no sistema de saúde de uma determinada região.

Por isso, sempre que estiver realizando o seu trabalho, por mais frios que os números possam parecer, principalmente quando falamos das ciências exatas, lembrem-se: ele poderá mudar a vida de uma pessoa, então se dedique, tenha atenção e todo o zelo necessário para cada atividade desenvolvida.

Esse conceito vale para todos os ramos das Ciências Atuariais, seja no planejamento da aposentadoria – nesse caso, o profissional está cuidando para uma envelhecer mais tranquilo –, seja nos seguros de bens materiais e nos seguros de vida, ou na gestão de risco de qualquer tipo de empresa. Estamos sempre lidando com o sonho ou a necessidade de uma pessoa.

Por essas razões, tenho paixão pela minha profissão, quantos planos de saúde consegui ajudar a recuperar nos quase 20 anos de carreira? Inúmeros!! E isso é gratificante, saber que com base nas projeções, cálculos e avalições atuariais foi possível manter a assistência à saúde de milhares de pessoas, tornando o seu envelhecer mais saudável.

Se o seu momento atual é sobre a escolha de qual ramo seguir, dê uma oportunidade ao setor de saúde suplementar do país, que ainda é jovem e traz grandes desafios para os profissionais, mas, por outro lado, traz também grandes oportunidades. Especializar-se nessa área pode ser um diferencial para o seu futuro e para os seus objetivos profissionais. Tive a oportunidade de cursar um MBA em Gestão de Plano de Saúde que também me trouxe novos olhares e novas perspectivas, esse é outro fator que poderá auxiliá-lo em sua formação profissional, escolher especializações que abram uma nova janela de oportunidades e visões.

Lembre-se sempre que buscar uma segunda opinião com outro profissional da área poderá auxiliá-lo em momentos importantes, pois muitas vezes quem está de fora consegue ter uma percepção diferente da nossa, o que pode agregar muito valor ao nosso estudo. Por isso, manter uma rede de apoio e contatos é muito importante em todas as profissões, e quando falamos dos atuários, ainda mais importante, afinal, apesar de ser uma profissão antiga, ainda temos poucos profissionais no mercado brasileiro.

E como último conselho profissional, errar é inerente ao processo, e infelizmente passaremos por isso mais de uma vez em nossa vida profissional. Quando isso acontecer, entenda o problema e busque as soluções, esse será seu diferencial.

Os frutos das Ciências Atuariais

A Atuária não me deu apenas uma paixão profissional, me deu também o meu companheiro de vida, que também é atuário, dedicado ao setor da saúde suplementar. Compartilhamos experiências, receios sobre as mudanças do setor, temos opiniões diferentes, mas conseguimos crescer juntos a cada divergência de ideias ou opinião.

E, dessa união, veio a vontade de completar meu sonho de menina, que, confesso, não sabia se teria espaço no meu mundo atual.

Sempre sonhei em ser uma profissional dedicada e competente, mas também em ser mãe e construir a minha família. O Rafael me deu os melhores presentes que já ganhei na minha vida, nossos pequenos Samuel e Bernardo. Como eu amo vocês, meus filhos!!! Obrigada por tanto em tão pouco tempo de vida! Ainda temos muito a compartilhar.

A dúvida entre ser uma profissional e mãe sempre conviveu comigo, eu não sabia se seria possível realizar os dois sonhos ou se teria que abrir mão de um deles. Não sabia se eu seria capaz de exercer essas duas funções com a dedicação e intensidade que eu desejava. Afinal, infelizmente ainda vivemos em uma sociedade em que é comum se questionar a contratação de mulheres. Já ouvi frases que nos entristecem: "Elas geram custos adicionais para a empresa"; "já pensou que ela poderá ter filhos e que terá direito a ter um período de licença-maternidade?"; "ela precisará levar os filhos ao médico, sair para participar de uma apresentação na escola?". Essas são frases que, infelizmente, ainda ouvimos no mercado de trabalho.

Um dia, lendo um post da @danielanudelfreund me deparei com uma frase que fez todo o sentido para a minha história e me acendeu o desejo de compartilhar meus receios, medos e a minha experiência. Ela citava que um líder uma vez falou: *"Adoro trabalhar com mulheres que são mães"*. E seguiu com uma lista de habilidades que ele tinha observado nas mulheres após a maternidade, grande parte delas almejadas no mundo dos negócios, como flexibilidade, intensidade, liderança, inspiração, gerenciamento de conflitos e muitas outras com que sabemos que somos capazes de lidar em nosso dia a dia. Refletindo sobre isso pensei: mães, assim como qualquer outro profissional, também podem inspirar, ser fortes, competentes e dedicadas.

Depois de 15 anos de atuação como atuária no setor de saúde suplementar, tenho o orgulho de trabalhar em uma empresa que possui diversas mulheres ocupando cargos de liderança. Além disso, tive a oportunidade de contribuir com os profissionais de Atuária do país, assumindo por dois anos uma das diretorias do Instituto Brasileiro de Atuária – IBA. Na minha gestão, tive a honra de atuar em um colegiado composto em 50% por mulheres, além da presidência e vice-presidência.

Então, como último conselho, valorizem as empresas que entendem e respeitam as diversidades e os seus sonhos, sejam eles profissionais ou pessoais, pois mulheres realizadas podem tudo, e sem a menor sombra de dúvidas farão a diferença em sua instituição.

Refletir sobre o caminho que iremos seguir, para onde cada decisão irá nos levar e do que teremos que abrir mão em decorrência da nossa opção é inerente ao nosso processo de evolução. Ao fazermos uma escolha, aceitamos um destino e renunciamos a tantos outros, o que nem sempre é fácil.

Entretanto, depois de todos esses anos, percebi que minhas escolhas me levaram ao caminho certo, consegui transformar o meu sonho de menina em uma realização de mulher, e descobri que sim, podemos e devemos ser inspiradoras! Afinal, somos mulheres, somos mães!

Apaixonada por ser
mulher e atuária

Quem sou

Carioca, filha de Roberto e Aldenir, que valorizavam a educação e cercaram os seus dois filhos de amor e cuidado. Hoje sei o quanto eles fizeram por mim, a filha mais velha. Meus pais quebraram o ciclo de suas famílias e foram da primeira geração com curso superior, junto com os seus irmãos.

Minha mãe, maranhense, mas criada em Rio Branco, no Acre, aos 18 anos entrou para a faculdade de Enfermagem na Escola Ana Nery da hoje chamada Universidade Federal do Rio de Janeiro – *UFRJ*. Ela conta que veio para o Rio de Janeiro de avião da FAB (Força Aérea Brasileira) de graça por um programa de incentivo da cidade de Rio Branco – AC. Meu pai, carioca e policial civil, fez curso superior depois dos 30 anos. Ele cursou duas faculdades, uma de Direito na SUESC, uma faculdade privada no Rio de Janeiro, e outra de Educação Física na Universidade Estadual do Rio de Janeiro – UERJ. Foi bom ter acompanhado algumas aulas abertas do meu pai na concha acústica da UERJ, isso me deu um gostinho de: eu quero fazer isso!

Sei que ter tido pais que puderam me incentivar na educação foi um privilégio. Sempre estudei em escola pública, do jardim de infância até o 3º ano do ensino médio. Tive a felicidade de fazer da 5ª série ao 3º ano do ensino médio em uma escola federal, o Colégio Pedro II, alternei entre a unidade Humaitá e a unidade do Centro. Um orgulho. Hoje sei que o período estudando no Colégio Pedro II foi uma das melhores fases da minha vida.

Outro privilégio foi ter entrado para um curso de inglês particular aos dez anos de idade junto com o meu pai. Foi um presente começar o curso e ter aulas onde meu pai também tinha. Nós até dividíamos os livros, para economizar. Uma experiência única. Foram sete anos de curso, cinco para concluir o curso básico e mais dois para concluir o *"Teachers Training Course" (TTC)*. Sim, eu me tornei professora de inglês aos 17 anos e tive minha carteira de trabalho assinada pela primeira vez como professora de inglês trabalhando no mesmo local em que estudei por sete anos. Ô sorte, ou melhor, nunca foi sorte. Fazer inglês me ajudou em minha carreira enormemente, como contarei daqui a pouco.

Como conheci a Atuária

Fiz vestibular em 1987. Naquela época o exame de vestibular era administrado pela Cesgranrio. Passei para a minha 2ª opção, o curso de Matemática na Universidade Federal do Rio de Janeiro - *UFRJ*. Minha primeira opção era Informática. Mas, quando recebi a notícia da aprovação fiquei extremamente feliz, pois tinha passado para uma universidade federal. Era um sonho se realizando!

Naquela época, nos quatro primeiros períodos do curso de Matemática na *UFRJ*, todos os estudantes cursavam as mesmas disciplinas, as conhecidas como básicas. Contudo, no 5º período os estudantes tinham que optar entre as disciplinas especificas de Licenciatura, Bacharelado, Ciências Atuariais ou Estatística. Antes de escolher, era recomendado que assistissem às palestras com profissionais que atuavam no mercado de trabalho desses quatro cursos. Hoje não é mais assim, pois esses cursos foram separados e os candidatos do vestibular devem optar em qual deles desejam ingressar.

Quando cheguei no 5º período da faculdade, ouvi a palestra o professor Paulo Pereira Ferreira, conhecido atuário que posteriormente passou a ser meu chefe e mentor. Encantei-me. O que mais me chamou atenção: Ciências Atuariais era "usar a matemática na prática".

Tornei-me atuária após quatro anos de estudo na UFRJ, com direito a uma festa de formatura simples em um clube na zona sul do Rio, organizada por oito alunas do curso, eu era uma delas.

Minha carreira

Trabalhar com Atuária é o que realmente o tornará um atuário. Meu primeiro estágio foi na Superintendência de Seguros Privados (Susep*)*. Foram 18 meses de estágio e de muito trabalho. Estagiei na área de produtos, então, minha principal função era analisar condições gerais e notas técnicas atuariais de produtos de seguros e previdência, sempre supervisionada por profissionais que se tornaram minhas amigas e parceiras de trabalho no decorrer da minha carreira. A líder da área na época, Celina Lins, e a líder do departamento técnico, Solange Vasconcelos, foram duas mulheres fortes que me mostraram que uma carreira sólida poderia ser possível e gratificante. Ter tido mulheres como chefes no início da minha carreira me ajudou muito lá na frente.

Depois da Susep, fui ser estagiária por seis meses na Petros, Fundo de Pensão da Petrobrás, uma escola que valeu a pena e onde a minha líder também era uma mulher, Isabel.

Ambos os estágios não tinham chances concretas de efetivação, mas aprendi muito e comecei a construir um *networking* importante para iniciar a minha carreira como atuária. Minha primeira lição para quem procura estágio: mesmo que não tenha garantia de efetivação, se for um lugar onde você pode aprender, vá. Nunca fique em dúvida quanto a isso.

Meu primeiro emprego foi na Modelo Consultoria. Era só o começo de uma longa jornada. Os donos da consultoria eram o Paulo Pereira Ferreira e o Roberto Westenberger, dois professores muito renomados da UFRJ. Dois profissionais que acreditaram no meu potencial e a quem eu devo muito até hoje. A Modelo Consultoria começou com dois funcionários, eu e o Carlos Eduardo Teixeira, que se formou na UFRJ um ano antes de mim. Eu me lembro como se fosse hoje quando recebi o convite em uma ligação telefônica do Roberto. Eu tinha sido convidada para trabalhar em um Fundo de Pensão em Vitória, no Espírito Santo, e Paulo e Roberto me convenceram a não ir e ficar na empresa. Foi uma escolha difícil, mas tomei a decisão correta. Fiquei na Modelo Consultoria e na cidade onde nasci, no Rio de Janeiro. A vida é feita de escolhas, essa foi uma importante para mim.

Trabalhei quatro anos na Modelo Consultoria, até que ela foi comprada por uma multinacional. Fiquei mais seis anos trabalhando na hoje denominada Willis Towers Perrin (WTW). No total, foram dez anos em consultoria, na qual aprendi muito. Foram muitas horas trabalhadas, muitos projetos inovadores e muitos desafios. Participei de projetos grandes de M&A, liderei pesquisas de mercado, desenvolvi muitos produtos de seguro, previdência e capitalização. Fiz muitos amigos também.

Após dez anos de consultoria, fiz minha primeira transição de carreira. Fui trabalhar em uma seguradora multinacional com sede nos EUA, denominada Prudential. Uma escolha intencional. Eu queria mudar e trabalhar dentro de uma seguradora, não mais apenas prover consultoria para seguradoras. Se fosse uma multinacional seria ainda melhor, pois poderia usar o meu inglês.

Fiquei 20 anos nessa empresa. Iniciei como superintendente atuarial, o mesmo que gerente atuarial hoje em dia. No início, a equipe atuarial era formada por mim e mais dois atuários que me receberam muito bem, Leticia e Marcelo. A Prudential estava no Brasil desde 1976 em uma *joint venture*, mas somente em 1998 entrou para o segmento de seguro de vida individual, abrindo uma seguradora em parceria com um grande banco brasileiro, o Bradesco.

Na minha carreira na seguradora aprendi muito. Tive oportunidades ímpares que abracei sem medo. Fui convidada a gerenciar outras áreas como as de sinistros, desenvolvimento de produtos, inteligência de mercado, remuneração de corretores e gerenciamento de riscos, mas sem nunca abandonar a área atuarial. Assumi como diretora atuarial em 2005. Exerci essa cadeira e de riscos no período de 2011 a 2016. Nesse ano, assumi como vice-presidente. Primeiro atuei como vice-presidente Atuarial e de Riscos e depois como vice-presidência financeira (CFO). No total, atuei como CFO por cinco anos, de 2016 até 2022, e meu time financeiro já tinha 75 pessoas e englobava áreas como contabilidade, impostos, investimento, gerenciamento de capital, tesouraria e atuarial. O melhor do trabalho são as pessoas. Aprendi com todas elas. Nesse período aceitei o desafio de ser CEO interina por nove meses dessa mesma seguradora, acumulando minha função de CFO com a de CEO. Uma grande responsabilidade, mas tive o apoio de um time bem maior naquela época, cerca de 800 pessoas. Isso, sem dúvida, foi a melhor parte desse desafio. Exerci a função com muita dedicação e carinho por todas as pessoas que estavam comigo. Superei muitos desafios internos e externos, mas foi gratificante.

Em 2022, fiz minha segunda transição de carreira para o trabalho em governança corporativa. Uma mudança também intencional em busca de contribuir para o mercado corporativo, mas também ter mais tempo para explorar outras habilidades. Fiz o curso de governança no Instituto Brasileiro de Governança Corporativa, o IBGC, e de Conselheira 101, este último um programa de governança voluntário exclusivamente oferecido para executivas negras e indígenas. Vale ressaltar que em outubro de 2021, antes da transição, me aposentei pelo INSS oficialmente, como consequência de um planejamento bem atuarial que me fez contribuir para o INSS e para um plano de previdência privado por 32 anos. Recomendo a todos um planejamento semelhante.

Na minha atual fase da carreira em governança, estou atuando como presidente de Comitê de Auditoria na subsidiária brasileira de uma grande resseguradora alemã e como presidente de Comitê de Riscos de duas seguradoras ligadas à Caixa Econômica Federal. Além de ser conselheira Fiscal do Instituto

Brasileiro de Atuarial (IBA) e da Associação de Mulheres no Mercado de Seguros, denominada Sou Segura.

Nessa fase de atuação em governança e com a intenção de desenvolver outras habilidades, escolhi também me dedicar a mentoria e a palestras em temas técnicos, de governança, gerenciamento de riscos e motivacionais. Estou como mentora em uma editech, uma *startup* ligada a Educação Corporativa, e em um programa voluntário chamado LÍDERNEGRA. Em ambos os projetos dou mentoria para profissionais em diferentes fases de suas carreiras, mas majoritariamente para profissionais em busca de mentoria sobre liderança, transição de carreira, equilíbrio pessoal e profissional, gestão de mudança, entre outros temas relevantes. É uma nova fase, com múltiplas funções, mas todas gratificantes.

Em paralelo, ainda resolvi empreender e abrir uma pousada em Petrópolis com meu marido, com a proposta de desenvolver uma plantação de orgânicos. Estou amando me envolver mais de perto com a terra e com o que ela pode produzir. Meu objetivo é, no futuro, poder doar parte da plantação de orgânicos produzidos na pousada para escolas públicas ao redor da pousada.

Minhas dicas

Acredite no seu potencial, não deixe rótulos colocarem respostas em suas decisões. Mulheres aceitam desafios mesmo que não estejam 100% preparadas. Nós, mulheres, podemos ter filhos e ser profissionais, tenho dois filhos que atualmente estão com 26 e 19 anos. A vida requer estar preparado, invista em conhecimento e autoconhecimento. Fiz dois cursos de pós-graduação durante minha carreira e hoje ainda faço cursos de governança corporativa para me manter atualizada, o último foi na UCLA Los Angeles EUA e farei outros. A vida é feita de decisões e escolhas, tenha intencionalidade em todas. Peça ajuda sempre que precisar de apoio, tenha mentores e *"sponsors"* que a ajudem a caminhar. Eu escolhi ser atuária, mas sei que o lugar de uma mulher é onde ela quiser.

ATUÁRIA?!?!
Prazer, eu sou ATUÁRIA

Dezembro de 1959

Foi aí que começou a minha história, em São Paulo, em plena Avenida Paulista, dezembro de 1959, quer mais paulistana que isso?! Pois sou isso, bem paulistana.

Sou a segunda filha, quer dizer de filha só eu, já tinha um irmão quando nasci, aliás quase gêmeo, meu irmão tinha um ano e dois meses em dezembro de 1959.

Minha mãe, nesse tempo, não trabalhava fora, como a maioria das mulheres da época; meu pai trabalhava, mas era doente e logo nos deixou.

Eu fui premiada, quando tinha um ano e meio, tive poliomielite. Nessa época não havia a Sabin, fui contemplada no grande surto de pólio dos anos 60. Mas como Deus sempre foi muito bom pra mim, não tive muita sequela, só numa perna e com anos de tratamento no grande Hospital das Clínicas, fiquei pronta para a vida e sempre a levei com total normalidade. E como dizia o grande médico, que me acompanhou de um ano até o alto dos meus 16 anos (quando ele me deu alta), Dr. Mistrorigo, que eu ou a minha mãe tinha um Anjo da Guarda muito dedicado, e é isso que agradeço a Deus, e à minha mãe por todo seu amor e sua dedicação na minha vida, para ser o que sou agora.

E a vida segue...

Infância normal, um bairro simples, casa simples, eu, minha mãe e meu irmão, mas não faltou amor. Tudo era diferente naquela época, rua de terra (depois veio o asfalto), sem televisão, brincadeiras na rua com os vizinhos, liberdade. Além do meu irmão, minha infância foi com meus quatro primos, da minha tia madrinha (irmã da mamãe). Era muito bom mesmo, éramos felizes e não sabíamos.

Estudei num "Grupo Escolar Estadual", excelente, já era boa aluna naquela época de infância, até ganhei uma minibiblioteca de melhor aluna do colégio, quando eu tinha 11 anos, me lembro até hoje desse dia.

Sempre gostei de estudar, aliás, isso de estudar minha mãe sempre nos incentivou e nos ajudava. Devemos isso a ela, a dedicação e certeza de que não devíamos parar de estudar nunca, muito sábia. Depois fui para outro Colégio Estadual, que na época era um dos melhores, também fui a primeira aluna dessa escola. Meu irmão era o melhor dos homens e eu das mulheres, e ainda dupla de campeões de xadrez do colégio.

Naquele tempo tudo era diferente mesmo, estudamos no "grupo escolar e colégio estadual", não fizemos cursinho, e entramos direto na faculdade, meu irmão na Universidade de São Paulo (USP) em Física e eu na PUC (Pontifícia Universidade Católica) em Atuária.

Realmente era bem diferente naquela época...

Assim que completei 15 anos, fui trabalhar, ajudar em casa e seguimos a vida, com os três trabalhando, eu, a mãe e o irmão, a vida ficou mais fácil, era bem normal na minha época iniciar a vida laborativa cedo, a maioria dos meus amigos de colégio também foi trabalhar com essa idade, e sabe que foi bom?!

Passei a estudar à noite, uma das primeiras grandes mudanças da minha vida, mas era sossegado, não tinha perigo andar nesse período em São Paulo. Coisa boa mesmo.

Iniciei minha vida laborativa na área de Contabilidade e olha que felicidade, meus primos trabalhavam numa grande empresa nacional do ramo varejista e precisavam de um "auxiliar de controladoria" e lá foi a Wilma, abraçada pelo primo, prima, duas cunhadas deles e mais as irmãs delas... o departamento era uma grande família! Quer melhor início que esse, tem não!

Aí sim, depois de um ano e meio, iniciaram-se as surpresas da vida, a empresa sofreu uma reestruturação e pronto, minha primeira decepção, fui dispensada da noite pro dia.

A única coisa que pensei foi: "E agora, como pagar as contas?" Mas realmente naquela época a coisa era mais fácil e Deus sempre me ajudou e muito. Em 15 dias já estava em outro emprego e foi aí que se iniciou minha vida Securitária, como datilógrafa, emissora de apólice de seguros de incêndio, tinha 16 anos. Fiquei seis meses, era a melhor emissora da empresa e num belo dia achei que o que fazia era pouco e queria aprender mais, saí de casa e no ônibus conversando com uma amiga que trabalhava em uma seguradora me falou que achava que estavam contratando funcionários lá. Pronto, decidi na hora que, antes de ir para o meu trabalho, ia com essa amiga para ver se conseguia algo melhor. E por sinal essa era a maior seguradora independente (não ligada a Banco) na época. Fiz um teste, uma entrevista e passei, pedi a conta e rumei ao novo desafio. Agora sim iniciava no Departamento de Incêndio como arquivista, e depois controle de cosseguro, promovida a técnica de Incêndio e depois técnica em Riscos Vultosos Incêndio, a menina do fogo!

Daí comecei a pegar o gostinho de trabalhar como técnica em seguros.

Início na área atuarial

Atuária, não sabia o que era, eu e a maioria da população brasileira, mas me identifiquei no decorrer da minha vida, e percebi que era isso mesmo que queria e ainda quero.

Aos 16 anos comecei a trabalhar na área de seguros, e desde essa época meu ideal de vida era fazer uma faculdade, de Matemática, pois sempre adorei números, para mim eles interpretam e quantificam a vida.

Nessa época (1978), já era técnica de Incêndio e comentava com a equipe do escritório que iria fazer Matemática, sempre fui muito comunicativa. Um dia, estava eu trabalhando, e de repente o atuário responsável da companhia me ligou, direto do Rio de Janeiro (que privilégio e honra), e perguntou curto e reto: "Por que Matemática e não Ciências Atuariais?" e me orientou a desistir da ideia de fazer Matemática e ir direto para Ciências Atuariais, porque dessa forma eu teria um futuro promissor. Grande questão para alguém de 17 para 18 anos!?! O que fazer agora?...

Pois bem, li a respeito e pronto, decidido. A faculdade de Ciências Atuariais na USP estava fechada, não tinha alunos e então entrei na PUC/SP. Vida nova, vida universitária.

Não foi fácil, era paga, porém consegui, com idas e vindas, parcela daqui, não paga aqui, pega dinheiro lá... e pronto, foram quatro anos e meio de muito jogo de cintura, mas terminei a faculdade.

O meu chefe na época, gerente do Ramo Incêndio, me ajudou muito e falou ao atuário responsável da seguradora (aquele que me ligou e me deu a luz da profissão) que eu ia me formar em Atuária, e quando estava no último ano de faculdade fui promovida para a área de Controladoria e assessorava o diretor Administrativo Financeiro na parte de estatísticas e projeções orçamentárias da seguradora, me tornando assessora de Diretoria.

Em julho de 1982 estava eu formada, era oficialmente uma Atuária, e na época o mundo atuarial era pequeno, minúsculo, formava-se uma dúzia de pessoas por ano, no Brasil. Contavam-se facilmente os atuários do país e atuária mulher, então, éramos poucas e eu fazia parte dessa profissão rara, Atuária MIBA 539, era muita emoção e estava ansiosa com o futuro.

Formada, iniciei em outra seguradora, mas agora como atuária responsável técnica da área de previdência aberta, tinha vinte e poucos anos. Nem preciso falar que enfrentei resistência, machismo, porque eu era mulher, mas sem problemas, enfrentar desafios é comigo mesma, eu era uma profissional e teriam que me respeitar como uma profissional que era.

Nesses anos, ainda fazíamos os cálculos manuais, se não me engano comecei a trabalhar com computadores de mesa em 1984, uma nova era atuarial no Brasil. Tínhamos agora a capacidade de armazenar, calcular e analisar grandes volumes de dados, permitindo dessa maneira a realização de análises mais precisas e sofisticadas. Eu vivi isso, da calculadora manual à inteligência artificial, sou ou não sou privilegiada? Viver e acompanhar essa evolução, muito feliz mesmo.

Mas a minha vida profissional não atrapalhou em nada minha vida pessoal, casei, isso já faz 41 anos, e a grande coincidência da minha vida foi conhecer meu marido na PUC/SP, ele é economista, e foi um reencontro, porque depois que começamos a namorar descobrimos que ele estudou no mesmo colégio que eu e meu irmão, e que eu estudei com a irmã dele, que mundo pequeno! Casamos e planejamos primeiro terminar os estudos (mestrado) e só depois ter filhos, afinal, a junção de um economista e uma atuária tinha de ter planejamento, tudo economicamente calculado e o mínimo de riscos possíveis calculados atuarialmente! Fui mãe pela primeira vez aos 26 anos, uma emoção indescritível e adorável, a vida muda mesmo, a gente se transforma ao ver a carinha linda ao acabar de nascer.

Assim que nasceu meu primeiro filho troquei de emprego, fui para um Fundo de Pensão, como assistente atuarial, queria ver e conhecer esse mundo, porque Seguros e Previdência Aberta eu já conhecia.

Passaram-se três anos e tive o meu segundo filho, aos 29 anos, e aos 32 nasceu meu terceiro filho, olha aí o planejamento:

a cada três anos um filho, não tem jeito, a matemática está em nossas vidas mesmo.

Tive que parar de trabalhar quando nasceu meu segundo filho, fiquei de repouso dois meses antes do nascimento dele e perdi o emprego, na época as empresas não esperavam você retornar, era descartada antes. Tenho três lindos meninos e nenhum é atuário... Pois é, nem tudo é calculado.

Retornei ao mercado atuarial quando o meu caçula tinha quase um ano.

Ah, esqueci de comentar que quando me formei eu era 50% da turma dos formandos de 1982, os outros 50% um grande amigo, muito estimado, que até hoje está presente na minha vida profissional e pessoal.

Pois bem, esse amigo abriu uma Consultoria Atuarial e fui trabalhar com ele. Vida de consultoria, vários clientes, fundos de pensão, regimes próprios, outra visão da área atuarial.

Mas tudo na vida é mutável, depois de alguns anos, fui enfrentar outro desafio, aprender mais, mudei para uma empresa de corretagem de seguros internacional com a meta de trabalhar em Benefícios, agora incluindo previdência, seguros de vida e área de saúde. Assim completaria a minha meta de aprendizado.

Foram bons anos e muita experiencia adquirida, tudo estava ótimo, de repente a empresa foi vendida do dia para a noite, recebi novo convite profissional e mais uma vez aceitei o desafio, de atuária em uma empresa de Auditoria Internacional, e vamos lá! Nessa empresa também sofri resistências, a ponto de em uma reunião de trabalho, só eu de mulher, o telefone tocar e os olhares se voltarem todos pra mim: eu deveria atender porque eu era mulher, pois bem, não atendi, quase fui linchada, rsss.

Foi uma grande experiencia, divisão de águas. Depois disso queria mais, queria promoção e consegui trocando de emprego, assumi como atuária de uma seguradora internacional, tudo estava excelente, quando de repente outra venda, aí não tive outra alternativa, estava preparada, madura e decidi que era o momento de fazer carreira solo.

Abri minha Consultoria Atuarial em abril de 2004, e daí por diante *Atuária Sem Fronteiras!* Aonde tinha trabalho estava lá, aeroporto era a minha segunda casa. Trabalhando conheci praticamente todas as capitais brasileiras e mais umas tantas dúzias de cidades, eita mundão grande esse nosso Brasil! E ainda tive experiências na Europa, Reino Unido e América do sul. Posso afirmar que tive a honra de conhecer muitas pessoas e muitos lugares, aprender, além da matemática atuarial, a matemática da vida, descobrindo que todos somos iguais, com as mesmas expectativas e ansiedades. Apesar de ser atuária, sempre o mais racional possível, a vida nos ensina a olhar do lado e ver que pessoas são importantes, mais que os números.

. Mas não parei, no meio da minha vida de consultoria, em 2011 assumi um cargo na área governamental, ainda não tinha tido a experiência do lado de lá da mesa, sentar e trabalhar com o governo foi muito interessante, lá fui eu pra Brasília. Mais uma ótima experiência para a minha coleção. Depois fiquei três anos no Rio de Janeiro, como consultora numa empresa federal.

Por enquanto é isso, colher experiências de várias áreas em que o atuário pode atuar e tão importante quanto o conhecimento e o lado financeiro foi conhecer pessoas, aprender com a experiência de outros, e poder agradecer por isso. E continuo na lida atuarial!

Experiência de vida

A maior e melhor experiencia da minha vida foi a maternidade, com certeza, e mãe atuária está sempre procurando mitigar os riscos dos filhos, não é fácil não. Agora, tenho que dizer que devo tudo o que sou e tenho ao meu marido, meu grande amor e companheiro de vida, sempre esteve do meu lado me apoiando com a vida materna e a rotina diária. E me dando muita força, muita mesmo, para eu continuar na minha vida profissional. É lógico que não seria o que sou se não fosse a minha mãe, guerreira e uma força colossal com seu amor e sua sabedoria. Os meninos, ah, os filhos, atualmente tudo terceirizado, todos casados e ninguém é atuário nem economista. O mais velho é médico, o do meio arquiteto e o caçula físico, todos filhos da USP. Tenho três noras maravilhosas e dois netos mais do que lindos!

Sofri preconceitos profissionais, por ser mulher, casada e ainda com um defeito físico que aos olhos de quem não quer enxergar o que somos na realidade prefere ser preconceituoso. Mas garanto que isso nos faz crescer e sermos ainda mais fortes, superar esses preconceitos é ter fé em Deus, erguer a cabeça e seguir em frente, dá resultado, viu?

E agora, o que fazer?

Sabe, a vida segue e aí você olha para trás e enxerga tudo o que você passou, tudo o que foi e o que construiu, é emoção pura.

Como falei, sempre tive minha mãe do meu lado apoiando e incentivando, e nos amando, eu e meu irmão. Minha amada tia e primos, meu irmão, cunhada e sobrinha, também sempre do lado. A mãe e o pai do maridão, irmãos e agregados, meu maridão, filhos e noras e agora netos. Gente, quer coisa melhor na vida?!

Ah, não posso esquecer de comentar dos amigos, não dá para escrever sobre todos, então para não magoar ninguém fica tudo no plural mesmo, meus melhores amigos são muito importantes na minha vida. Eles também ajudaram a construir os alicerces da minha vida.

O que mais querer, vamos lá, primeiro não me arrependo de nada, estou muito feliz atualmente, mas gente não é somente um curso universitário e um diploma mágico que vai dar um futuro promissor, tem que trabalhar muito e ensinar, aprender sempre e agradecer a cada desafio que você tem pela frente. Esses desafios é que nos fazem crescer como profissional e como pessoa, e digo que faria tudo de novo.

Neste momento de vida profissional, estou passando tudo o que sei, porque nada adianta você ter desenvolvido uma ótima carreira se não passar a prática para outros profissionais que estão iniciando ou até aos que já têm um bocadinho de estrada.

É minha obrigação passar o conhecimento, conhecimento é para todos e é isso que estou fazendo; vejam, de que adianta saber muito e não transmitir?

Agradeço mais uma vez a Deus por tudo o que tenho e que consegui conquistar, e não sozinha, lógico. Mas sozinho também não tem graça, como aprendi na matemática atuarial, calcular para não correr riscos e conseguir ter uma boa reserva matemática para o futuro e no presente dividir o montante com os pares.

Último agradecimento, ao convite para escrever estas poucas linhas, um breve resumo da minha carreira profissional que se mistura com o pessoal, é uma simbiose. Espero poder inspirar as mulheres que sofreram ou sofrem algum preconceito, não se deixem abater, nós podemos quando queremos, insista, resista, vença e agradeça.

Obrigada.

História da CEO da Editora Leader e idealizadora da Série Mulheres®

Andréia Roma

Eu posso Voar!

Como tudo começou

Nasci em São Paulo, sou uma paulista muito orgulhosa de ter nascido nesta terra de tantas oportunidades. Falar das minhas origens, de quando eu era criança, é necessário, porque tudo é parte da minha história de vida. Venho de uma família muito humilde, na infância eu não sabia o que era ter uma roupa, um tênis ou uma sandália novos. Eu e minha irmã usávamos o que outras pessoas nos davam, mas mesmo assim éramos agradecidas. Hoje somos nós que ajudamos outras pessoas, seja diretamente, com caridade, ou indiretamente, através do nosso empreendedorismo.

A profissão do meu pai, um pernambucano muito batalhador, era de pintor. Ele fazia de tudo para que não faltasse nada para nós e seguíamos a vida com escassez, sem luxo, aprendendo que a melhor escolha sempre é ter muita honestidade. Meu pai foi muito carinhoso comigo e com a minha irmã, guardo boas lembranças dos primeiros anos da minha vida. Atualmente ele é aposentado e posso dizer que é uma pessoa maravilhosa, muito importante para mim.

Mamãe, paulista como eu, não trabalhava, porque meu pai entendia que ela precisava estar em casa para cuidar da nossa educação. Então, fomos muito bem educadas por minha mãe, pois mesmo com pouca escolaridade ela nos ensinava bons valores e o respeito ao próximo. Ela nos ensinou como nos portar à mesa, como agir corretamente na convivência com outras pessoas, em qualquer ambiente em que estivéssemos. Tudo isso era próprio dela, que tem uma história muito bonita. Ela foi adotada, depois de ser deixada na porta de um orfanato, junto com as duas irmãs e um irmão.

Separadas pela adoção, depois de 30 anos minha mãe encontrou minha primeira tia, após mais cinco anos, minha outra tia. Meu tio já é falecido, infelizmente, e jamais encontraram a minha avó. Minha mãe foi adotada por um casal que vivia no Interior, e que cuidou muito bem dela, graças a Deus, e ela se tornou uma mulher de fibra, exemplar. Mamãe teve a oportunidade de concluir somente o colegial, não prosseguiu com os estudos, pois se casou com papai muito jovem. E na simplicidade dela, com seu olhar amoroso e de bons valores, nos ensinava muito. Fomos crianças, eu e minha irmã, que tivemos uma mãe presente de verdade. Ela esteve sempre junto com a gente, na pré-escola, no primeiro dia de aula, ia nos buscar, cuidava muito bem de nós, nos orientava, ensinava como nos defender. São muitas passagens que ficaram marcadas nos nossos corações.

Escolha amar, sempre

Algumas pessoas, ao lerem este trecho de minha história, vão dizer que minha mãe talvez não devesse ter aberto mão dos estudos e de trabalhar fora. Na verdade, ela escolheu estar presente e com isso acompanhar nossa infância e todos os nossos passos. Eu digo sempre que ela escolheu amar. Entendo que hoje nós, executivas, não temos como abrir mão de nossas carreiras, porém, ao trazer esta história tenho a intenção de dizer para você que, mesmo com a correria do dia a dia, nunca deixe de registrar em sua agenda o tópico TEMPO PARA AMAR, envie um *invite* se preciso.

Minha mãe me ensinou o segredo de ser fiel às pessoas que amamos e cuidar com amor e dedicação. Apesar de ter sido abandonada um dia por sua mãe biológica, ela me ensinou que amar é um remédio que cura todas as dores da alma. Muitas vezes, quando iniciamos um trabalho, não nos dedicamos como poderíamos e isso ao longo dos anos se torna prejudicial. Reconheço que minha mãe foi a maior treinadora do tema "dedicação e atendimento ao cliente" que eu poderia ter em minha vida. E você, consegue se lembrar do que sua mãe ou seu pai lhe ensinou? Faça sempre essa reflexão e se fortaleça. Desafios vêm para mostrar o quanto você é forte.

Um livro muda tudo!

E como nasceu meu amor pelos livros, esse amor que me levou a empreender no mercado editorial? Bem, o primeiro livro que ganhei foi uma cartilha escolar. Eu adorava essas cartilhas porque podia pintá-las e tinha exercícios que eu gostava de fazer. Aí nasceu minha paixão pelos livros, que só aumentou pela vida afora. Isso colaborou muito na minha atuação como editora, porque não acredito em livros sem exercícios. Eu amava minhas cartilhas, eram distribuídas pelo governo. Elas eram o que eu tinha, eu ganhava de presente, cuidava delas com muito zelo e carinho, lembro-me até de ajudar minha mãe a encapá-las.

Achava sensacional poder ter aqueles livros e cartilhas, enfeitava com florezinhas, não tinha muito o que colocar, não tínhamos como comprar adesivos, então eu fazia com revistas e jornais velhos, tudo que achava eu recortava e colava, deixando tudo muito bonito. A atitude de colar e enfeitar os livros, cuidando com zelo, é o que trago para os dias de hoje. Minha lição aqui é convidar você a zelar e cuidar das oportunidades e parcerias, infelizmente ao longo dos anos nos decepcionamos com algumas, porém, desistir de encontrar parceiros certos para juntos fazer a diferença, jamais. Lembre-se de se levantar a cada tombo unicamente por você e não para que as pessoas que o feriram vejam. Estas pessoas passaram, e você seguiu. Viva o aqui e agora e esqueça o passado.

Sororidade inspirada por meu pai

Se eu pudesse resumir um pedaço da minha história sobre o tema Sororidade, descreveria com estes fatos.

Todos os dias de manhã meu pai saía de casa de bicicleta, praticamente atravessava a cidade para ir trabalhar, e assim economizava na condução para podermos ter um bom café da manhã, antes de irmos pra escola. Quando voltava sempre trazia um pacotinho de balas, de cereja ou de chocolate, lembro-me do formato e cheiro até hoje. Assim que ele chegava colocava as balas do saquinho na mesa, e pedia para eu e minha irmã sentarmos à mesa com ele; ali ele iniciava um ritual diário, olhando nos nossos olhos com carinho ele dividia as balas, e só depois deste momento é que poderíamos pegá-las.

Meu pai me ensinou sobre sororidade muito antes de ouvirmos sobre o tema. Ele com esta atitude me ensinava o valor de respeitar minha irmã, o valor de dividir, o valor de receber, o valor de agradecer. Recordo que a gente não brigava por isso, e ele e minha mãe nos ensinavam ali, mesmo sendo pessoas com tão pouca escolaridade, a compartilhar, a apoiar, respeitar. E isso eu faço sempre, seja como editora, como ser humano, eu compartilho muito. Eu dou muitas oportunidades para que outras pessoas possam publicar, possam escrever, possam se encontrar e identificar a sua história. E se valorizar, por isso eu foco muito no protagonismo da história, o que tenho certeza que fez diferença na minha vida.

Então finalizo aqui essa parte que fala da minha infância, dos meus pais, e de como eles me ensinaram a ser quem eu sou hoje.

Laboratório do sucesso

Iniciei minha vida profissional quando tinha 14 anos, como cuidadora de um casal de idosos. Trabalhar com eles me ensinou a ver e sentir o ser humano de outra forma, mais sensível, mais dependente. Eles já não estão mais conosco, mas nem imaginam o tamanho do legado que deixaram para mim. Foi uma grande lição para uma menina de 14 anos. Aos 15, entendi o significado de atender pessoas, fui trabalhar em uma banca de pastel e ali tive a chance de aprender grandes lições. Uma delas eu me recordo bem: meu patrão fritava todos os dias um pastel de carne e me fazia comer; quando eu terminava, ele dizia: "Como foi? Estava saboroso?" Na época eu não entendia o que ele queria, porém hoje sei que ele me ensinava que a experiência de experimentar é o maior laboratório do sucesso. Um cliente só volta para sentir novamente a experiência que seu produto pode proporcionar.

Aos 16, iniciei como recepcionista em uma papelaria, onde gostava muito de atender os clientes e fiz muitas amizades. Nesta experiência entendi que o *networking* traz para nossas vidas muitas oportunidades. Uma dica importante para você que deseja crescer é se relacionar, conhecer seus clientes, entender o que fazem e por que fazem. Todo cliente tem um propósito, descubra o propósito do seu cliente.

Aos 18, engravidei do meu primeiro namorado, e foi também meu primeiro aprendizado. Hoje eu agradeço a ele pela vida da minha filha, mas na época éramos jovens e tive uma experiência dolorosa. Eu tive a chance de ouvir o coração dela sozinha, foi um momento só meu e eu adorei. E naquele dia, como uma intuição divina, eu sabia que era uma menina, antes de o médico saber!

Quando ela nasceu, chamá-la de Larissa, que significa Alegria, realmente expressava o que eu estava sentindo. E me emociono ao dizer isso, porque ela tem me dado muitas alegrias. Segui criando minha filha sozinha e isso só me deu mais força para entender aonde queria chegar.

Lembro-me de que, quando entrei na sala de cirurgia para dar à luz a Larissa, visualizei que dali em diante eu seria empreendedora, que lutaria por mim e por minha filha. Comecei a estudar, e não parei mais, me considero uma autodidata em muitas áreas do conhecimento.

Suas escolhas decidem quem você será no futuro!

Próximo aos 24 anos me casei com o Alessandro e recebi mais um presente, meu segundo filho, chamado Boaz, e sua chegada reforçou ainda mais o que eu queria realizar em minha vida.

Na minha primeira formação em PNL e Coaching, recordo-me que o exercício na sala de aula era a ponte ao futuro. Ali eu reforçaria aonde queria chegar. E minha meta foi ter uma editora. Esse objetivo gritava dentro de mim, foi então que pedi demissão da empresa em que trabalhava. Algo me dizia "você está no caminho, vá em frente".

Foi o que fiz, porque eu tinha dois motivadores em minha vida, Larissa e Boaz.

Segui minha vida trabalhando, lendo muitos livros, pois sou uma apaixonada por livros, e participei de várias formações, buscando oportunidades, em minhas contas somos mais de 60 cursos. Confesso que investi muitos dias da minha vida para todas estas formações, ganhava pouco em empresas em que trabalhei, porém a oportunidade de estudar me manteve fiel em cada uma delas. Eu realmente fazia além do que era paga para fazer, pois eu acreditava em mim. Sou grata a todas as empresas pelas quais passei, são grandes motivadores para mim.

Quase desisti

Lembro-me que depois dos 30 anos fui convidada para estruturar a primeira editora, era um sonho e trabalhava dia e noite com a proposta de uma sociedade. Porém naquela época a empolgação foi tamanha e me esqueci do contrato, aí você já imagina. Depois desta decepção eu resolvi deixar o mundo editorial, quase desistindo do sonho de empreender, e disse a meu marido que iria procurar uma nova recolocação no mercado. Ele me disse: "Acredite, você vai conseguir".

Foi quando tive a grande surpresa que mudaria totalmente minha vida.

Ele me disse para insistir com meus sonhos. E, se eu acreditasse na editora que queria construir, daríamos um jeito para realizar minha meta. Sem me consultar, ele foi até a empresa em que trabalhava há seis anos e pediu para ser demitido. Com a indenização dele fundei a Editora Leader. Assim, nasceu a Editora Leader, por meio de alguém que renunciou ao seu trabalho para realizar o meu sonho. Meu marido me inspira até hoje.

Sou e serei eternamente grata a ele.

Meu maior legado

Falar de filhos, de família, para mim é o maior legado do mundo, é você respeitar as pessoas que você ama. Falar do momento de mãe solteira é difícil. Não fiz nada diferente de outras jovens que também engravidam e não têm o apoio de seu parceiro. Não fui forçada a engravidar, aconteceu e aí vieram as consequências. Uma delas foi que meu pai não aceitava, até pela criação que teve, tinha uma importância muito grande para ele que eu só tivesse filhos após o casamento. Ele deixou de falar comigo, não me abraçava mais, foi muito penoso lidar com isso, porque ele sempre foi muito próximo. Na realidade, ele se importava, mas estava muito magoado. Hoje eu sei disso, mas na época não.

Então eu tinha de conviver com o conflito de ter sido abandonada e de meu pai se afastar de mim. Minha mãe me apoiou e me dava carinho e força. Fiquei em casa grávida, isolada, como se estivesse em quarentena. É assim que descrevo hoje aquela situação. Como não tinha com quem conversar, eu falava com minha bebê, cantava para ela. Por isso digo que ela realmente foi a minha alegria. Falar dela e da minha gravidez é falar de todas as mães solteiras, mas principalmente dizer às jovens para que se cuidem e evitem passar por uma situação tão dolorosa.

Hoje tomo isso como um grande aprendizado. E digo que o maior desafio de ser mãe, com certeza, é estar sozinha, apesar de ter aquela bebê maravilhosa dentro de mim. Então, eu entendi que precisava realmente fazer a diferença, não só pela minha filha, mas por mim primeiro. Naquele momento eu assumi o protagonismo da minha vida. Pensei que eu queria mais da vida, queria mais de tudo que pudesse obter.

Minha maior lembrança é de quando entrei no hospital, naquele corredor frio, olhei na janelinha da porta do centro cirúrgico e quem estava ali era minha mãe. Com seu olhar ela me dizia que eu ia conseguir, e isso realmente me motiva até hoje. Então, todas as vezes que me sinto triste, eu olho na "janelinha do tempo", e vejo o rostinho da minha mãe dizendo que vou conseguir. Isso pra mim faz toda a diferença.

Quando decidi ter um emprego, até pela maturidade de querer sustentar minha filha, tive uma grande oportunidade, aos 19 anos, de trabalhar num jornal, com a venda de assinaturas. E me saí muito bem. Era no centro da cidade de São Paulo, foi uma ótima experiência.

Depois fui para uma empresa de treinamentos, que nem existe mais, mas na época tive a chance de fazer alguns e aprendi muito. Eram treinamentos de negociação, motivação, liderança, conheci também um pouco da Programação Neurolinguística (PNL), e várias outras ferramentas. E mergulhei nesse mercado, gostava muito de ler, até pela falta de oportunidade que tive, então agarrei com as duas mãos e segurei com muita determinação.

Logo depois, comecei a vender livros e revistas numa empresa que não existe mais. Lá eu aprendi bastante, as pessoas que conheci ali foram bem importantes na minha vida e entendi que para vender eu tinha de ler ainda mais. Ler bastante, o tempo inteiro. Gosto muito de ler, eu lia muitos livros sobre motivação, vendas, de liderança, de negociação, livros de Eduardo Botelho,

Reinaldo Polito, vários escritores, nacionais e internacionais, muitas pessoas que aprendi a admirar.

Contar sobre esse período é dizer o quanto essa oportunidade me ensinou a ser uma pessoa melhor, e a transformar desafios na "janelinha", onde o retrato é da minha mãe, dizendo que vou conseguir.

Pronta para Voar!

Selo Editorial Série Mulheres®

A Editora Leader é um espaço especial criado para que homens e mulheres possam publicar. Em todos os projetos da Leader dedicado às mulheres, uma das coisas que coloco é um espaço para as origens das autoras, como fiz aqui neste capítulo, porque, mesmo que seja doloroso falar sobre aquele momento, aquela situação difícil, isso faz com que você entenda a sua evolução, o quanto você caminhou, o quanto você já venceu. E faz com que veja alguém inspirador, como eu vi na janelinha do hospital, o rostinho da minha mãe. Então, qual é o rosto que você vê? Quando você se lembra dos seus desafios na infância, das situações difíceis, qual é o rosto que você vê? Acho que essa é a maior motivação, quando você consegue descrever isso, quando você trouxer isso pra sua vida consegue inspirar outras pessoas a caminhar. Percorrer o corredor daquele hospital foi um dos mais longos trajetos da minha vida, mas foi o mais importante, porque me ensinou a ser quem eu sou.

Me ensinou a compartilhar mais, me mostrou caminhos que nenhuma faculdade, nenhum curso vai me ensinar. Realmente ali eu assumi que podia fazer aquilo, e eu fiz.

Hoje minha filha tem 22 anos, está no segundo semestre de Medicina, e eu fico muito feliz. Contudo, hoje trabalho com legados, assim como os médicos, que fazem o bem para tantas pessoas! Hoje vejo minha filha caminhando para isso.

Então acho que o Selo Série Mulheres® da Editora Leader e grande parte de suas publicações têm um pouco de cada mulher, independentemente do que ela escolheu para sua vida. Digo que é uma conexão com as mulheres. Não é só quem eu quero ser, é quem eu sou. É quem eu assumi ser, é a protagonista da minha história. Com uma infância triste ou feliz, eu quero que realmente essas histórias inspirem muitas pessoas. Essa é a minha história, que reúne várias mulheres e diversas temáticas no mercado, trazendo o olhar feminino, trazendo o olhar dessas mulheres através do protagonismo de suas histórias, começando pelas origens e falando de onde elas vieram e quem elas são.

Eu me orgulho muito da Série Mulheres®, um projeto que lançamos com abrangência nacional e internacional, com ineditismo registrado em 170 países, aliás o único no Brasil, porque todos os livros são patenteados, tivemos esse cuidado para que nenhuma outra editora, além da Leader, pudesse lançar as temáticas, por exemplo, Mulheres do RH, Mulheres no Seguro, Mulheres do Marketing, Mulheres do Varejo, Mulheres na Tecnologia, Mulheres Antes e Depois dos 50, Mulheres na Indústria do Casamento, Mulheres na Aviação, Mulheres no Direito, Mulheres que Transformam, enfim, hoje já estamos na construção de quase 50 temáticas que vamos lançar até 2030. São histórias de mulheres que realmente decidiram, que, através de suas escolhas, suas trajetórias, suas boas práticas empolgam as leitoras e os leitores, porque o Selo Editorial Série Mulheres® é para homens e mulheres lerem. Então trazemos com carinho a história de cada mulher, mostrando a força feminina, não como uma briga por igualdade, nada disso, mas sim com um olhar humanizado, com um olhar em que as mulheres assumem o protagonismo de suas histórias. Elas entendem os seus valores, as suas crenças e assumem a sua identidade, mostrando quem elas são, dentro do que elas fazem, do que elas escolheram para fazer. Mulheres fortes, eu diria. São mulheres escolhidas a dedo para participar da Série. Nós precisamos entender que para tocar uma alma humana você tem que ser outra alma humana.

Então a Série Mulheres® é uma grande oportunidade para o mercado feminino mostrar sua história, mostrar mais do que o empoderamento, mostrar o quanto você pode inspirar outras mulheres. E detalhe: numa história difícil, triste, quanto você pode levantar o ânimo dessas mulheres, para que elas tenham uma chance, para que possam caminhar.

Um dos livros que vamos lançar é Mulheres – Um grito de socorro, que já está registrado também, e vem trazendo esse olhar de muitas Marias, que são fortes e deram a volta por cima em suas vidas. A Série Mulheres® é isso, é um compilado de mulheres que inspiram outras mulheres e homens. Muitas não são famosas, mas são "celebridades" dentro do que elas fazem. Nosso propósito é trazer um novo olhar para as brasileiras que colaboram para o desenvolvimento econômico do nosso país, com verdadeira responsabilidade social e ambiental.

A Editora Leader me transformou numa empreendedora de sucesso, e eu a transformei numa empresa com vários diferenciais.

Eu acredito que **"Um livro muda tudo"**, que se tornou o nosso *slogan*. E pergunto sempre, através da Leader: qual é a sua história? Qual é o poder que tem a sua história?

Termino por aqui, espero que minha história a prepare para voar, e convido você a contar a sua história aqui, na Editora Leader, no Selo Editorial Série Mulheres®.

Cordel

Este livro tem poder,
O poder de transformar,
Cria oportunidades,
Pra muita mulher falar,
Sobre suas experiências,
Este livro vai contar!

Este livro bem ensina,
Sobre respeito e equidade,
Defende o nosso espaço,
Buscando mais igualdade,
Que tal ser inspiração,
Pra muitas na sociedade?

Não estamos contra os homens,
Não é uma competição,
Só queremos ter espaço,
Não é uma imposição,
Unindo homem e mulher,
É mútua inspiração!

Pra você que é mulher,
Não importa a profissão,
Reconheça o seu valor,
Dê sua contribuição,
Isso pode bem mudar,
O futuro da nação!

Por espaço igualitário,
Não é só nossa questão,
Queremos o seu respeito,
Temos também opinião,
Atenção você mulher,
Preste muita atenção!

A mensagem do cordel,
É fazer cê refletir,
Que essa série pra mulher,
Vai fazer cê decidir,
Se juntar a essa luta,
Não espere, pode vir!

Recebemos como presente este cordel, criado por **Caroline Silva**, coautora do livro "*Mulheres Compliance na Prática – volume I*", para abrilhantar as obras da Série Mulheres.

Benefícios que sua empresa ganha ao apoiar o Selo Editorial Série Mulheres®.

Ao apoiar livros que fazem parte do Selo Editorial Série Mulheres, uma empresa pode obter vários benefícios, incluindo:

– **Fortalecimento da imagem de marca:** ao associar sua marca a iniciativas que promovem a equidade de gênero e a inclusão, a empresa demonstra seu compromisso com valores sociais e a responsabilidade corporativa. Isso pode melhorar a percepção do público em relação à empresa e fortalecer sua imagem de marca.

– **Diferenciação competitiva:** ao apoiar um projeto editorial exclusivo como o Selo Editorial Série Mulheres, a empresa se destaca de seus concorrentes, demonstrando seu compromisso em amplificar vozes femininas e promover a diversidade. Isso pode ajudar a empresa a se posicionar como líder e referência em sua indústria.

– **Acesso a um público engajado:** o Selo Editorial Série Mulheres já possui uma base de leitores e seguidores engajados que valoriza histórias e casos de mulheres. Ao patrocinar esses livros, a empresa tem a oportunidade de se conectar com esse público e aumentar seu alcance, ganhando visibilidade entre os apoiadores do projeto.

– **Impacto social positivo:** o patrocínio de livros que promovem a equidade de gênero e contam histórias inspiradoras de mulheres permite que a empresa faça parte de um movimento de mudança social positivo. Isso pode gerar um senso de propósito e orgulho entre os colaboradores e criar um impacto tangível na sociedade.

– ***Networking* e parcerias:** o envolvimento com o Selo Editorial Série Mulheres pode abrir portas para colaborações e parcerias com outras organizações e líderes que também apoiam a equidade de gênero. Isso pode criar oportunidades de *networking* valiosas e potencializar os esforços da empresa em direção à sustentabilidade e responsabilidade social.

É importante ressaltar que os benefícios podem variar de acordo com a estratégia e o público-alvo da empresa. Cada organização deve avaliar como o patrocínio desses livros se alinha aos seus valores, objetivos e necessidades específicas.

REGISTRO
DIREITO AUTORAL

**CBL
Câmara
Brasileira
do Livro**

clique para acessar
a versão online

CERTIFICADO DE REGISTRO DE DIREITO AUTORAL

A Câmara Brasileira do Livro certifica que a obra intelectual descrita abaixo, encontra-se registrada nos termos e normas legais da Lei nº 9.610/1998 dos Direitos Autorais do Brasil. Conforme determinação legal, a obra aqui registrada não pode ser plagiada, utilizada, reproduzida ou divulgada sem a autorização de seu(s) autor(es).

Responsável pela Solicitação:
Editora Leader

Participante(s):
Andréia Roma (Coordenador) | Raquel Marimon (Coordenador)

Título:
mulheres na atuária : edição poder de uma história : volume 1

Data do Registro:
19/07/2024 18:00:49

Hash da transação:
0x60b9e4aed20437e409a0e4744e709e14c0b36b8dfdce3114c9547e4e6cbaea6f

Hash do documento:
0a4fb40faa931b76eb54c1ba86a6771606cd4f474d58406de357c1959fafecd0

Compartilhe nas redes sociais
f y ✉ in

FAÇA PARTE DESTA HISTÓRIA
INSCREVA-SE

INICIAMOS UMA AÇÃO CHAMADA
MINHA EMPRESA ESTÁ COMPROMETIDA COM A CAUSA!

Nesta iniciativa escolhemos de cinco a dez empresas para apoiar esta causa.

SABIA QUE SUA EMPRESA PODE SER PATROCINADORA DA SÉRIE MULHERES, UMA COLEÇÃO INÉDITA DE LIVROS DIRECIONADOS A VÁRIAS ÁREAS E PROFISSÕES?

Uma organização que investe na diversidade, equidade e inclusão olha para o futuro e pratica no agora.

Para mais informações de como ser um patrocinador de um dos livros da Série Mulheres escreva para: **contato@editoraleader.com.br**

ou

Acesse o link e preencha sua ficha de inscrição

Nota da Coordenação Jurídica do Selo Editorial Série Mulheres® da Editora Leader

A Coordenação Jurídica da Série Mulheres®, dentro do Selo Editorial da Editora Leader, considera fundamental destacar um ponto crucial relacionado à originalidade e ao respeito pelas criações intelectuais deste selo editorial. Qualquer livro com um tema semelhante à Série Mulheres®, que apresente notável semelhança com nosso projeto, pode ser caracterizado como plágio, de acordo com as leis de direitos autorais vigentes.

A Editora Leader, por meio do Selo Editorial Série Mulheres®, se orgulha do pioneirismo e do árduo trabalho investido em cada uma de suas obras. Nossas escritoras convidadas dedicam tempo e esforço significativos para dar vida a histórias, lições, aprendizados, cases e metodologias únicas que ressoam e alcançam diversos públicos.

Portanto, solicitamos respeitosamente a todas as mulheres convidadas para participar de projetos diferentes da Série Mulheres® que examinem cuidadosamente a originalidade de suas criações antes de aceitar escrever para projetos semelhantes.

É de extrema importância preservar a integridade das obras e apoiar os valores de respeito e valorização que a Editora Leader tem defendido no mercado por meio de seu pioneirismo. Para manter nosso propósito, contamos com a total colaboração de todas as nossas coautoras convidadas.

Além disso, é relevante destacar que a palavra "Mulheres" fora do contexto de livros é de domínio público. No entanto, o que estamos enfatizando aqui é a responsabilidade de registrar o tema "Mulheres" com uma área específica, dessa forma, o nome "Mulheres" deixa de ser público.

Evitar o plágio e a cópia de projetos já existentes não apenas protege os direitos autorais, mas também promove a inovação e a diversidade no mundo das histórias e da literatura, em um selo editorial que dá voz à mulher, registrando suas histórias na literatura.

Agradecemos a compreensão de todas e todos, no compromisso de manter a ética e a integridade em nossa indústria criativa. Fiquem atentas.

Atenciosamente,

Adriana Nascimento e toda a Equipe da Editora Leader
Coordenação Jurídica do Selo Editorial Série Mulheres

Anotações

EDITORA LEADER